AF801788

Pilar Rodríguez Mateos
Profesora Titular de Derecho Internacional Privado
Universidad de Oviedo

Sistema de mercado y tráfico internacional de mercancías

LA LEY

Reservados todos los derechos. Ni la totalidad ni parte de este libro puede reproducirse o transmitirse por ningún procedimiento electrónico o mecánico, incluyendo fotocopia, grabación magnética o cualquier almacenamiento de información y sistema de recuperación, sin permiso escrito de Distribuciones de La Ley, S.A.

© by Pilar Rodríguez Mateos
© Distribuciones de La Ley, 1992
Monterrey, 1km. 17,200 Ctra. de La Coruña 28230 Las Rozas (Madrid)
ISBN: 84-7695-116-7
Depósito Legal: M-27295-1992

Printed in Spain. Impreso en España por GRAFICAS MURIEL, S.A. Buhígas, s/n.
Getafe (Madrid)

INDICE

INTRODUCCION

CAPITULO PRIMERO

LA ORDENACION DEL MERCADO

CAPITULO II

TRAFICO COMERCIAL Y LIBERTAD DE INTERCAMBIOS

INTRODUCCION

1. *Marco de análisis del régimen jurídico de la mercancía*

Para analizar el régimen jurídico de la mercancía, entendida ésta como un bien destinado a los intercambios, debe partirse del sistema antiproteccionista del GATT, en tanto que fundamentación de la libertad de comercio y de la eliminación de restricciones cuantitativas. No obstante, el alcance material de este Acuerdo, limitado al ámbito arancelario, ha dado paso a la construcción de una normativa europea y comunitaria que, sobre la base de la ampliación de estas perspectivas, delimita un sistema de mercado único cuyos caracteres, finalidades y normas sancionadoras se recogen en los Tratados constitutivos de las respectivas Comunidades, en particular en el TCE. Concretamente, los artículos 30 y ss. del TCE recogen la libertad de circulación de mercancías y sus excepciones, mientras que los arts. 85 y ss. hacen lo propio respecto del principio de libre competencia. La alusión a estos dos elementos se justifica en el hecho de que las circunstancias que afectan a la mercancía no se fundamentan únicamente en la libertad de circulación sino también en la configuración institucional del mercado en el que se producen los intercambios, lo cual alude directamente a la normativa de libre competencia, como principio rector de las acciones de la CE (1) y valor económico asumido, decantado y regulado en las legislaciones de los Estados miembros. Por

(1) Nueva terminología derivada del Tratado de la Unión Europea, firmado por los países comunitarios el 7 de febrero de 1992, por el cual la CEE pierde su adjetivo de «económica» para denominarse Comunidad Europea *(Gaceta Jurídica de la CE y de la Competencia,* B-70, 102, enero 1992).

esta razón, el presente trabajo aborda la libre competencia y la libre circulación de mercancías partiendo del dato de sus interrelaciones e intentando mostrar sus implicaciones en la configuración de la mercancía.

La consecuencia directa de la libre circulación de mercancías es la prohibición de restricciones cuantitativas y medidas de efecto equivalente a la importación y exportación entre los Estados miembros. La prohibición de restricciones cuantitativas comprende los contingentes no arancelarios e incluso las interdicciones totales impuestas a las importaciones y exportaciones, en tanto que las medidas de efecto equivalente abarcan una gran variedad de restricciones que no se hallan cubiertas por ningún capítulo del TCE (2). Paralelamente, la libre circulación de mercancías precisa o implica también el establecimiento de una unión aduanera que suprima los derechos de aduana y cualquier otra exacción de efecto equivalente entre los Estados miembros y que establezca un arancel aduanero común y una política comercial también común respecto de terceros países.

Asimismo, la prohibición de falseamiento de la competencia, considerada como imprescindible para la consecución de un Mercado realmente Común (3), se dirige a determinadas actitudes de la empresa al tiempo que incide en el fenómeno del intervencionismo público, limitando la acción del Estado supuestamente lesiva a la libre competencia a través del control de las subvenciones y ayudas estatales y el control mismo de los monopolios (4). El agente propulsor de las posibles restricciones a esta competencia es la empresa, persona física o jurídica que ejerce una actividad económica participando en el mercado. Por tanto, el destinatario de las normas sobre libre competencia es la empresa y no las eventuales medidas restrictivas de carácter legislativo o reglamentario que puedan ser adoptadas por el Estado, si bien éste debe abstenerse de promover efectos o posibilidades contrarias a

---

(2) *Cf.* P. Oliver, *Libre circulación de mercancías en la CEE,* BEX Publicaciones, 1990, p. 15.

(3) *Cf.* M. V. Cuartero Rubio, «Práctica de las Comunidades Europeas respecto de la política de competencia aplicable a las empresas» (I), *La Ley,* 31 de agosto de 1989, p. 1.

(4) Sobre la admisión de determinadas ayudas estatales siempre que sean autorizadas y tengan una magnitud decreciente en el tiempo, *cf.* el Dictamen del Comité Económico y Social sobre el XX Informe sobre política de competencia, diciembre de 1991 *(DOCE,* C 49 de 24 de febrero de 1992, p. 12). No obstante, se propone acelerar la revisión de los programas de ayudas ya existentes.

la libre competencia. De hecho, el art. 5 TCE (5) insta a las autoridades públicas de los Estados miembros a no tomar o mantener en vigor medidas susceptibles de eliminar el efecto útil de las normas de competencia (6).

Tanto el principio de libre competencia como la libertad de circulación de mercancías inciden claramente en el régimen jurídico de la mercancía, presentando evidentes interrelaciones en lo que pueda considerarse el modelo de mercado europeo. Una disminución de la libre circulación de mercancías implica, aunque sea indirectamente, una disminución del grado de competencia, en la misma medida que la erradicación de esta última traerá consigo unos intercambios restringidos y limitados a los bienes producidos o comercializados por empresas que presenten una posición de dominio en el mercado. Además de esta interrelación apreciable en la dinámica de mercado se detectan una serie de caracteres comunes que pueden agruparse en dos bloques: relatividad y ampliación de conceptos en favor de la viabilidad del tráfico comercial y un proceso de unificación y consiguiente problemática de distribución de competencias de los ordenamientos en presencia.

2. *Relatividad de los conceptos implicados: libre circulación de mercancías y libre competencia*

La relatividad de conceptos en relación con la libre competencia se aprecia no sólo en la posibilidad de matizar la prohibición de falseamiento de la competencia (exenciones derivadas del art. 85.3 TCE), sino también en otros datos que afectan claramente a la actualidad de las relaciones económicas y comerciales internacionales: *el relativo proteccionismo comunitario y el intervencionismo estatal*. El proteccionismo comunitario se advierte parcialmente en el tratamiento dado por la jurisprudencia comunitaria a las medidas antidumping, pues si bien éstas tratan de ser justificadas como una expresión de la defensa de un mercado en libre competencia, concretamente de la represión de

(5) «Los Estados miembros *adoptarán* todas las medidas... para asegurar el cumplimiento de las obligaciones derivadas del presente Tratado o resultantes de los actos de las instituciones de la Comunidad... Los Estados miembros se *abstendrán* de todas aquellas medidas que puedan poner en peligro la realización de los fines del presente Tratado».

(6) *Vid.* Sent. TJCE de 1 de octubre de 1987, (*Asunto 311/85: Vereniging van Vlaamse Reisbureaus, Rec.*, 1987, p. 3801).

la competencia desleal de terceros Estados, en ocasiones pueden producir un efecto proteccionista de los intereses de la CE, situación llamada a declinar, pues la consecución de un sistema de mercado único pasa por la apertura a terceros países. En esta línea, el XX Informe sobre Derecho de la Competencia, invita a la consideración de un marco de referencia en materia de política de competencia en la perspectiva de una mayor integración, especialmente en el marco del GATT, procediendo a un análisis de la competencia mundial que evite proteccionismos inútiles (7).

Por su parte, el intervencionismo estatal, aunque en principio resulte paradójico, puede resultar justificado y acorde con la orientación de libre mercado y, sobre todo, con la ampliación del ámbito de beneficiarios de la normativa de libre competencia: el propio sistema de valores económicos, el competidor y el consumidor. Esta normativa se dirige a procurar una cierta libertad de elección al consumidor, así como a potenciar el desarrollo empresarial y, supuestamente, el económico a partir de la acción competitiva de las empresas. Tales razones o finalidades necesitan de una serie de correctivos que neutralicen las consecuencias dañosas del libre juego del mercado, entendido éste en términos absolutos, momento en el que se hace necesaria la intervención pública que garantice la consecución de los objetivos que definen al sistema económico. El Estado interviene en los procesos del mercado precisamente para que la libertad económica no suponga la negación del orden competitivo, entendiendo por tal no sólo la libertad de empresa, sino ésta en la medida que sea compatible con los objetivos derivados del marco constitucional y comunitario. Estas connotaciones hacen del Derecho de la competencia un Derecho económico de intervención (8) en el que el objeto a proteger no es ya el proceso natural del mercado sino el sistema económico-social en el que se manifiesta. Las normas de defensa de la competencia se dirigen a evitar, según expresión de A. Menéndez, las consecuencias del viejo modelo paleoliberal, propio de la fase de despegue económico y

(7) *DOCE* C 49 de 24 de febrero de 1992, p. 12.

(8) *Vid.* en torno a estas cuestiones A. Borrás Rodríguez, «El nuevo orden económico internacional y el Derecho del comercio internacional», *Pensamiento jurídico y sociedad internacional, Libro homenaje al profesor D. A. Truyol Serra,* vol. I, Universidad Complutense, 1986, pp. 202 y ss. *Vid.* también M. Bazex, «Le marché commun on le dépérissement de l'interventionnisme économique national», *D.P.C.I.*, vol. 15-2, 1989, pp. 201 y ss.; L. Gyselen, «State Action and the Efectiveness of the EEC Traty's Competition Provisions», *C.M.L.Rev.*, vol. 26, 1989, pp. 33 y ss.; G. Marenco, «Measures étatiques et liberté de concurrence», *Rev. trim. dr. eur.*, 1984, pp. 527-536.

basado en el escrupuloso entendimiento de la libertad de industria y comercio (9). En esta fase, evidentemente superada en la actualidad, la intervención del Estado sólo era posible en supuestos muy especiales en los que se detectaba una lesión de los derechos básicos de los mercaderes. La entrada en vigor de un Derecho protector de la libre competencia va a suponer, en último término, una limitación de la competencia y libertad absoluta de comercio en favor de la protección de una situación «normal» de competencia. Este nuevo enfoque impone un cambio radical de la concepción tradicional de la libre competencia, que se constituye así en un verdadero instrumento de ordenación y control de las conductas en el mercado, conductas que, además, están orientadas a la libertad de intercambios. Por ello, la normativa reguladora de la libre competencia debe hacerse portadora no sólo de los intereses privados de los empresarios en conflicto sino básicamente de los intereses colectivos del consumo y del interés público del Estado en el mantenimiento de un orden concurrencial no falseado.

Igualmente, también las mismas excepciones a la libre circulación de mercancías previstas en el art. 36 TCE, y especialmente las basadas en razones de propiedad industrial, presentan una relatividad en su función. Tradicionalmente estos derechos de exclusiva venían caracterizados por la finalidad corporativa de su objeto, de forma que tendían a la protección del competidor en cuanto tal. Sin embargo, actualmente no monopolizan ni se dirigen exclusivamente a la protección del empresario. Ello por dos razones; la primera, porque el titular del derecho no siempre es un empresario (por ejemplo en la patente basta que sea inventor) y, la segunda, porque el interés primordial protegido no es sólo un interés individual, sino que en algunos supuestos de colisión prima el interés público o de mercado. Basta examinar los casos en que se permite a terceros explotar la invención patentada sin consentimiento del titular, cuando éste no haga uso de la misma (10) o el agotamiento del derecho de exclusiva en aras de

(9) *Cf.* A. Menéndez, *La competencia desleal,* Madrid, Cívitas, 1988, pp. 31 y ss.

(10) La concesión de licencias obligatorias se produce por razones de interés público, por falta de explotación de la invención o por dependencia de la invención patentada respecto de otra que sea objeto de una patente anterior. Según A. Bercovitz, el sistema de patentes tiene como función primordial la de servir a la difusión de tecnología. Con ellas se fomenta la realización y divulgación de las invenciones, concediéndose el monopolio de explotación a cambio de que se describa la invención de forma suficiente para poder ser ejecutada por cualquier técnico en la materia *(Cf.* A. Bercovitz, «Algunas nociones preliminares para el estudio del Derecho de patentes», *R. D. Merc.,* 1967, núms. 105 y 106, pp. 79 y ss., esp. 87 y 113).

la fluidez de las importaciones o del comercio nacional (11), así como el rechazo de la patentabilidad de los actos simplemente experimentales realizados sin fines comerciales o, también, el rechazo de la patentabilidad de algunos productos específicos debido a exigencias comunitarias (12). En cualquier caso, la propiedad industrial conserva una finalidad de protección del comerciante, titular eventual de estos derechos, en la medida que lo preserva frente a las injerencias de terceros en su actividad empresarial o inventiva (13). La regulación de esta propiedad se configura como un marco normativo mediante el cual el legislador otorga una serie de derechos a los autores de creaciones o invenciones, en este caso no necesariamente empresarios, y a los comerciantes que pretendan identificar sus resultados industriales y protegerlos frente a los competidores. Desde este punto de vista, la propiedad industrial puede considerarse como un aspecto orientado, o cuanto menos propulsor, de una visión corporativa del mercado en la que el índice a tener en cuenta es el competidor y la defensa de un determinado comerciante frente a otros. Sin embargo, la propiedad industrial también incide sobre la mercancía, concretamente sobre la forma y condiciones en que dicha mercancía puede acceder al mercado, configurando una restricción a su libre circulación. Esta es la razón de incluir el estudio de los derechos de exclusiva dentro del régimen jurídico de la mercancía.

(11) El agotamiento tiene lugar a partir de la primera comercialización en España (patente nacional) o en cualquier Estado comunitario (patente comunitaria) distinto de aquel donde inicialmente existía la patente. El art. 47 del Acta de Adhesión de 12 de junio de 1985 establece una excepción en relación con los productos farmacéuticos o fitosanitarios cuya patente hubiese sido registrada en un Estado miembro en una fecha en la que no podía ser obtenida en España. El titular podrá invocarla para impedir la importación y comercialización en los Estados miembros actuales donde el producto esté protegido por patente, incluso si ha sido comercializado por primera vez en España por el titular o con su consentimiento. (*Vid.* sobre esta cuestión A. Bercovitz, «Propiedad industrial e intelectual», *Tratado de Derecho Comunitario Europeo. Estudio sistemático desde el derecho español,* obra dirigida por E. García de Enterría, J. D. González Campos y S. Muñoz Machado, t. II, Madrid, Cívitas, 1986, p. 63.

(12) Así ocurre con los productos químico-farmacéuticos cuya patentabilidad fue rechazada hasta octubre de 1992.

(13) *Vid.* estas apreciaciones sobre la complementariedad de intereses en A. Bercovitz en el Prólogo a la *Legislación sobre patentes,* Madrid, Tecnos, 1988, pp. 15 y 16, *íd.*, «Algunas nociones preliminares para el estudio del Derecho de patentes», *loc. cit.*, 1967, núms. 105-106, pp. 87 y ss.; *íd.*, «La transmisión de tecnología y su problemática jurídica actual», *Seminario sobre adquisición de tecnología extranjera,* Facultad de Ciencias Económicas y Empresariales de Bilbao, 1975, p. 78.

3. *Consecuencias parciales del proceso de unificación comunitaria*

Continuando con la relatividad que afecta a la libre circulación de mercancías, basta observar, por ejemplo, cómo la jurisprudencia comunitaria permite restricciones a la misma fuera del mercado habitual, es decir, del art. 36 TCE, a la hora de justificar las restricciones nacionales tendentes a la protección del consumidor y la lealtad de transacciones comerciales. Estas nociones, no enumeradas en el art. 36, y que genéricamente se engloban en el término de «exigencias imperativas», abren la polémica en torno a las relaciones entre discriminación, proteccionismo y restricción, que normalmente se enfoca desde una perspectiva de independencia recíproca. En consecuencia, en el marco de los arts. 30 y 36 resulta indiferente que la medida restrictiva sea o no discriminatoria o proteccionista, sin embargo aquellas que, al margen del art. 36, pretendan ser justificadas como exigencias imperativas deben recaer indistintamente sobre los productos nacionales e importados.

También en el ámbito propio del art. 36 observamos esta relatividad, de nuevo en relación con la propiedad industrial, relatividad que en este caso vendría propiciada por el proceso de unificación comunitaria en esta materia. De siempre se ha admitido, y el propio TJC así lo expresa, que las excepciones basadas en la propiedad industrial procedían de los Derechos nacionales que la concedían y protegían, en sintonía con el régimen de territorialidad nacional que caracteriza a estos supuestos, incluso desde un enfoque de Derecho unionista, y que se aprecia claramente en la redacción del art. 10.4 C.c. No obstante, en la medida en que se materializa una unificación comunitaria del régimen jurídico de ciertos derechos de exclusiva, las derogaciones a la libre circulación de mercancías no sólo van a proceder de las legislaciones nacionales sino también del mismo Derecho comunitario. Esta circunstancia va a provocar un régimen de territorialidad comunitaria, del cual es un claro ejemplo el Acuerdo de Luxemburgo de 15 de diciembre de 1989 sobre «patente comunitaria».

Cuando los resultados de la unificación comunitaria se combinan con las previsiones del Derecho unionista se puede producir una extensión de estas normativas a países no comunitarios o no unionistas. F. K. Beier destaca la ampliación del proceso de unificación comunitaria en materia de marcas, de modo que empresas de terceros países, que puedan recurrir a las marcas internacionales en virtud del Derecho unionista, se pueden amparar igualmente en la solicitud de una marca comunitaria. Además, la vinculación entre las marcas internacionales y las marcas comunitarias, prevista en el Protocolo de Madrid de 1989 sobre el Arreglo de Madrid relativo al Registro Internacional de Marcas, permitirá conseguir mediante un registro internacional unionista una marca comunitaria para la totalidad del Mercado Común también para los países que no son parte de dicho Arreglo de Madrid (14).

Finalmente, debe señalarse que las normas del TCE que consagran la libre competencia y la libre circulación de mercancías tienen un efecto directo, si bien éste actúa de diferente forma en unas u otras. El contenido de un derecho de exclusiva se determina a partir de lo dispuesto en el Derecho nacional encargado de su protección, sin perjuicio en su caso de la aplicación preferente del trato mínimo unionista o de la protección dispensada por el Derecho comunitario unificado cuando la solicitud se hubiera dirigido a una propiedad industrial con dimensión comunitaria. En este punto el art. 30 TCE actuaría como un límite a la protección derivada de un derecho de propiedad industrial. Por tanto, la prohibición establecida en el precepto, aun cuando no sea una sanción, va a determinar la consecuencia jurídica prevista en la norma nacional, permitiendo o prohibiendo las prerrogativas de protección en ella previstas. En el caso del Derecho de la competencia el efecto directo es evidente, no sólo a título de límite sino como norma que incluye una sanción o consecuencia directa (como puede ser en el art. 85 TCE la nulidad del acuerdo atentatorio a la competencia). Ello se traduce en una dualidad de aplicación de esta normativa por parte de las autoridades comunitarias y nacionales, con arreglo a lo previsto en el Reglamento núm. 17 de 6 de febrero de 1962. Asimismo, las relaciones entre este Derecho comunitario y los Derechos nacionales pasan por la determinación del mercado afectado, de suerte que el Derecho nacional tendría un espacio de actuación no sólo cuando no exista regulación comunitaria en el sector implicado sino también, en el caso de existir, cuando los efectos de un determinado acto no repercutan sobre el comercio intracomunitario, subsistiendo en cualquier caso la actuación del Derecho estatal en el marco de la ejecución del Derecho comunitario (15).

---

(14) Se refiere el autor a la deseable desaparición de los derechos de propiedad industrial nacionales sustituidos por derechos de propiedad industrial europeos *(Cf.* F. K. Beier, «Propiedad industrial y libre circulación de mercancías en el mercado interior y en el comercio de con terceros Estados», *R.G.D.*, núm. 549, 1990, pp. 4507 y ss., esp. páginas 4512, 4513 y 4516.

(15) *Vid.* Sent. TJCE 13 de febrero de 1969 *(asunto 14/68: Walt Wilhem, Rec.*, 1969, páginas 1 y ss.); S. Muñoz Machado, *El Estado, el Derecho interno y la Comunidad Europea*, Madrid, Cívitas, 1986; R. Alonso García, *Derecho comunitario, Derechos nacionales y Derecho común europeo*, Madrid, Cívitas, 1989; J. C. Fernández Rozas, «Derecho internacional privado y Derecho comunitario», *RIE*, vol. 17, núm. 3, 1990, pp. 785 y ss., esp. 816).

CAPITULO PRIMERO

LA ORDENACION DEL MERCADO

I. LA DEFENSA DE LA COMPETENCIA COMO PRINCIPIO RECTOR DEL MERCADO

1. *Elementos de un régimen de competencia no falseada*

A) El concepto de empresa en el marco de la libre competencia. Irrelevancia de la perspectiva conflictual

Si la empresa es la destinataria de las normas de defensa de la competencia es necesario ofrecer una noción de la misma, distinguiendo según se trate de una persona física o jurídica. En el primer caso no se plantean especiales problemas, siempre y cuando se detecte una actividad económica dotada de autonomía. En el segundo debe tomarse como base este mismo dato de tipo económico, siendo indiferente la forma jurídica que adopte la empresa. Cabe que sea tanto una sociedad civil, mercantil, cooperativa, etc..., incluso que no aparezca con forma de sociedad, ya que lo importante no es su estatuto jurídico sino la práctica de una actividad no altruista ni gratuita, es decir, de una actividad económica dirigida al mercado y desarrollada con independencia y autonomía.

En la decantación de la noción de empresa aparecen dos aspectos que, aunque inicialmente no presenten excesivas conexiones, es necesario determinar. Uno de ellos se integra en el marco estricto del D.I.Pr. y se refiere a las posibles divergencias de las distintas leyes nacionales a la hora de determpinar la cualidad de comerciante o empresario. El tratamiento de este aspecto se hará precisamente para mostrar que no incide en el sector de la libre competencia. El otro, se relaciona exclusivamente con la normativa de libre competencia, exigiendo que la empresa presente ciertos caracteres de autonomía para hacerse acreedora o ser destinataria de dicha normativa. En primer lugar, debe afirmarse que las normas de defensa de la competencia se aplican a los empresarios y cualesquiera otras personas físicas o jurídicas que participen en el mercado, sin que sea necesaria una relación de competencia. Así se recoge en en el Preámbulo de la Ley 3/1991, de 10 de enero, de Competencia Desleal (16), al afirmar que «basta que se trate de un acto dotado de transcendencia externa ("realizado en el mercado") y que se lleve a cabo con fines concurrenciales ("difundir en el mercado las prestaciones propias o de un tercero")». No es necesaria ninguna otra condición ulterior; concretamente no es necesario que los intervinientes en el acto sean empresarios, siendo también aplicable la LCD a otros sectores del mercado relativamente ajenos al concepto de empresa: artesanía, agricultura, profesiones liberales, etcétera... Esta afirmación no se contiene expresamente en la LDC sino en la LCD, sin embargo, ello no es óbice para imputar idéntica conclusión a la primera, si cabe con mayor razón. Téngase en cuenta que por definición y tradicionalmente la normativa de competencia desleal protegía exclusivamente la lealtad entre competidores, sin embargo, actualmente, ha abandonado esta orientación corporativista ampliando sus ámbitos de protección a otros sectores (consumidor y sistema de libre competencia), presentándose como el complemento necesario de los principios recogidos en la LDC. Por ello, no hay obstáculo para trasvasar los criterios de aplicación generales de una a otra Ley.

Estas circunstancias muestran que la noción de comerciante o empresario que debe utilizarse a la hora de aplicar la normativa de defensa de la competencia nada tiene que ver con la noción estricta ofrecida por el C.Co. y, por tanto, tampoco está sujeta al posible conflicto de leyes que, de otro modo, podría originarse en el momento de determinar la cualidad de comerciante individual o reconocer la personalidad jurídica de sociedades extranjeras. En el sistema español se entiende por comerciante a quien se dedique habitualmente al comercio y tengan capacidad legal para su ejercicio, rigiéndose tal capacidad por su ley nacional y el ejercicio del comercio por el propio C.Co.

---

(16) *BOE* 11-I-91.

(art. 15) (17). Asimismo, también bajo la óptica de conflicto de leyes, el art. 9.11 Cc. establece la vigencia de la ley nacional para determinar la validez de constitución y la existencia misma de la persona jurídica extranjera (18), debiendo estarse previamente al domicilio real y ley de constitución para determinar su nacionalidad (19), amén de la posterior problemática de extranjería a la hora de decidir su estableci-

(17) La ley rectora de la cualidad de comerciante ha aparecido tradicionalmente conectada a las cuestiones de capacidad, decantándose parte de la doctrina en favor de la ley nacional (A. Weis, *Traité théorique et pratique du droit international privé,* vol. 6, 2.ª edición, París, 1907-1913, pp. 240 y ss.). También, la ley domiciliar o la ley donde radique el establecimiento principal (G. Diena, *Trattato di diritto comerciale internazionale,* t. I: Il diritto privato commerziale, Florencia, F. Camelli, 1990, pp. 100 y ss.) o la misma ley del fondo, esto es la ley competente para regir la relación comercial en la que intervenga el presunto comerciante. A partir de esta última solución se rechaza cualquier solución general, considerándose separadamente cada uno de los efectos que produce la cualidad de comerciante y aplicando la ley que convenga a cada uno de ellos. Esta posición se justifica en el hecho de que cada ley, cuando emplea el término comerciante, lo hace refiriéndose a lo que ella entiende por tal y no a lo que pueda resultar de otra ley distinta (Y. Loussouarn y J. D. Bredin, *Droit du commerce international,* París, Sirey, 1969, p. 177). Sin embargo, P. Arminjón criticó abiertamente la propuesta de la ley del fondo, ya que en su virtud se reputa a una misma persona comerciante o no dependiendo de que se trate de una cuestión de competencia del tribunal, capacidad, quiebra, etc. Considerar el acto en razón de la profesión de quien lo ejerce y reputar a éste comerciante con base en el carácter comercial del acto es un círculo vicioso. Por otra parte, estas teorías postulan una misma ley para la definición de la cualidad de comerciante y para el régimen legal de las personas que gozan de esta cualidad. El autor diferencia ambas cuestiones, inscribiendo la cualidad de comerciante en el plano de la calificación y el régimen legal en el de la determinación de la ley competente. La primera se resolvería por la *lex fori* y la segunda a través de una norma de conflicto, de tal modo que se reputará a una persona comerciante en cada país donde realice las condiciones establecidas por su legislación para tener esta cualidad *(Précis de droit international privé commercial,* París, Dalloz, 1948, pp. 36 y 37).

(18) En torno al procedimiento de reconocimiento de sociedades extranjeras, el Convenio de La Haya de 1 de junio de 1956 sobre reconocimiento de la personalidad jurídica de sociedades, asociaciones y fundaciones extranjeras, firmado por España el 12 de abril de 1975, prima la sede real de la sociedad sobre la estatutaria, a la hora de establecer las condiciones de su reconocimiento. Así se desprende de los párrafos 2 y 3 del art. 2, a través de los cuales la personalidad que el art. 1 refiere a la sede estatutaria no podrá ser reconocida en otro Estado contratante cuya ley, como es el caso de España, tome en consideración el domicilio real, tanto si éste se encuentra en el Estado donde se pretende el reconocimiento como si lo está en un tercer Estado. En el ámbito comunitario *vid.* el Convenio de Bruselas sobre reconocimiento recíproco de las sociedades y personas jurídicas de 29 de febrero de 1968 (no en vigor por la oposición de los Países bajos) *(Vid.* J. C. Fernández Rozas y S. Sánchez Lorenzo, *Curso de Derecho internacional privado,* Madrid, Cívitas, 1991, pp. 247 y 250).

(19) La determinación de la cualidad de nacional o extranjera de una persona jurídica tiene fundamentalmente una doble relevancia jurídica: individualizar su estatuto personal y saber si está comprendida o no en el régimen jurídico de extranjería *(cf.* A. L. Calvo Caravaca en J. D. González Campos y otros, *Derecho internacional privado.*

miento en España como tal sociedad extranjera (20). Ninguno de estos aspectos ofrece especial relevancia en el marco de la normativa de libre competencia, dado que la noción de comerciante es una cuestión de hecho que se configura con más amplitud y flexibilidad (participación en el mercado con fines concurrenciales) que la que pudiera derivarse de las consideraciones anteriormente apuntadas.

Asimismo, este participante en el mercado y destinatario de la normativa de libre competencia debe asumir determinadas características, dependiendo de la concreta materia de que se trate. Por ejemplo, la prohibición de acuerdos o concertaciones entre empresas que tengan por objeto o efecto impedir, falsear o restringir el juego de la competencia, requiere una pluralidad de empresas dotadas de autonomía. Consecuentemente, no se incluyen en esta prohibición los acuerdos de empresas que pertenezcan a la red de distribución de una sola empresa y tampoco los llevados a cabo entre empresas pertenecientes a un mismo grupo o el realizado por una filial siguiendo instrucciones de la casa matriz. En el primer supuesto no habría pluralidad de empresas y

---

Parte especial, Madrid, C.E.S.S.J. Ramón Carande, 1991, p. 148). Actualmente, el art. 5 de la Ley 19/1989 de 25 de julio, de reforma parcial y adaptación de la legislación mercantil a las directivas comunitarias *(vid.* texto refundido de la L.S.A., aprobado por R. Decreto 1564/89 de 22 de diciembre, *BOE,* 27-XII-89) sanciona que «Serán españolas y se regirán por la presente Ley todas las sociedades anónimas que tengan su domicilio en territorio español, cualquiera que sea el lugar en que se hubieren constituido... Deberán tener domicilio en España las sociedades anónimas cuyo principal establecimiento o explotación radique dentro de su territorio». Puesto en relación este precepto con el art. 9.11 C.c. y con la normativa del R.R.M. resulta que, para tener la nacionalidad española, la sociedad deberá estar domiciliada en España y constituirse, en nuestro territorio o en el extranjero, conforme a las leyes españolas. Así se desprende de los arts. 263 y 264 del R.R.M. (modificado por R. Decreto 1597/89 de 19 de diciembre —*BOE,* 30-XII-89—) cuando establece la obligación de inscripción en el R.M., por tanto, conforme a la ley española, de las sucursales que se establezcan en territorio español. Sobre esta base A. L. Calvo Caravaca propone las siguientes hipótesis: A) Sociedad con domicilio en España y constituida conforme a las leyes españolas cualquiera que sea el lugar de constitución: nacionalidad española; B) Sociedad con domicilio en España pero constituida, en España o en el extranjero, conforme a los requisitos de un ordenamiento jurídico extranjero; se trata de una hipótesis expresamente descartada por el art. 5.1 de la Ley 19/89, cuando somete a todas las sociedades domiciliadas en España a lo en ella dispuesto; C) Sociedades con domicilio en el extranjero constituidas, en nuestro país o en otro, con arreglo al Derecho español. En este caso el autor sostiene que si el domicilio se encuentra en España habrá de aplicarse el art. 5.2, conforme al cual «deberán tener domicilio en España las sociedades... cuyo principal establecimiento o explotación radique dentro de su territorio». Sin embargo, en el caso de domicilio efectivo en el extranjero, la sociedad carecerá de nacionalidad española *(cf. op. cit.,* p. 154).

(20) *Vid.* A. Fernández de la Gándara y A. L. Calvo Caravaca, *Libertad de establecimiento y Derecho de Sociedades en la Comunidad Económica Europea,* Madrid, Tecnos, 1988.

en los dos últimos faltaría la necesaria autonomía. Esto prueba hasta qué punto no es identificable el concepto de empresa o participante en el mercado y el de persona jurídica en el sector del Derecho de la competencia, pues aun tratándose, en el caso de la filial, de una persona jurídica distinta a la empresa matriz sus comportamientos contrarios a la competencia no le son imputables dada la ausencia de autonomía efectiva en su actuación, es decir, la ausencia de poder decisorio y de asunción de riesgos. No cabría hablar de acuerdo de voluntades sino de una mera ejecución de las previsiones de la empresa matriz (21), tal como se recoge en la Sent. TJCE de 14 de julio de 1972. En esta decisión, el Tribunal consideró que el comportamiento de la filial debía imputarse a la empresa matriz, pues «la separación formal entre estas sociedades, derivada de su distinta personalidad jurídica, no podrá oponerse a su comportamiento unitario en el mercado con miras a la aplicación de las normas de competencia» (22).

---

(21) Dos han sido las justificaciones mantenidas en el entorno comunitario para denegar, a los efectos de libre competencia, la consideración de empresa a una filial. En primer lugar, la imposibilidad de que haya un acuerdo de voluntades, pues el control de la casa matriz impide a la filial actuar de un modo independiente [*vid.* la Decisión de la Comisión de 30 de junio de 1970, *Asunto 70/332: Kodak (DOCE,* L 147/24/70)], afirmando que... «practican condiciones de venta rigurosamente idénticas, pero... lo hacen siguiendo instrucciones de la sociedad madre, a las cuales tienen que atenerse... al depender exclusiva y totalmente de (aquélla) y que esta sociedad ejerce efectivamente un poder de control que... les hace imposible comportarse de manera independiente... en consecuencia las identidades en las condiciones de venta no resultan de un acuerdo o práctica concertada entre sociedad madre y sus filiales entre sí». La segunda posición alternativa de la Comisión fue estimar que la sociedad madre no entraba en competencia con las filiales, tal como se observa en la Decisión de 18 de junio de 1969, *Asunto 69/195: Cristiani y Nielsen (DOCE,* L 165/12/69) en la que se afirmó que «... considerando que la aplicación del art. 85.1 presupone la existencia de una competencia entre las empresas susceptibles de ser restringida,... que esta condición no se da en los informes entre dos empresas que ejercen sus actividades en el mismo sector, ni por la sola constatación de la existencia de una persona jurídica para cada una de las empresas... es determinante saber si es posible una acción autónoma de la filial respecto de la sociedad madre en el plano económico». B. Goldman y A. Lyon Caen critican que esta última decisión haga depender la aplicación del art. 85.1 de la existencia o posibilidad de competencia entre las partes implicadas, máxime cuando ello ha sido descartado por la propia Comisión, al aplicar el art. 85.1 a empresas que actúan en planos separados (acuerdos verticales) y entre las que no existe competencia *(vid.* Decisión de 28 de septiembre de 1964: *Grundig, DOCE.* L. 161/2545/64). Por esta razón los autores acogen la posición adoptada por la Comisión en el asunto Kodak afirmando que «la filial, debido a su dependencia, a veces absoluta, de la sociedad matriz, lo único que hace es ejecutar las instrucciones de ésta y lo haría incluso no mediando contrato *(cf. Derecho comercial europeo,* Fundación Española de Arbitraje, 1984 —Ed. original: *Droit commercial européen,* París, Dalloz, 1983—, pp. 348 y 362).

(22) *Vid.* Decisión de la Comisión de 24 de julio de 1969, *Asunto 69/243* y posterior Sentencia TJCE de 14 de julio de 1972, *Asuntos 48, 49 y 51 a 57/69: Materias co-*

Por esta misma razón también se excluye la aplicación de las normas de competencia a las relaciones comerciales llevadas a cabo por representantes de comercio por cuenta de la empresa, ya sea en nombre de ésta o en nombre propio, sin importar en este caso la circunstancia de que previamente a la adopción del acuerdo tales representantes estuviesen constituidos como agentes autónomos. Así se recoge en la Comunicación de la Comisión relativa a los contratos de representación exclusiva suscritos por agentes comerciales, publicada el 24 de diciembre de 1962 (23), y en la Resolución del TDC de 25 de junio de 1990. Esta última afirma que la prohibición del art. 1 de la LDC no es aplicable a los contratos concertados por los comisionistas, agentes comerciales o mediadores con otros empresarios, por los cuales aquéllos se comprometen a promover.... «negocios o contratos en nombre de dichos empresarios, o bien concluirlos en nombre y por cuenta de éstos, o incluso en su propio nombre y por cuenta de ellos» (24). Tal conclusión puede predicarse de todos los agentes económicos que carezcan de autonomía, independientemente del momento en que pueda apreciarse esta circuns-

---

lorantes (Rec., 1972, pp. 619 y ss. con nota de B. Goldman en *Journ. dr. int.,* 1973, pp. 925 y ss.). Ante un caso de comunicación recíproca de subida de precios entre una empresa perteneciente al Mercado Común y otra ajena al mismo, el TJCE estimó la existencia de una práctica concertada e imputó a la sociedad madre el comportamiento de la filial. Tomó en consideración la unidad de grupo que hacía que las decisiones de las filiales dependiesen, en ciertas circunstancias, de la sociedad matriz. En torno a la exigencia de autonomía e independencia *vid.* V. Korah *(Introducción al Derecho y práctica de la competencia en la CEE,* Barcelona, Ariel, 1988, pp. 29 y ss.), que excluye del concepto de empresa a los trabajadores y empleados por carecer de autonomía y estar al servicio de la empresa.

(23) *DOCE* de 24 de diciembre de 1962, p. 2921. No se trata de una decisión de carácter general, sino que tiene por objeto facilitar a las empresas una serie de indicaciones sobre las consideraciones en las que la Comisión se inspirará para la interpretación del art. 85.1 en los acuerdos de distribución exclusiva celebrados por representantes de comercio, aunque no prejuzga la interpretación que pueda dar otra autoridad competente ni, especialmente, los tribunales. Las características comunes de los representantes de comercio en su función auxiliar y en sus atribuciones están reguladas por las normas de Derecho civil que afectan al mandato y al poder. Recuérdese que en la Sentencia de 13 de julio de 1966 *(Asunto 56-58/64: Grundig-Costen, Rec.,* 1966, pp. 496 y ss.) el TJCE declaró que el art. 85.1 era aplicable a un acuerdo celebrado entre varias empresas, excluyendo, por este hecho, la situación de una empresa única que integrase su propia red de distribución. Excluye, por tanto, la acción de los representantes de comercio *(cf.* A. Bercovitz, «Normas sobre competencia en el Tratado de la CEE», *Tratado de Derecho comunitario europeo. Estudio sistemático desde el Derecho español,* dirigido por E. García de Enterría, J. D. González Campos y S. Muñoz Machado, vol. II, Madrid, Cívitas, 1986, p. 350).

(24) *Vid.* esta Resolución en *La Ley,* 30 de noviembre de 1990, p. 7 (ponente Sr. Alonso Soto).

tancia (25). La dependencia de una empresa respecto de otra ha de observarse antes y después del acuerdo, no debiendo limitarse esta apreciación al momento inmediatamente anterior a la conclusión del acuerdo (caso de la filial). Una empresa autónoma a la hora de practicar el acuerdo, pero que, precisamente en virtud de éste, se comprometa a una determinada actividad en la que no va a actuar por cuenta propia (caso del representante) puede entenderse que carece de autonomía a los efectos del art. 85 TCE. Para poder hablar de acuerdo anticoncurrencial es necesaria la existencia de empresas autónomas y además tener en cuenta la finalidad y consecuencias del acuerdo, de modo tal que si éste genera la dependencia de una empresa —anteriormente autónoma— respecto de otra no será un acuerdo anticoncurrencial sino una relación de otro tipo, posiblemente sometida a las normas del mandato o poder.

De lo anterior puede desprenderse que para que entre en juego la prohibición de acuerdos anticoncurrenciales (art. 85 TCE y concordante de la LDC) es necesaria la independencia de la empresa en el momento de proceder al acuerdo, pero ello no es condición suficiente si esta independencia se quiebra a causa de dicho acuerdo. Se puede entender que la posición de dominación real de una empresa actúa como parámetro último de la aplicación de la normativa de competencia, lo cual explica la exclusión del art. 85 de los acuerdos tomados por empresas pertenecientes a un mismo grupo, pues, como señala E. Galán Corona, pese a su autonomía formal y propia personalidad jurídica todas ellas están sujetas a una única dirección económica y constituyen una unidad empresarial (26). De modo similar se ha expresado la Comisión CE en la Decisión de 30 de junio de 1970

(25) La dependencia de los representantes de comercio no tiene el mismo origen que la de una filial, ya que aquélla no es anterior al acuerdo sino que surge precisamente de éste. A pesar de ello, la Comisión los excluye del art. 85.1 siempre que actúen por cuenta de la empresa. La Comisión distingue entre negociantes independientes y representantes de comercio, sometiendo los contratos concluidos por los primeros al art. 85, ya que pueden entrañar una modificación en la estructura de la oferta y la demanda según prevean una exclusividad de venta y/o una exclusividad de aprovisionamiento. A diferencia de esto, la actuación del representante de comercio no afecta a la intensidad competitiva de la empresa que utiliza sus servicios. En todo caso, lo realmente importante es determinar si el intermediario mantiene o no una capacidad autónoma de acción, es decir, una relación de dominio o no (*cf.* estas afirmaciones en B. Goldman y A. Lyon Caen, *Derecho comercial..., op. cit.*, p. 352.

(26) Cf. E. Galán Corona, «El Derecho protector de la libre competencia en la CEE. Sus repercusiones en el Ordenamiento español», *Derecho español y Derecho comunitario,* Sdo. de Publicaciones de la Universidad de Zaragoza, 1987, pp. 295 y ss., esp. p. 303.

(Asunto 70/332: Kodak) en relación con las condiciones uniformes de venta establecidas por las sociedades de Kodak para todo el Mercado Común. Dado que las filiales obedecían un mandato de la sociedad madre no podía hablarse de un acuerdo que falseara la competencia entre estas sociedades integradas en un mismo grupo. Por esta razón, se aplicó el art. 85 TCE a las condiciones de venta «acordadas» entre las sociedades Kodak y los distribuidores, pero no al que pudiera existir entre la empresa madre y las filiales, dada su pertenencia a un mismo grupo y consiguiente falta de autonomía (27).

B) Prohibición de concertaciones atentatorias a la libre competencia. Supuestos y exenciones

Una vez analizada la cuestión de quienes pueden proceder a acuerdos supuestamente contrarios a la libre competencia, es decir, todo agente que participe autónomamente en el mercado, debemos referirnos a la entidad y contenido de los mismos. La normativa de base en esta materia es el art. 85 TCE, que menciona tres categorías: los acuerdos propiamente dichos, las decisiones de asociaciones de empresas y las prácticas concertadas, prohibiendo su realización en la medida que puedan afectar al comercio de los Estados miembros y que tengan por objeto o efecto impedir, restringir o falsear la competencia dentro del Mercado Común.

Por «acuerdo» se entiende todo concurso de voluntades individuales jurídicamente vinculantes para las partes, sin importar su naturaleza jurídica ni su forma o calificación, siempre que pueda ser exigido en Derecho. Asimismo, las «asociaciones de empresas» consisten en un agrupamiento de personas físicas o jurídicas que actúan colectivamente en sus decisiones, pero conservando su individualidad e independencia. De lo contrario, estaríamos ante un supuesto de concentración o fusión, que no es el caso ya que los intervinientes no se

(27) *DOCE,* L 147/24/70. Se trataba de una Decisión sobre una certificación negativa dirigida a Kodak, sobre un sistema de condiciones generales de venta. Tal certificación tuvo lugar bajo la condición de que fuesen modificadas ciertas cláusulas. El sistema de condiciones de venta establecido por Kodak de modo uniforme para todo el Mercado Común no fue prohibido porque las sociedades filiales obedecieron el mandato de la sociedad madre. No se aplicó el art. 85.1 por no existir un acuerdo, no obstante, la Comisión intervino porque el contenido de la imposición podía ser contrario a la libre competencia entre los distribuidores de Kodak. *(Cf.* estas consideraciones en R. C. Pellicer Zamora en *Comentarios a la legislación comunitaria,* t. I —Derecho de la Competencia—, Madrid, Edersa, 1987, p. 455.

refunden en una empresa única. En este supuesto es indiferente el carácter vinculante o no de la decisión de asociación, pues el detonante de la aplicación del art. 85 TCE sería la mera incidencia de esta decisión en la competencia del mercado (28). Por último, las «prácticas concertadas» han sido definidas por el TJCE como una forma de coordinación entre empresas que, sin haber llegado a la realización de un acuerdo propiamente dicho, sustituyen conscientemente los riesgos de la competencia a través de una cooperación entre ellas *(Materias colorantes)* es decir, ocultan una concertación de voluntades tendente a lograr unas condiciones anómalas de competencia (p. ej., las informaciones recíprocas sobre las posiciones de los precios) (29). No se trata ni de un acuerdo vinculante ni de una decisión colectiva, sino de un comportamiento que altera la competencia a través de una actitud conscientemente paralela de las empresas. En definitiva, y tal como señala el TJCE, en la aplicación del art. 85.1 TCE basta con que la estipulación controvertida sea la expresión de la voluntad de las partes, y no es necesario que constituya un contrato vinculante y válido según el Derecho nacional (30).

La prohibición del art. 85 TCE se produce cuando la práctica restrictiva repercuta en el comercio de los Estados miembros y tenga como objeto o efecto impedir, restringir o falsear la competencia den-

---

(28) *Cf.* A. Bercovitz, «Normas sobre competencia del Tratado de la CEE», *Tratado..., op. cit.,* pp. 353 y ss.

(29) El TJCE justificó la distinción del art. 85.1 entre prácticas concertadas y acuerdos o decisiones de asociación en el deseo de someter a las prohibiciones de este artículo una forma de coordinación entre empresas que, sin llegar hasta la realización de una convención propiamente dicha, practican una cooperación tendente a la sustitución de los riesgos de la competencia. Según B. Goldman, el concepto de práctica concertada depende del fundamento que se asigne a la prohibición general de ententes del art. 85.1. Se excluyen las acciones individuales propias de la posición dominante del art. 86. Existe un acuerdo, pero sin que los participantes estén vinculados por obligaciones jurídicas o, en todo caso, de las que pueden librarse unilateralmente *(vid.* sobre estas cuestiones el comentario de B. Goldman en torno al asunto *Materias Colorantes, Journ. dr. int.,* 1973, pp. 937 y ss. y también A. Bercovitz haciendo referencia a la Sent. TJCE de 28 de marzo de 1984, *asuntos 29 y 30/83: Compañía Real Asturiana de Minas c. Comisión (Rec.,* 1984, pp. 1679 y ss.) que alude a los indicios y presunciones de los que se deriva que un comportamiento sea inexplicable en ausencia de algún tipo de concertación *(cf.* «Normas sobre competencia del Tratado CEE»; *Tratado..., op. cit.,* pp. 359 y 360).

(30) Sent. TJCE de 11 de enero de 1990 *(Asunto 277/87: Sandoz-Prodotti Farmaceutici SpA., Rec.* 1990, pp. I-45 y ss. y *La Ley Com. eur.,* 17 de diciembre de 1990, p. 1.

tro del Mercado Común (31). Si bien se prohíbe tanto el efecto como las medidas tendentes a dicho efecto, éste debe tener una cierta entidad, o lo que es lo mismo, el acuerdo debe posibilitar o producir una restricción «sensible» de la competencia. Concretamente, la Comunicación de la Comisión de 19 de diciembre de 1977, relativa a los acuerdos de menor importancia no previstos en el art. 85 y posteriormente enmendada por la Comunicación de 3 de septiembre de 1986, declara que la prohibición establecida en este precepto no va dirigida a acuerdos que sólo afecten de modo insignificante al comercio de los Estados miembros y a la competencia (32). Se prohíben los acuerdos que modifiquen de forma relevante la posición de las demás empresas y de los usuarios. Para determinar el alcance de este «efecto sensible», la propia Comisión establece una cuantificación por debajo de la cual los acuerdos no estarían prohibidos. Así ocurría en la Comunicación de 1977 siempre que el producto objeto de acuerdo y sus similares no representasen más del 5 por 100 del mercado o el volumen total de negocios de las empresas participantes no superase en la fecha de la Comunicación los cincuenta millones de unidades de cuenta (33). Esta

---

(31) *Vid.* la Sent. TJCE de 30 de junio de 1966 *(Asunto 56/65: Technique Minière c. MBU, Rec.,* 1966, pp. 337 y ss.): «El acuerdo de que se trate debe... permitir la suposición de que, con un grado de probabilidad suficiente, pueda ejercer una influencia directa o indirecta, actual o potencial, sobre las corrientes de intercambio entre los Estados miembros». No es necesario que se manifiesten unas repercusiones concretas anticoncurrenciales, basta que el acuerdo esté dirigido a restringir o a afectar la competencia en el Mercado Común (Decisión de la Comisión de 20 de diciembre de 1977, *Asunto 78/163: Destillers Company Ltd., DOCE,* L 50/16/78).

(32) *Vid.* la Comunicación de 19 de diciembre de 1977 *(DOCE,* C 313 de 29 de diciembre de 1977, p. 3) que matiza, modifica parcialmente y sustituye a la anterior de 27 de mayo de 1970 *(ibíd.,* C 64 de 2 de junio de 1970, p. 1): «Sólo estarán prohibidos los acuerdos que tengan un efecto sensible sobre las condiciones del mercado o que, en otras palabras, modifiquen de forma sensible la posición en el mercado de las empresas ajenas a los acuerdos y la de los usuarios, es decir, de las ventas y de sus fuentes de suministro». La Comunicación de 3 de septiembre de 1986 se expresa en términos similares *(ibíd.,* C 231 de 12 de septiembre de 1986, pp. 2 y ss.). Según E. Galán Corona («El derecho protector..., *loc. cit.,* p. 305) esta Comunicación no prejuzga la competencia de los tribunales nacionales en la aplicación del art. 85.1 ni la interpretación del TJCE, pero sí asegura que la Comisión no incoará procedimiento cuando los supuestos de hecho sean los recogidos en ella.

(33) El apartado II de la Comunicación califica como acuerdos de menor importancia, por tanto, no prohibidos por el art. 85.1, cuando: a) los productos objeto del acuerdo y los demás productos de las empresas participantes considerados similares por el usuario, no supongan en una parte substancial del Mercado Común más del 5 por 100 del mercado del conjunto de esos productos; b) cuando el volumen de negocios total realizado no supere 50 millones de ecus, que, según V. Korah viene a suponer actualmente 200 millones de ecus *(cf. Introducción..., op. cit.,* p. 49). A pesar de esta cuantificación, la propia Comisión admite la existencia de acuerdos que rebasen estos porcentajes y, sin embargo, no entren en el art. 85.1 por no resultar lesivos a la competencia. En

posición ha sido recogida por el TJCE en la Sent. de 25 de noviembre de 1971 *(Asunto 22/71: Beguelín)* donde precisó los criterios a tener en cuenta a la hora de determinar la existencia de una restricción sensible o insignificante, en atención al montante de la limitación y a la posición de las empresas implicadas (34). En definitiva, en torno al art. 85 TCE pueden distinguirse situaciones restrictivas prohibidas, situaciones restrictivas permitidas, esto es acuerdos de menor importancia y actividades que, por su naturaleza, no atentan contra la libre competencia, y situaciones restrictivas de la competencia exentas de la prohibición por el art. 85.3 TCE (35).

La limitación de la competencia puede ser el resultado del acuerdo o simplemente el objeto del mismo. Ambas posibilidades vienen prohibidas en el art. 85.1 y así se recoge también en la jurisprudencia comunitaria, concretamente, en la Sent. TJCE de 13 de julio de 1966 *(Asunto 56-58/64: Grundig)* (36) y en la LDC, cuyo art. 1 prohíbe los

---

torno a los acuerdos de menor importancia permitidos por el art. 85.1 *vid.* L. Cetrain González, «La política de competencia de la Comunidad Europea: art. 85 del Tratado de Roma», *Rev. Fac. Derecho Univ. Complutense,* núm. 76, 1989-1990, pp. 53 y ss., esp. pp. 63 y 64.

(34) En el asunto *Beguelin (Rec.,* 1971, pp. 949 y ss.) se concretaron los elementos a valorar, tales como la naturaleza y cantidad limitada o no limitada de los productos objeto de acuerdo, la posición e importancia de las empresas parte en el acuerdo en el mercado de los productos de que se trate, el carácter aislado o no del acuerdo y el rigor de las cláusulas del mismo restrictivas de la competencia. La necesidad de un efecto sensible para la aplicación del art. 85.1 ya había sido puesta de manifiesto, entre otras, por la Sent. TJCE de 9 de julio de 1969 *(Asunto 5/69: Völk c. Vervaecke, Rec.,* 1969, pp. 295 y ss.), que declaró que «Un acuerdo escapa a la prohibición del art. 85.1 cuando sólo afecte al mercado de una manera insignificante, teniendo en cuenta la débil posición que ocupan los interesados en el mercado de los productos en cuestión... es, pues, posible que un acuerdo de exclusiva, incluso con protección territorial absoluta, escape a esta prohibición». Más recientemente, imponiendo la aplicación del precepto al ejercicio de «una influencia sensible sobre el juego de la competencia» *vid.* Sent. TJCE de 8 de noviembre de 1983 *(Asuntos acumulados 96, 102, 104, 105, 108 y 110/82: NVIAZ International Belgium C. Comisión, Rec.,* 1983, pp. 3369). *Vid.* también Sent. TJCE de 1 febrero de 1978 *(Asunto 19/77: Miller International, Rec.,* 1978, pp. 131 y ss.) ante un acuerdo tendente a impedir la exportación de discos infantiles y de folklore alemán hacia otros países de la Comunidad. El TJCE consideró que esta prohibición era susceptible de afectar «de manera sensible al comercio entre los Estados miembros, que levantaba entre estos países obstáculos artificiales al comercio de los productos... perjudicando la realización de los objetivos de un mercado único».

(35) *Cf.* esta distinción en L. Cetrain González: «La política de competencia de la Comunidad Europea...», *loc. cit.,* pp. 57-74).

(36) El TJCE consideró que los acuerdos sobre distribución exclusiva destinados a convertir a Costen en el único concesionario de productos Grundig en Francia habían sido concluidos con la finalidad de restringir o falsear el juego de la competencia dentro del Mercado Común. Fue suficiente para imponer la prohibición del art. 85.1 la evidencia de que las partes pretendían que Costen fuese protegido de la competencia de otros importadores, para la importación y distribución al por mayor de los productos Grundig.

actos que «tengan por objeto, produzcan o puedan producir» una lesión a la competencia. En términos generales puede afirmarse que la prohibición alcanza a las meras posibilidades objetivas de restringir la competencia, aun cuando no se haya materializado el efecto, y también al efecto en sí mismo, aun cuando no fuese ésta la finalidad de las partes. La prohibición de un acuerdo puede resultar alternativamente tanto del análisis de su objeto como de sus efectos (37). En el primer caso, la alteración de la competencia debe resultar de todas o algunas de las *cláusulas* del acuerdo en sí mismas consideradas. En el supuesto de que el análisis de estas cláusulas no revele un grado suficiente de nocividad para la competencia será el momento de examinar los efectos, prohibiéndose el acuerdo cuyas *consecuencias* impidan, restrinjan o distorsionen dicha competencia de un modo considerable (38).

El requisito de afectación al comercio entre los Estados miembros es un elemento determinante de la aplicación del art. 85.1 ya que de no ser así, esto es, cuando únicamente resultase afectado un concreto mercado nacional, no sería de aplicación esta normativa sino la correspondiente al Estado en cuestión (en España la Ley 16/1989). No es necesario, sin embargo, que las empresas pertenezcan a distintos Estados miembros; pueden todas ellas localizarse en un mismo Estado y aplicarse el precepto mencionado si su actividad repercute en el comercio intracomunitario, ya sea de un modo directo, indirecto, actual o potencial. Así lo entendió el TJCE en la Sent. de 12 de diciembre de 1967 *(Asunto 23/67: Brasserie de Haecht S. A. c. Wilkin Janssen)* al afirmar que las medidas adoptadas en Bélgica por empresas belgas de suministro de cerveza repercutía directamente en este país, pero también en el entorno de otros Estados, concretamente en su flujo normal de intercambios (importaciones y exportaciones) (39).

---

(37) *Vid.* N. Reich en colaboración con D. Leahy, *International Market and Difusse Interests, an Introduction to EC Trade Law* (Cap. IV: Distribution Systems, EC Competition Law and Consumer Interests), Lovaina, C.D.C., 1990, p. 121.

(38) *Cf.* Sent. TJCE de 30 de junio de 1966 *(Asunto 56/65: Tecnique Minière c. MBU, Rec.*, 1966, p. 339 y p. 359), manifestando el carácter alternativo y no acumulativo del objeto y los efectos anticoncurrenciales.

(39) *Rec.*, 1967, pp. 426 y ss. Tales medidas consistían en un acuerdo por el cual un vendedor establecido en Bélgica iba a abastecerse exclusivamente de una fábrica igualmente belga. El TJCE optó por apreciar el supuesto en atención al contexto económico y el mercado en su conjunto, en este caso la existencia de un gran número de contratos similares impuestos por un número reducido de fabricantes a una fracción importante de vendedores de cerveza. El acuerdo, dado su objeto directo, entraba en el ámbito del art. 85.1. Concretamente, el TJCE afirmó, basándose en el efecto acumulativo que «la existencia de contratos similares es una circunstancia que, junto con otras, puede

Esta conclusión exige admitir la regla del efecto acumulativo, que encuentra su fundamento en el necesario respeto a los objetivos del TCE (mantenimiento de una competencia eficaz). De este modo, un acuerdo que repercuta directa e inmediatamente sobre un mercado nacional pueda, por razón de su amplitud y de las cláusulas restrictivas de las importaciones o exportaciones, afectar al comercio de los Estados miembros. Para ello, debe tenerse en cuenta no sólo el flujo de intercambios o comercio en sentido estricto, sino también las propias estructuras del mercado, estimándose que habrá afectación del comercio intracomunitario cuando se aprecie una alteración de la estructura de la competencia en el Mercado Común (40). Así parece desprenderse de la doctrina sentada por la Comisión en el Reglamento 1984/83, de exención por categoría de los acuerdos de compra exclusiva de 22 de junio de 1983, (considerando III), al declarar que pueden quedar afectados por la prohibición del art. 85.1 del TCE «los acuerdos en los que sólo participen empresas de un mismo Estado y que se refieran a la reventa en dicho Estado miembro, especialmente si forman parte de una red de acuerdos que en su conjunto pueda afectar al comercio entre los Estados miembros». El objeto o efecto anticoncurrencial ha de producirse dentro del Mercado Común. Esta condición se refiere a la localización del interés protegido y no a la de las empresas participantes en el acuerdo ni al objeto del acuerdo restrictivo (comercialización en la CE o exportación). En consecuencia, tales empresas pueden tener su sede en un tercer Estado no comunitario e incluso centrarse el objeto anticompetitivo exclusivamente en el comercio exterior de los Estados miembros. Ello no será obstáculo para la aplicación de las disposiciones comunitarias, siempre que el perjuicio se produzca dentro

---

formar un conjunto constitutivo del contexto económico y jurídico dentro del que deberá apreciarse el contrato; que si bien debe tenerse en cuenta esta situación, no podrá considerarse como la única determinante; que no se trata más que de un elemento entre otros para saber si, mediante una posible alteración del juego de la competencia, puede verse afectado el comercio entre los Estados miembros».

(40) *Cf.* B. Goldman y A. Lyon Caen *(Derecho comercial europeo..., op. cit.*, pp. 362 y 582). Esta misma consecuencia se observa en la Sent. TJCE de 26 de noviembre de 1975 *(Asunto 73/74: Papeles Pintados de Bélgica c. Comisión, Rec.*, 1975, pp. 1367) cuando el TJCE precisó la necesidad de proceder a un análisis económico referido sobre todo a la fuerza de las empresas en el mercado para decidir si un acuerdo nacional puede afectar a la competencia en la Comunidad. Concretamente, declaró que «... el hecho de que un acuerdo sobre precios... sólo tenga por objeto la comercialización de un producto en un solo Estado miembro, no es suficiente para excluir que pueda verse afectado el comercio intracomunitario... y que pueda tener el efecto de consolidar compartimentos de carácter nacional, asegurando una protección a la producción nacional».

del Mercado Común (41), es decir, si se detecta una incidencia sobre la estructura de los intercambios comunitarios. Así, la Sent. TJCE de 25 de noviembre de 1971, ya citada *(Beguelín),* estimó que «el hecho de que una de las empresas esté situada en un tercer país no es obstáculo para la aplicación del art. 85.1... si el acuerdo produce sus efectos en territorio del Mercaco Común».

Tras señalar la cláusula general prohibitiva de los acuerdos en los que concurran las circunstancias reseñadas, el art. 85 enumera una serie de supuestos prohibidos. Esta enumeración, que no es cerrada sino ejemplificativa, se refiere a cinco tipos de acuerdos (42). En primer lugar, la fijación de precios o de condiciones de la transacción comercial. Esta actitud limita la competencia entre los vendedores y puede llevarse a cabo de una forma directa o indirecta, en este último caso mediante simples recomendaciones o indicaciones que permitan prever una política de precios. En segundo término, limitar o controlar la producción, el mercado, el desarrollo técnico o las inversiones. Tal sería el supuesto de los acuerdos que limitan o prohíben las exportaciones o importaciones, que fijen los costes de producción o que tiendan a la organización de las ventas y compras en común. En el aspecto técnico podría entenderse como tal el establecimiento de técnicas uniformes de investigación en común. En tercer lugar, se prohíbe repartir el mercado o las fuentes de abastecimiento como un supuesto claramente atentatorio a la unidad del mercado comunitario que normalmente se realiza mediante acuerdos de venta o aprovisionamiento exclusivo a una empresa, de cara a la reventa de los productos. También se menciona en el art. 85 TCE la prohibición de aplicar a terceros

---

(41) *Vid.* en este sentido la Sent. TJCE de 6 de marzo de 1974 *(Asuntos 6 y 7/73: Zoja/CSC/ICI, Rec., 1974, pp. 223 y ss.).* La sociedad americana CSC fabricaba y monopolizaba la producción y venta de un determinado producto químico que venía suministrando a Zoja como materia prima para la fabricación de ethambutol. Cuando ésta decide fabricar por sí misma este producto, CSC deja de suministrarle la materia prima, lo cual fue entendido como una infracción del art. 86 que eliminaba la competencia en el mercado del producto, constatándose como una posición dominante de CSC. No fue relevante a estos efectos la nacionalidad norteamericana de una de las empresas, al igual que tampoco se admitió la alegación de que la negativa de venta no iba a tener repercusiones comunitarias por exportar Zoja el 90 por 100 del producto fuera del Mercado Común. El TJCE afirmó que debía tenerse en cuenta el acuerdo o comportamiento en todas sus consecuencias para la estructura de la competencia en el Mercado Común, sin distinguir entre producciones destinadas a la comercialización en el interior de este Mercado y las destinadas a la exportación.

(42) *Vid.* sobre los mismos las consideraciones parcialmente reproducidas por nosotros en A. Bercovitz, «Normas sobre la competencia en el Tratado CEE», *Tratado..., op. cit.,* pp. 378 y ss.

condiciones desiguales para prestaciones equivalentes. Esta medida suele ser complementaria de la anterior y va dirigida a producir un reparto del mercado y una eliminación de los competidores, imponiendo a éstos condiciones más restrictivas para su acceso al mercado. Por último, se menciona la prohibición de subordinar la celebración de contratos a la aceptación de prestaciones suplementarias, surgidas de un previo acuerdo y no impuestas por una sola empresa, que no guarden relación con el objeto de aquéllos. Estas medidas han de surgir de acuerdos entre dos o más empresas para poder encajar en la prohibición del art. 85. Su sanción es la nulidad del acuerdo (art. 85.2) siempre que no exista una exención individual o por categoría, tal como a continuación señalaremos.

Una vez estipulados los acuerdos prohibidos en el art. 85.1, el párrafo tercero de este mismo precepto establece que «las disposiciones del apartado primero podrán ser declaradas no aplicables a todos los acuerdos, decisiones de asociaciones o prácticas concertadas que reúnan determinadas condiciones». Esta exención puede ser individual o por categoría. En uno y otro caso se trata de una excepción a la prohibición general del párrafo primero, por tanto, recae sobre acuerdos prohibidos, pero no actúa de forma automática. Por el contrario, para que la excepción sea operativa se requiere, además de las condiciones previstas en el art. 85.3, la autorización del acuerdo por la Comisión. En las exenciones individuales la autorización se otorga para un solo acuerdo en particular, previa notificación del mismo al órgano comunitario. En las exenciones por categoría se ofrece una autorización en bloque de determinados acuerdos; no es necesaria su notificación particular siempre que, por su naturaleza, se integre en alguna de las categorías previstas.

El art. 85.3 se refiere a los acuerdos «que contribuyan a la mejora de la producción o distribución o a fomentar el progreso técnico o económico, reservando al mismo tiempo a los usuarios una participación equitativa en el beneficio resultante». Estos acuerdos no deben imponer a las empresas interesadas restricciones que no sean indispensables para alcanzar los objetivos mencionados ni ofrecer la posibilidad de eliminar la competencia en una parte substancial del producto de que se trate. Estos requisitos actúan de forma acumulativa y no alternativa, debiendo concurrir todos ellos para poder obtener el beneficio de exención.

La referencia a la mejora de la producción, distribución y progreso técnico o económico ha de entenderse con un alcance objetivo; no se identifica, con las ventajas particulares que el empresario pueda obtener del acuerdo, sino que la medida acordada ha de incidir positivamente en el desarrollo económico general, como puede ocurrir, por ejemplo, con los acuerdos que potencien la existencia de nuevas empresas o nuevos productos. Además de este carácter objetivo, la mejora ha de beneficiar equitativamente al usuario. B. Goldman y A. Lyon-Caen distinguen esta condición de la anterior a través de un ejemplo particularmente ilustrativo: un acuerdo de especialización que origine beneficios objetivos (p. ej., mayor productividad y menores costes de producción), pero que, sin embargo, no suponga una disminución de los precios de venta no sería acorde con las condiciones del precepto, que precisamente impone para que pueda producirse la exención la concurrencia de ambos aspectos o ventajas (43).

La condición de que el acuerdo no imponga restricciones no indispensables para alcanzar los anteriores beneficios implica que la exención sólo será autorizada en la medida estrictamente necesaria para tal fin. Se impone entonces una necesaria proporcionalidad entre los medios utilizados y el resultado a alcanzar. Por otra parte, el acuerdo además de ser objetivamente beneficioso, implicar una participación equitativa del usuario y responder a la proporcionalidad entre medios y resultados, no debe eliminar la competencia respecto de los productos que sean aportados al mercado por otras empresas ajenas al acuerdo. Esta exigencia se matiza en cierto modo en la medida que los productos llamados a competir no tienen que ser de idéntica naturaleza a aquéllos sobre los que recae el acuerdo. Es posible que el acuerdo elimine la competencia entre productos idénticos y, sin embargo, subsista la competencia necesaria para que se produzca una exención del art. 85.3. Bastaría verificar una situación de competencia entre los productos objeto de acuerdo y otros similares, aunque no idénticos, por ejemplo, el caso de un mismo bien fabricado con distintos materiales. Esta posibilidad obliga a la Comisión, a la hora de conceder una exención, a sopesar rigurosamente los diferentes condicionantes del supuesto, pues no debe olvidarse que la flexibilidad de este último requisito puede suponer una restricción solapada de la libre competencia (44).

Junto a las exenciones individuales para un concreto acuerdo existen también las llamadas «exenciones por categoría», otorgadas mediante Reglamentos de la Comisión por delegación del Consejo.

---

(43) *Cf. Derecho comercial europeo..., op. cit.*, p. 383.
(44) *Ibíd.*, p. 386.

Los acuerdos que se refieran a las materias susceptibles de este tipo de exención no tienen que ser individualmente notificados a la Comisión, pues, al existir ya una previa y genérica autorización a través del oportuno Reglamento, basta con que cumplan los requisitos de dichos Reglamentos. No obstante, esta notificación puede efectuarse cuando, en caso de duda, se pretenda una aclaración sobre la licitud o ilicitud del acuerdo. Los requisitos de fondo para los acuerdos susceptibles de esta exención son los mismos que los previstos por el art. 85.3 para las individuales, por ello no cabe una exención por categoría que contravenga las condiciones generales que operan en las exenciones individuales.

La competencia para establecer las exenciones por categoría corresponde al Consejo, que ha elaborado dos Reglamentos en los que se recogen las bases de este procedimiento. El R. 19/65 de 2 de marzo de 1965, sobre acuerdos de distribución, aprovisionamiento exclusivo, derechos de propiedad industrial y comunicación de conocimientos de técnicas industriales (45), y el R. 2821/71 de 20 de diciembre de 1971, sobre acuerdos de aplicación de normas y tipos, de investigación y desarrollo de productos y de especialización (46). Asimismo, en relación con el sector del transporte aéreo, debe mencionarse el Reglamento de exención 3976/87 de 14 de diciembre de 1987 (47). El Consejo delega en la Comisión el desarrollo de las bases contenidas en estos Reglamentos, a través de la elaboración de otros más específicos (48). Entre ellos cabe mencionar los siguientes:

— R. 67/67 de 22 de marzo de 1967 sobre aplicación del art. 85.3 del TCEE a determinadas categorías de acuerdos de exclusiva (49).

— R. 1983/83 de 22 de junio de 1983 sobre acuerdos de distribución exclusiva.

— R. 1984/83 de 22 de junio de 1983 sobre acuerdos de compra exclusiva (50).

---

(45) *DOCE,* L 36 de 6 de marzo de 1965, p. 533/65.

(46) *Ibíd.,* L 285 de 29 de diciembre de 1971, p. 46. Asimismo, *vid.* el R. 2822/71 de la misma fecha *(ibíd.,* p. 49), que complementa al R. 17 de 6 de febrero de 1962, primer Reglamento de aplicación, este último, de los arts. 85 y 86 del TCE *(ibíd.* L 13 de 21 de febrero de 1962, p. 204/62).

(47) *DOCE,* L 374 de 31 de diciembre de 1987, p. 9.

(48) *Vid.* I. Ruiz Peris, «Crónica de legislación: I Competencia.—Defensa de la competencia». *R.G.D.,* núm. 549, 1990, pp. 4657 y ss.

(49) *DOCE,* L 57 de 25 de marzo de 1967, p. 849/67.

(50) Estos Reglamentos 1983 y 1984/83 sustituyen al R. 67/67 *(ibíd.,* L 173 de 30 de junio de 1983, p. 1 y p. 5, respectivamente).

— R. 2349/84 de 23 de julio de 1984 sobre licencia de patentes (51).

— R. 123/85 de 21 de diciembre de 1984 sobre acuerdos de distribución y servicios de venta y posventa de vehículos automovilísticos (52).

— R. 417/85 de 19 de diciembre de 1984 sobre determinados acuerdos de especialización.

— R. 418/85 de 19 de diciembre de 1984 sobre acuerdos de investigación y desarrollo (53).

— R. 4087/88 de 30 de noviembre sobre los acuerdos de franquicia (54).

— R. 556/89 sobre licencias puras de know-how (55).

Por lo que se refiere a los acuerdos que afecten únicamente al mercado nacional, los procedimientos de exención se recojen en el R. Decreto 157/1992 de 21 de febrero, por el que se desarrolla la Ley 16/1989 de 17 de julio en materia de exenciones por categoría, autorización singular y registro de defensa de la competencia. Se procede a la exención de aquellos acuerdos que hayan sido objeto de exención por categoría por el Derecho comunitario, lo cual permite que, sin perjuicio de ulteriores desarrollos reglamentarios, el ordenamiento interno quede homologado, en su respectivo ámbito de aplicación con el ordenamiento comunitario. La competencia para este tipo de exención corresponde al Gobierno, en tanto que las autorizaciones singulares son concedidas por resolución del TDC, previo expediente del SDC (56).

C) Prohibición de explotación abusiva de la posición dominante

El art. 86 TCE prohíbe, en la medida que pueda afectar al comercio entre los Estados miembros, la explotación abusiva por parte de una o más empresas de una posición de dominio en el Mercado Común o en una parte substancial del mismo. No es necesario, a diferencia de lo que ocurre en el art. 85, la concurrencia de varias empresas, bastando la explotación abusiva practicada por una sola empresa

(51) *Ibíd.*, L 219 de 16 de agosto de 1984, p. 15.
(52) *Ibíd.*, L 15 de 18 de enero de 1985, p. 16.
(53) *Ibíd.*, L 53 de 22 de febrero de 1985, p. 1 y p. 5, respectivamente).
(54) *Ibíd.*, L 359 de 28 de diciembre de 1988, p. 46.
(55) *Ibíd.*, L 61 de 4 de marzo de 1989, p. 1.
(56) *BOE* 29-II-92.

para que pueda producirse el supuesto. Por ello, el art. 86 puede ser aplicado a situaciones atentatorias a la competencia en las que no quepa observar el art. 85, dada la ausencia de pluralidad de empresas autónomas y, por tanto, la ausencia de un concurso autónomo de voluntades.

Los elementos constitutivos del art. 86 son la existencia de una posición dominante y la explotación abusiva de la misma. A pesar de que esta disposición tenga la misma finalidad genérica que el art. 85 —la unidad del mercado en condiciones de competencia—, sin embargo, no protege directamente una situación de libre competencia, pues ésta normalmente no va a producirse en toda su extensión desde el momento mismo que existe una posición de dominio. Quiere decirse con ello que el art. 86 no prohíbe esta posición de dominio sino únicamente la explotación abusiva de la misma. En definitiva, lo que se trata de impedir no es el carácter privilegiado de una empresa en el mercado sino que de aquí se derive una eliminación de la competencia efectiva y un consiguiente perjuicio para las demás empresas.

El concepto de posición dominante no aparece recogido en el TCE, si bien el TJCE en la Sent. de 21 de febrero de 1973 considera su existencia cuando las empresas «pueden actuar independientemente y hallarse en una situación tal que les permita actuar sin tener en cuenta a sus competidores, compradores o proveedores... pudiendo determinar los precios o controlar... una parte significativa de la producción» (57). A los efectos del art. 86 es necesario que la posición dominante afecte a todo o a una parte substancial del Mercado Común, por ello es preciso determinar cual sea el mercado afectado, a partir de dos datos: el producto en cuestión (incluidos los productos sustitutivos o intercambiables) y el marco o mercado geográfico, que debe corresponder, al menos en una parte substancial, al Mercado Común. Así, en la Sentencia citada (*Asunto Continental Can),* a pesar de reconocer el TJCE que existía un abuso de posición dominante, no consideró la existencia de una infracción al art. 86 porque no se había definido el mercado sobre el que recaía esta restricción de la competencia. Concretamente afirmó que «la definición del mercado tiene un significado capital, ya que las posibilidades de la competencia únicamente pueden ser juzgadas en relación con las características de los productos implicados». En consecuencia, estimó que la posición dominante en el sector de embalajes metálicos «no impedía la competencia en otros secto-

(57) *Asunto 6/72: Continental Can, Rec.*, 1973, pp. 215 y ss.

res, como los embalajes de cristal o plástico, pues todos ellos forman parte de un mismo mercado y se hacen competencia»; en suma, acogió el criterio de la sustituibilidad de los productos como factor de delimitación del mercado. Este criterio de sustituibilidad de los productos puede observarse tanto desde el punto de vista de los consumidores, es decir, que éstos adquieran indistintamente unos u otros, como desde una perspectiva objetiva, al margen de las preferencias de los adquirentes, tal como ocurrió en la Sent. TJCE de 14 de febrero de 1978, *(Asunto 27/76 United Brands —Chiquita—)*. En este asunto la sociedad UBC estableció unas condiciones generales de venta para los plátanos en las que imponía a los distribuidores una exclusividad de compra y reventa. Los elementos que determinaron la existencia de abuso de posición dominante fueron, en primer lugar, la afectación del comercio en una parte substancial del Mercado Común (criterio geográfico) y, en segundo lugar, la determinación del mercado en relación con los productos. Respecto de este último elemento la Comisión adoptó un criterio objetivo afirmando que existía un mercado independiente de los plátanos, no siendo sustituibles por ofertas de otras frutas frescas, con lo cual el aumento de su precio no implicaba una disminución de las ventas (58).

En torno a esta necesidad de determinar el «mercado relevante» debe mencionarse, por último, los supuestos de autoproducción, tales como los servicios públicos explotados directamente por entidades públicas (distribución de gas, agua, etc...). A este respecto, R. Saint Esteben se plantea si debe entenderse por mercado relevante sólo la parte del servicio reservada a empresas especializadas, que a su vez se encargan de prestarlo al usuario o, por el contrario, debe considerarse la totalidad del mercado, incluida la autoproducción (59). La respuesta

(58) *Rec.*, 1978, pp. 207 y ss. El TJCE demostró la posición dominante definiendo, en primer lugar, el mercado geográfico donde UBC detentaba tal posición, posición que suponía una barrera para la entrada de otros productos en el mercado de esta empresa. En segundo lugar, delimitó el mercado en relación con el producto, afirmando que el mercado de plátanos no era sustituible por otras ofertas y constituía un mercado único y distinto en ciertas épocas del año. *(Vid.* el comentario de R. Pellicer Zamora en *Comentarios a la Legislación Comunitaria..., op. cit.*, pp. 579 y ss.). De aquí se deriva, según E. Galán Corona que para determinar la posición dominante en el mercado han de tenerse en cuenta tres perspectivas: *a)* objetiva: a qué bienes o servicios se refiere el mercado, siendo necesaria una investigación económica que exige considerar no sólo el bien sino también sus sustitutivos; b) geográfica: la posición dominante ha de ostentarse en el Mercado Común o en una parte substancial del mismo; c) temporal: tiene en cuenta la existencia de productos estacionales y la diferente estructura del mercado en las distintas épocas *(cf.* «El Derecho protector...», *loc. cit.*, p. 310).

(59) *Cf.* R. Saint Steben, «Devéloppements récents des droits français et communautaire de la concurrence», *D.P.C.I.*, vol. 15-1, 1989, pp. 151 y ss., esp. p. 172.

a este planteamiento puede encontrarse en la Sent. TJCE de 4 de mayo de 1988 *(Asunto 30/87: Corinne Bodson),* en relación con los servicios de pompas fúnebres (60). Acogiendo la primera de las soluciones, la sociedad en cuestión argumentaba que su actividad afectaba exclusivamente al mercado francés, por lo cual no era de aplicación la normativa comunitaria. Sin embargo, el TJCE se inclinó a considerar las consecuencias de la actividad en la estructura competitiva de la totalidad del mercado, incluyendo dentro de la cuota de mercado relevante las actividades que la empresa aseguraba por sí misma a través de sus propios servicios y no solamente los confiados a empresas especializadas.

La mera posición dominante no está prohibida si de ella no se deriva una explotación abusiva. Cuando se detecta este abuso, el art. 86 TCE habilita una prohibición sin posibilidad alguna de derogación, a diferencia de lo que ocurre en el art. 85 que sí prevé determinadas excepciones a la prohibición general mediante autorización de la Comisión, ya sea individual o en bloque. El propio precepto establece una serie de supuestos de explotación abusiva que, en líneas generales, coinciden con los previstos en el art. 6 de la LDC, aunque en esta última se añade la referencia de «la negativa injustificada a satisfacer las demandas de compra de productos o de prestación de servicios». Igualmente, son comparables con los ejemplos propuestos por el art. 85, si bien se detectan algunas matizaciones derivadas del carácter unilateral de la posición dominante frente al necesario acuerdo de voluntades requerido en las prácticas previstas en el art. 85. Esto explica, por ejemplo, que no se mencionen circunstancias tales como «el reparto del marcado o de las fuentes de aprovisionamiento», que necesariamente implican un concurso de voluntades o acuerdo.

(60) *Vid.* esta Sentencia en *Rec.,* 1988, p. 2479 y *La Ley, com. eur.,* 1988-2, pp. 79-81. El TJCE aplicó el art. 86 y no el art. 85, pues este último sólo es aplicable a los acuerdos «entre empresas» y no a los contratos de concesión de servicios públicos celebrados entre un Municipio que actúa en calidad de Administración pública y otras empresas ejecutoras. Respecto del art. 86, dado que la posición dominante es una situación de hecho, debe considerarse la situación del grupo de empresas en aquellos Municipios en que no es concesionario exclusivo, así como los servicios y los bienes suministrados por el grupo de que se trate y otros servicios de ornato que forman parte del servicio libre. Ha de tenerse en cuenta que una Ley francesa de 1904 atribuía el servicio de ornato a los Municipios, pero éste no incluía las prestaciones de culto ni el servicio libre. La Sentencia engloba todo ello (servicio de ornato llevado a cabo por los Municipios y servicio libre realizado por empresas especializadas) dentro de la cuota de mercado relevante, para imponer la aplicación del art. 86 —dada la imposición de precios por el Municipio a los concesionarios— a través del art. 90 del TCE.

Las prácticas abusivas pueden consistir, en primer lugar, en la imposición directa o indirecta de precios de compra, de venta u otras condiciones de transación no equitativas. Es ésta una condición equivalente a la prevista en el art. 85 a), pero en ella se especifica el carácter «equitativo» de las condiciones, calificativo que hace referencia y se concreta a través de comparación de coste y precio reclamado. En segundo lugar, se prevé la limitación de la producción, el mercado o el desarrollo técnico en perjuicio de los consumidores. Se excuye la alusión del art. 85 b) al «control» de estos aspectos, pues ello prejuzgaría una actividad de vigilancia propia de una actitud «concertada» de varias empresas, que por definición sólo aparece en este precepto, pero no en el art. 86. A continuación, se prohíbe la aplicación a terceros contratantes de condiciones desiguales para prestaciones equivalentes que ocasionen a éstos una desventaja competitiva. Para fijar este sentido no equitativo debe estarse a un criterio de equivalencia y no de identidad, lo cual, según opinión generalizada, exige una consideración, no sólo de los objetivos generales del Tratado y del mercado geográfico, sino también del mercado del concreto producto en cuestión. Finalmente, se prohíbe subordinar la celebración de contratos a la aceptación por otros contratantes de prestaciones suplementarias que, por su naturaleza o según los usos mercantiles, no guarden relación alguna con el objetivo de dichos contratos. De otro modo, se originaría un perjuicio directo para los consumidores y usuarios y un atentado contra la libre competencia (61).

Aun cuando los arts. 85 y 86 TCE tienden a un mismo fin protector de la libre competencia y recogen prohibiciones similares, existe una diferencia substancial entre ambos. Mientras el primero se refiere tanto a los resultados lesivos a la competencia como a los medios utilizados para este fin, el segundo solamente persigue el resultado. Así, el único elemento prohibido por el art. 86 sería el resultado de explotación abusiva de posición dominante, pues se trata de un concepto objetivo que se determina a partir de la situación del mercado y no de los fines perseguidos. En consecuencia, la definición de lo que sea explotación abusiva se concreta en la reducción «substancial» de la competencia, mostrándose favorable el TJCE a la aplicación del art. 86 incluso cuando no se elimine totalmente la competencia, bastando que se detecte una simple eliminación parcial de la misma *(Asunto Continental Can)* (62).

---

(61) *Vid.* el tratamiento de estos supuestos de prácticas abusivas en B. Goldman y A. Lyon Caen, *Derecho comercial europeo..., op. cit.*, pp. 409-413.

(62) La sociedad norteamericana Continental Can adquirió en 1969 el control de una sociedad alemana. Un año después creaba el holding Europemballage, a la que

Con esta defensa de la competencia se protege en el art. 86 a los consumidores, a los contratantes con la empresa en posición de dominio y también a los competidores de ésta, especialmente en los supuestos de contratos ligados. Dada la objetividad del concepto de abuso de posición dominante, no se requiere un vínculo de causalidad entre la posición dominante y su abuso, pues el efecto sirve para caracterizar tal abuso sin importar los medios utilizados. Esta afirmación, válida en términos generales puede, no obstante, ser objeto de una distinción, a partir del planteamiento de G. Marenco, que distingue según que la defensa del art. 86 se dirija a los socios comerciales de la empresa o a sus competidores. En el primer supuesto (defensa de los socios comerciales), el autor detecta un vínculo de causalidad entre la posición dominante y el abuso, de tal modo que éste surge de la primera. Dado que la empresa no teme a los competidores puede permitirse practicar precios demasiado elevados o discriminar a sus clientes comerciales; en definitiva, abusa porque goza de una posición de dominio. En cambio, cuando el art. 86 se utiliza para la protección de los competidores de la empresa dominante, está claro que no existe vínculo causal entre la posición dominante y el abuso. Por ejemplo, la adquisición de capital de empresas competidoras o el lanzamiento de rebajas no son necesariamente imputables a empresas dominantes ni tampoco necesariamente llevados a cabo explotando una posición dominante. Sin embargo, es éste un aspecto irrelevante que no impediría aplicar el art. 86 siempre que este resultado derive en una limitación de la competencia (63).

---

transmitía sus participaciones en las sociedades de Gran Bretaña, Bélgica e Italia y adquiría la casi totalidad del capital de la sociedad holandesa. En definitiva, adquirió capital de empresas competidoras modificando la estructura de la oferta en el Mercado Común y generando una explotación abusiva de posición dominante. El TJCE sostuvo que el art. 86 debía ser interpretado a tenor de los fines del TCE, concretamente de su art. 3 (f) que exige que la competencia no sea falseada. El hecho de que una empresa dominante refuerce esta posición mediante el control de otras empresas competidoras constituía un abuso de posición dominante, aplicándose el art. 86 incluso cuando esta concentración no eliminase totalmente la competencia. Finalmente, no se probó esta lesión a la competencia ni se apreció el mercado relevante, por lo cual el TJCE anuló la Decisión sancionatoria de la Comisión de 9 de diciembre de 1971.

(63) Cuando el art. 86 es utilizado para la protección de los socios de la empresa dominante existe un vínculo causal: el abuso está posibilitado por la posición dominante, abusa porque puede, porque tiene dominio y no le importa que los clientes se vayan a otros competidores. En cambio, cuando el precepto se utiliza para la protección de competidores de la empresa dominante, no existe esta causalidad: el abuso no necesariamente encierra una posición de dominio. El autor mantiene, por ello, que es relativamente fácil identificar los comportamientos ilícitos cuando se trata de abusos hacia socios, pero no lo es tanto cuando lo es hacia competidores. En este último caso habrá

D) Control de las concentraciones de empresas

Las concentraciones de empresas constituyen la expresión lógica de la evolución de la empresa capitalista hacia estructuras más competitivas, la ampliación de mercados y la substitución de una política de competencia por una política de colaboración. Los efectos de este fenómeno tienen distinta valoración; en su favor puede argumentarse la racionalización de la producción y de la economía y, en su desfavor, la creación de situaciones de privilegio y la restricción de la competencia y libertad económica.

Precisamente la posibilidad de estos efectos desfavorables hace necesario un control de las concentraciones, que puede ser enfocado desde dos puntos de vista. Puede dirigirse a las estructuras internas de las empresas participantes en la concentración, salvaguardando la competencia entre las mismas a través de la observancia del art. 85 TCE, en la medida que pueda detectarse el necesario concurso de voluntades que caracteriza a la aplicación de este precepto. Igualmente, el control puede centrarse en los comportamientos efectivos en el mercado, evitando, a través del art. 86 TCE, que pueda producirse un abuso de posición dominante por parte de una empresa. En este último caso se trataría no de prohibir las concentraciones sino de evitar sus efectos dañosos para la libre competencia y para la estructura económica general (64).

En el Ordenamiento español existía hasta épocas recientes un pseudocontrol de las concentraciones, al obligar la Ley 110/1963 a la inscripción en el Registro de Prácticas Restrictivas de los acuerdos de concentración que superasen un porcentaje (30%) de dominación del mercado nacional de un determinado producto o servicio. En realidad

---

que encontrar, en su opinión, una línea de demarcación entre prácticas que reflejan la superioridad de la empresa (que deben ser prohibidas) y las de carácter artificial (*cf.* G. Marenco, «Principios de libre competencia en la Comunidad Económica Europea: un resumen», *Bol. Estudios Económicos,* núm. 127, vol. XLI, 1986, pp. 137 y ss., esp. pp. 148 y 149).

(64) *Vid.* R. Alonso Soto, «La aplicación del art. 85 del TCEE a las concentraciones de empresas. Comentario a la Sentencia Philip Morris de 17 de noviembre de 1987», *R.I.E.,* vol. 15-3, 1988, pp. 769 y ss.; M. A. Domínguez García, «La eventual aplicación de los arts. 85 y 86 del TCEE a las concentraciones de empresas como cuestión abierta», *ibíd.,* vol. 14-2, 1987, pp. 369 y ss.; J. A. Cockborne, «El control de las concentraciones de empresas en la Comunidad Económica Europea», *Gaceta Jurídica de la CEE,* Serie D, 52, 1988, pp. 9 y ss.; S. J. Pickard, «El control de las concentraciones en el Derecho Comunitario Europeo», *Noticias CEE,* núm. 62, 1990, pp. 67 y ss.

era más un procedimiento de mera información que de verdadero control. Sin embargo, la nueva LDC sí establece en sus arts. 14 a 17 un control en sentido estricto respecto de determinadas concentraciones (65) de las que, por su importancia o efectos, pudiera derivarse una alteración de la estructura del mercado nacional contraria al interés público. Los actos y proyectos de concentración o toma de control que afecten o puedan afectar al mercado español, especialmente mediante el reforzamiento de una posición de dominio, «podrán» ser remitidos por el Ministro de Economía y Hacienda al TDC. En cualquier caso, la LDC no impone este control público con carácter obligatorio, sino que las empresas participantes podrán notificar voluntariamente al SDC el proyecto u operación de concentración. De entre éstos, el Ministro remitirá aquéllos que considere puedan obstaculizar el mantenimiento de una competencia efectiva al TDC para que éste, previa audiencia en su caso de los interesados, dictamine en el plazo de tres meses. Este informe del TDC se someterá posteriormente a la decisión última del Gobierno, que puede oponerse o no a la concentración y también subordinar su aprobación a determinadas condiciones que aporten al progreso económico y social una contribución suficiente para compensar los efectos restrictivos de la competencia. Normalmente, los índices a valorar a la hora de decidir la viabilidad de una concentración se centran en su contribución a la mejora de la producción y de la comercialización, al progreso técnico y económico, a la competitividad internacional y a los intereses de los consumidores.

En el marco comunitario, al igual que ocurre en el Derecho español, las concentraciones no están prohibidas sino simplemente controladas y supeditadas a la obtención de determinados fines. El problema, sin embargo, viene dado desde el momento que este control sólo se prevé en el TCECA y no en el TCE, por tanto, la previsión es operativa únicamente en las operaciones de concentración realizadas en los sectores del carbón y del acero. El art. 66 TCECA establece un control, llevado a cabo por la Comisión, siempre que participe una empresa de un Estado comunitario, sin referirse al requisito de afectación al comercio de los Estados miembros. La autorización se posibilita cuan-

(65) Los actos sometidos a control son las operaciones de concentración de empresas o de toma de control de una o varias empresas por parte de otra o un grupo. Asimismo también son susceptibles de control los proyectos no consumados de cualquiera de estas operaciones, siempre que exista la voluntad al menos de una de las partes involucradas de consumar efectivamente el acto proyectado (*cf.* R. Illescas Ortiz, «El control de las concentraciones económicas en la Ley 16/1989 de 17 de julio, de defensa de la competencia», *Noticias CEE*, núm. 66, julio, 1990, pp. 25 y ss., esp. p. 27.

do la concentración no suponga un obstáculo a la competencia efectiva y de ella no derive una posición artificial de privilegio. Al mismo tiempo, se prevé una exención por categoría para las operaciones de menor importancia que, en función de los activos o de las empresas a que se refieren, reúnan las condiciones para dicha autorización (66).

Al no mencionar el TCE este tipo de actividades, debe determinarse la normativa aplicable a las concentraciones que no se ubican en el mercado del TCECA o que se refieran al mercado de uno y otro Tratado, lo cual podría plantear la aplicación cumulativa de las disposiciones de ambos Tratados (art. 66 TCECA y arts. 85-86 TCE). Si a través de la determinación del mercado resultara aplicable el TCE se plantea la cuestión de decidir si se aplica el art. 85 o, por el contrario, el art. 86, sin perder de vista que ninguno de ellos regula expresamente las concentraciones. El TJCE se ha decantado por la aplicabilidad de estos preceptos, si bien la opción por uno u otro ha sido distinta en dos de las ocasiones en que dicho Tribunal ha tenido ocasión de manifestarse: el asunto *Philip Morris* y el asunto *Continental Can.* En el primero de ellos, Philip Morris acordó con Rembrand G. L. la constitución de una filial común, estableciendo una serie de acuerdos que posteriormente fueron denunciados ante la Comisión por las empresas afectadas alegando su contrariedad a las normas de competencia del Tratado de Roma. La Comisión así lo entendió y, sobre la base del art. 85, obligó a la modificación de tales acuerdos. No satisfechas con esta decisión, las empresas plantearon recurso de anulación ante el TJCE, que en Sent. de 17 de noviembre de 1987 (67) reiteró los mismos criterios de la Comisión, es decir, que los nuevos pactos no eran contrarios al Derecho de la competencia y que procedía tener en cuenta el art. 85, desde el momento que se trataba de empresas independientes que no habían perdido su independencia tras el acuerdo. Esta afirmación supone, *a sensu contrario,* que el art. 85 no es aplicable a las

---

(66) Según el art. 66 del TCECA «Requiere autorización previa de la Alta Autoridad toda operación que en los territorios a que se refiere el art. 79.1 y como resultado de la acción de una persona o de una empresa, de un grupo de personas o de empresas, tenga por sí mismo por efecto directo o indirecto una concentración de empresas, una de las cuales al menos queda sujeta a la aplicación del art. 86, tanto si la operación se refiere a un mismo producto o a productos distintos como si se efectúa mediante la fusión-concentración de acciones o de elementos del activo, préstamos, contratos o cualquier otro medio de control». *Vid.* R. Silva de la Puerta, «El Derecho de la competencia. Las uniones y asociaciones de empresas. Las prácticas concertadas. Abuso de posesión. Las ayudas estatales. Las empresas públicas y los monopolios estatales», *R.C.D.I.*, vol. LXII, núm. 572, 1986, pp. 93 y ss., esp. p. 100.

(67) *Asunto 142 y 156/84: Philips Morris, Bol. Der. Com. Eur.*, núm. 19, 1989, pp. 215 y ss. y *Rec.*, 1987, pp. 4487 y ss.

fusiones de empresas en las que se constituye una sola sociedad y por tanto, una pérdida de independencia jurídica económica (68). Esta aplicación del art. 85 TCE a las concentraciones de empresas resulta contradictoria con el fallo del TJCE en el asunto Continental Can, en el que precisamente se excluyó el art. 85 y se aplicó el art. 86, sancionando como abuso de posición dominante las concentraciones que, a través de una adquisición de capital, impliquen un refuerzo significativo del dominio en el mercado. Sin embargo, la aplicación del art. 86 no ha estado falta de críticas, ya que el precepto no permite considerar que la concentración o el mero refuerzo de posición dominante sea por sí mismo un abuso de competencia. Además, la concentración no era el efecto de la posición dominante, sino que las empresas querían alcanzar esta posición dominante gracias a la concentración. En todo caso, el TJCE prohibió, sobre la base de una interpretación amplia del art. 86, todo refuerzo de posición dominante, incluida la concentración.

En realidad la elección entre la aplicación del art. 85 o del art. 86 TCE presenta una relevancia más teórica que práctica, ya que ambos preceptos son complementarios en la finalidad de evitar el falseamiento de la competencia. Como superación de estas dos posturas y en un intento de solucionar sus contradicciones y lograr un control preventivo de las concentraciones, la Comisión presentó al Consejo un Proyecto de Reglamento con fecha 20 de julio de 1973, y una nueva propuesta el 30 de noviembre de 1988, que finalmente ha desembocado en el Reglamento del Consejo 4064/89 de 21 de diciembre, en vigor a partir del 21 de septiembre de 1990 (69). También deben mencionarse el

(68) *Vid.* R. Alonso Soto, «La aplicación del art. 85...», *loc. cit.*, pp. 778 y ss.

(69) *DOCE,* L 395/1 de 30 de diciembre de 1989. El Reglamento incluye en el concepto de concentración los supuestos de fusión de empresas y adquisición del control de una o varias empresas por parte de una empresa o grupo de empresas que ya controle una o varias empresas. La notificación a la Comisión debe ser previa a la concentración o a lo sumo debe realizarse en la semana siguiente a la conclusión del acuerdo y tiene un efecto suspensivo sobre la misma. La aplicación del Reglamento requiere que la concentración tenga una dimensión comunitaria según los índices de cuantificación establecidos en el propio Reglamento (art. 1), de lo contrario se aplicará a la concentración el Derecho nacional de cada Estado. Se entienden compatibles con el Mercado Común las concentraciones que no creen o refuercen una posición contraria a una efectiva competencia en el Mercado Común o en una parte importante del mismo (*cf.* S. J. Pickard, «El control de las concentraciones en el Derecho comunitario», *Noticias CEE,* núm. 62, 1990, pp. 67 y ss., esp. pp. 72 y 73). Para un tratamiento amplio y detallado de las cuestiones relativas a las concentraciones de empresas *vid.* A. Jacquemin, P. Buigues y F. Ilzkovitz, «Concentration horizontale, fusions et politique de concurrence dans la Communauté européenne», *Economie Européenne,* Comission des Com-

Reglamento de la Comisión 2387/90 de 25 de julio de 1990, relativo a las comunicaciones, términos y audiencias del Reglamento 4064/89, así como las Comunicaciones de la Comisión sobre operaciones de concentración y cooperación previstas en el Reglamento 4064/89 y sobre restricciones accesorias a las operaciones de concentración (70).

El Reglamento 4064/89 establece un sistema de control de las operaciones sólo desde el punto de vista del Derecho de la competencia en el Mercado Común y es aplicable a las fusiones de empresas, a las adquisiciones de control directo o indirecto de una o más empresas, a la creación de empresas filiales comunes y los acuerdos de intercambio mutuo de acciones (71). Atribuye competencias a la Comisión, a través de la previa notificación, únicamente para las concentraciones de «envergadura europea», es decir, que tengan una dimensión comunitaria (72). En este caso, la Comisión tiene competencia exclusiva

munautés Européennes (monográfico), núm. 40, mayo 1989; M. Daranas Peláez, «Examen crítico de la necesidad de un Reglamento comunitario para el control de las concentraciones de empresas y la introducción de este control en la próxima Ley española de Defensa de la Competencia», *Gaceta Jurídica de la CEE,* serie D, núm. 52 (D-9), 1988, pp. 71 y ss.; R. García Vicente, «El nuevo Proyecto de Reglamento de control de las concentraciones, *ibíd.,* pp. 47 y ss. *Vid.* por todos F. Capotorti, *La concentrazione delle imprese alla luce del diritto interno e internazionale,* Padua, Cedam, 1989, pp. 65 y ss.

(70) *Vid.* Reglamento 2387/90 en *DOCE,* L 219 de 14 de agosto de 1990, p. 5, y las Comunicaciones 90/C 205/05 y 90/C 203/60 en *DOCE,* C 203 de 14 de agosto de 1990, pp. 5 y 10. *(Diritto del commercio internazionale,* núm. 4-1, 1990, pp. 159 y ss., 187 y ss. y 194 y ss.; J. P. Keppenne, «Le controle des concentrations entre entreprises: Quelle filiation entre l'article 66 du Traité de la Communauté européenne du charbon et l'acier et le nouveau règlament de la Communauté économique européenne?», *Cahiers de droit européen,* núms. 1-2, 1991, pp. 42 y ss., esp. p. 63 *(addendum).*

(71) *Cf.* J. Rivas de Andrés, «El Reglamento comunitario sobre el control de las operaciones de concentración de empresas. Una aproximación», *Noticias CEE,* núm. 70, noviembre 1990, pp. 19 y ss., esp. pp. 20 y 21. Sobre este Reglamento vid. J. S. Venit, «The 'Merger' Control Regulation: Europe Comes of Age or Caliban's Dinner», 27 *C.M.L. Rev.,* 1990, pp. 7 y ss.; A. Winckler y S. Gérondeau, «Etude critique du règlament CEE sur le contrôle des concentrations d'entreprises», *Rev. Marché Commun,* 1990, pp. 541 y ss.; J. L. Déchery, «Le règlament communautaire sur le contrôle des concentrations», *Rev. trim. dr. europ.,* 1990, pp. 307 y ss.; J. P. Keppenne, «Le contrôle des concentrations entre entreprises...», *loc. cit.,* pp. 42 y ss.

(72) Se considera que tienen una dimensión comunitaria, y por tanto, el Reglamento es aplicable, las operaciones de concentración que cumplan tres condiciones: que el volumen de negocios total —a nivel mundial— de las empresas afectadas por la concentración sea al menos de 5.000 millones de ecus; que el volumen de negocios total en la Comunidad de al menos dos de las empresas afectadas por la concentración supere los 250 millones de ecus. La excepción a estos supuestos sería el caso de que una de las empresas afectadas realice más de las dos terceras partes del volumen de negocios en la Comunidad en un mismo Estado miembro. Por tanto, para que el Reglamento sea apli-

para adoptar las decisiones que puedan derivarse del Reglamento; por ello los Estados miembros no aplican la normativa nacional de libre competencia a las concentraciones que tengan esta dimensión comunitaria, salvo los poderes que el propio Reglamento reserva a los Estados. Esta prevalencia del Derecho comunitario deriva de la directa aplicación del Reglamento y de su aplicación uniforme en todos los Estados miembros (73). El carácter previo y obligatorio del control va a suponer que las sanciones se apliquen no sólo cuando se lleve a cabo una operación declarada incompatible o no se ejecute una orden de desconcentración (art. 8), sino también en los casos de no notificación o de realización de una concentración en los plazos de suspensión (74).

2. *Aplicación de las normas sobre defensa de la competencia*

A) La coordinación de las normas de defensa de la competencia en el Tratado CE

Tal como ya ha quedado reflejado, los arts. 85 y 86 TCE tienen una estructura diferente. En principio, la combinación de los párrafos primero y tercero del art. 85 (prohibición de acuerdos y exenciones a esta prohibición) es el único parámetro para decidir qué acuerdos son tolerados o no por el Derecho comunitario. El art. 86 parte de una actitud unilateral de una empresa, que debe ostentar una posición dominante, y persigue la explotación abusiva de la misma. Protege un marco de competencia de algún modo ya disminuida, prohibiendo la explotación abusiva de posición dominante. Esta prohibición no admi-

---

cable deben darse las dos primeras condiciones y no concurrir la tercera *(cf.* J. Rivas de Andrés, «El Reglamento comunitario...», *loc. cit.*, p. 21). Sobre la forma de calcular la envergadura europea de la concentración *vid.* las Decisiones de la Comisión de 10 de diciembre de 1990: *Arjomari y Wiggins (C.M.L.R. Antitrust Reports,* noviembre, 1991, p. 854) y de 21 de noviembre de 1990: *Compañía financiera y de reaseguros Ag y Nv Amev, ibíd.*, p. 847). En la primera se excluyó la aplicación del Reglamento 4964/89 por no tener envergadura europea, mientras que la segunda, que sí la tenía, se declaró compatible con dicho Reglamento.

(73) Art. 21 del Reglamento. *Cf.* G. Bosco, *Il mercato interno della Comunità Economica Europea*, Milán, Guiuffré, 1990, p. 170.

(74) Con la finalidad de no paralizar demasiado tiempo la actividad de las empresas implicadas el Reglamento prevé la suspensión de la operación durante un plazo de tres semanas siguientes a la notificación (art. 7). *Cf.* L. Vogel «Le règlament européen sur le contrôle des concentrations ou la difficulté de concilier efficacité et compromis», *Journ. dr. int.*, 1991, pp. 887 y ss., esp. p. 889.

te, a diferencia del art. 85.1, excepciones, de tal modo que las exenciones del art. 85.3, ya sean individuales o por categoría, sólo se refieren al art. 85.1 y no al 86.

El problema se plantea desde el momento en que, a pesar de estas diferencias, ambos preceptos tienden a un mismo fin de concurrencia no falseada (art. 3 f TCE), lo cual genera dos interrogantes: hasta qué punto ambos preceptos pueden tener una aplicación *indistinta* y hasta qué punto una aplicación *conjunta*, planteamientos aparentemente conectados, pero substancialmente diferentes. El TJCE no ha tenido reparo en postular una flexibilidad en la aplicación de uno u otro artículo, pero sin que ello implique en absoluto su aplicación conjunta. Es el caso del asunto *Continental Can* en el que se rechazó la aplicación conjunta, pues, dado que los preceptos no se contradicen en su finalidad, bastaba la aplicación excluyente de uno u otro a un supuesto determinado. La cuestión se centra no tanto en la determinación de cual se aplica, aspecto enfocado con cierta flexibilidad por el TJCE, sino en aplicar uno solo de ellos. Asimismo, la Sent. TJCE de 13 de julio de 1966 *(Italia c. Consejo y Comisión)* reconoció que el ámbito de aplicación de los arts. 85 y 86 podía coincidir, siendo cada uno indiferentemente aplicable a los distintos tipos de acuerdos, una vez que se diesen las condiciones de aplicación de cada uno de ellos. Esta Sentencia ha sido posteriormente argumentada como un ejemplo de aplicación conjunta (75), sin embargo, no creemos que sea ésta la conclusión que de ella pueda derivarse. El TJCE simplemente reitera una flexibilidad a la hora de apreciar los supuestos del art. 85, al cual considera aplicable a pesar de que la parte recurrente estimaba que no lo era (76). Es decir, parte de una relativa indiferencia de aplicación entre

(75) *Vid.* las conclusiones del abogado general H. Kirschener con ocasión de la Sent. de 10 de julio de 1990, *Asunto 51/89: Tetra Pak Rausing c. Comisión (Rec.,* 1990, p. II-320).

(76) *Asunto 32/65: República Italiana c. Consejo y Comisión, Rec., 1966, pp. 564 y ss.* (No confundir con asunto Grundig Costen a pesar de la identidad de fechas). En la práctica se estimó aplicable el art. 85 a acuerdos entre empresas que, en principio, podían detentar una posición dominante. Italia pretendía la anulación de un Reglamento de exención por categoría (19/65 de distribución exclusiva), pues tratándose de un acuerdo vertical el precepto aplicable sería el 86 y no el 85 (este último se entendía aplicable únicamente a los acuerdos horizontales). Por el contrario, el Consejo y la Comisión mantenían que los acuerdos de concesión exclusiva podían caer en el ámbito de aplicación del art. 85 porque éste no se dirige exclusivamente a prohibir acuerdos entre empresas concurrentes, sino cualquier acuerdo que tenga por objeto o efecto restringir o falsear la competencia. Finalmente, el TJCE afirmó que ni el art. 85 ni el 86 basaban su aplicación respectiva en la posición económica que tuviesen las empresas implicadas ni distinguían entre operadores concurrentes y no concurrentes (p. 591).

el art. 85 y el art. 86, suavizando las condiciones de aplicabilidad del primero y aplicándolo efectivamente, pero en ningún momento aplica ambos preceptos conjuntamente.

Donde sí aparece esta aplicación conjunta es en la Sent. TJCE de 13 de febrero de 1979. Aquí el TJCE no sólo sostiene que no existe jerarquía entre los arts. 85 y 86 y que puede optarse por uno u otro en función de la naturaleza de los compromisos y de la posición competitiva de las partes (77). Además, afirma que el art. 86 puede ser aplicado incluso en los supuestos en que el comportamiento de la empresa dominante estuviese amparado por el art. 85, en concreto por una exención basada en el art. 85.3. Un criterio similar lo encontramos en las Sentencias del TJCE de 11 de abril de 1989 *(Asunto 66/88: Ahmed Saeed)* y 10 de julio de 1990 *(Asunto 51/89: Tetra Pak)* (78). En la primera se afirmó que determinados acuerdos sobre tarifas aéreas podían representar simplemente el acto formal que consagraba una realidad económica en la que una empresa dominante conseguía imponer tarifas a otras, pudiendo aplicarse el art. 86 a este tipo de acuerdo, que inicialmente estaba beneficiado por una exención por categoría derivada del art. 85.3 (79). Sobre un asunto de adquisición de una licencia exclusiva, la segunda de las sentencias llega a una conclusión similar, entendiendo que la adquisición por Tetra de esta licencia, aunque beneficiada por un Reglamento de exención (80), excluía en la práctica toda competencia y por ello la exención no tenía ningún valor para exonerar la prohibición del art. 86. Estas dos posiciones admiten, pues, la aplicación simultánea de los arts. 85 y 86 TCE.

---

(77) *Asunto 85/76: Hoffman la Roche —Vitaminas—, Rec.*, 1979, pp. 461. El TJCE declaró la existencia de posición dominante por parte de Roche no sólo en función del mercado y las ventajas comerciales y tecnológicas de que disponía. También existía un acuerdo de exclusividad de compra y de obligación de información de precios a Roche. El hecho de existir tales acuerdos no fue obstáculo para aplicar el art. 86, entendiendo que Roche explotaba abusivamente su posición dominante, atentando contra la competencia entre los productores de vitaminas. Sobre el concepto y aplicación del art. 86 y la posición dominante en general *vid.* B. Vilá Costa, *El abuso de posición dominante en la CEE,* I.N.A.P., 1979.

(78) *Rec.* 1989, pp. 803 y ss., y 1990, pp. II-309 y ss.

(79) Reglamento del Consejo 3976/87 sobre aplicación del art. 85.3 a categorías de acuerdos y prácticas concertadas en el ámbito del transporte aéreo *(DOCE,* L 374 de 31 de diciembre de 1987, p. 9). Sobre este asunto *vid.* el comentario de E. Menéndez Rexach, «La libre competencia y el Derecho comunitario», *Estudios de Derecho comunitario,* C.G.P.J., 1989, pp. 421 y ss., esp. p. 435.

(80) Reglamento de la Comisión 2349/84 de 23 de julio sobre aplicación del art. 85.3 a las licencias de patentes.

Las razones dadas por el TJCE en el asunto *Tetra Pak* para admitir la aplicación simultánea de los arts. 86 y 85.3 pueden ser resumidas en las siguientes:

A) *Jerarquía normativa:* el art. 86, a diferencia del art. 85, no conoce excepciones, por ello, la Comisión no puede autorizar, fuera de las disposiciones del propio TCE, una excepción al Derecho originario (art. 86) a través de normas de Derecho derivado, como sería el caso de los Reglamentos que tipifican las exenciones por categoría. En una línea similar B. Goldman y A. Lyon Caen afirman que prohibir la aplicación conjunta de los arts. 85 y 86 sería otorgar al primero una preeminencia carente de fundamento. Sería paradójico introducir en el art. 86 una excepción que no contiene basada en la existencia de un acuerdo (81).

B) *Identidad de finalidades en el art. 85.3 y en el art. 86:* Uno y otro persiguen el mantenimiento de la libre competencia. El hecho de que se permita inaplicar la prohibición del art. 85.1 a los acuerdos que cumplan las condiciones previstas en el art. 85.3 no quiere decir que este último otorgue a las empresas la posibilidad de eliminar la concurrencia en una parte substancial del mercado. Esto, según el TJCE, hace que en la práctica deban distinguirse las relaciones del art. 86 respecto de las exenciones individuales y respecto de las exenciones por categoría. En las individuales, se presupone que la Comisión ha verificado la conformidad del acuerdo con las condiciones enunciadas en el art. 85.3. Por ello, en un supuesto y posterior procedimiento de aplicación del art. 86, deben tenerse en cuenta las verificaciones que se hubiesen efectuado en el momento de proceder a la exención. Por el contrario, las exenciones por categoría no están subordinadas, por definición, a la verificación caso por caso de que cada una de las condiciones requeridas por el TCE sean efectivamente cumplidas. En consecuencia, los efectos de una exención por categoría no pueden ser asimilados, en lo que concierne al art. 86, a los de una certificación negativa. Esta circunstancia implica que los acuerdos tomados por empresas en posición dominante, beneficiados a su vez por un reglamento de exención por categoría, deben ser apreciados en el marco estricto del art. 86 (82).

C) *Aplicación uniforme del Derecho comunitario:* el recurrente observó que si el art. 86 era aplicable a un acuerdo beneficiado por una exención, los jueces nacionales serían competentes, en aplicación

---

(81) Cf. *Derecho comercial europeo..., op. cit.*, p. 393.
(82) *Rec.*, 1990, pp. II-359 y II-360.

del principio de efecto directo del art. 86, para prohibir un comportamiento permitido por la Comisión, lo cual podría atentar al principio de aplicación uniforme del Derecho comunitario. A esto el TJCE responde que, efectivamente, el art. 86 tiene un efecto directo y engendra derechos para los particulares que las jurisdicciones nacionales deben salvaguardar. En esta medida, el juez nacional podría aplicar el precepto a un acuerdo beneficiado por exención sin cuestionar la aplicación uniforme y la primacía del Derecho comunitario. Por el contrario, procediendo de este modo, el juez nacional actuaría en calidad de «juez comunitario de Derecho común», salvaguardándose, en cualquier caso, tal aplicación uniforme a través del procedimiento de reenvío prejudicial en interpretación del Derecho comunitario (art. 177 TCE).

La posible aplicación del art. 86 a acuerdos excepcionados por la Comisión de la prohibición del art. 85.1 debe ser llevada a cabo en un segundo proceso independiente y posterior a aquél que dio lugar a la exención por aplicación del art. 85.3 y siempre que concurra un cambio de circunstancias. Sería el caso, según el TJCE, en el que una parte en el acuerdo excepcionado adquiere una posición dominante con posterioridad a la exención o cuando una empresa dominante deviene parte del acuerdo también después de la exención. Esta posición del TJCE permite cubrir cualquier efecto lesivo de la competencia, al margen de las especialidades que puedan presentar los arts. 85 y 86, sin embargo otorga un ámbito quizá excesivamente general y amplio al art. 86 como garante de un sistema de libre competencia, olvidando, en ocasiones, las propias posibilidades del art. 85. La validez de un acuerdo deviene o bien porque no entra en juego la prohibición del art. 85.1 (certificaciones negativas) o bien porque, aun siendo susceptible de esta prohibición, responde a las condiciones del art. 85.3 (exenciones individuales o por categoría). Si no fuera así, porque atentase contra el art. 85.1 o porque no fuese aplicable el art. 85.3, el propio art. 85 no daría luz verde al acuerdo. Si el acuerdo no hubiese atentado al art. 85.1, los posteriores cambios de circunstancias obligarían a las partes a notificar la nueva situación a las autoridades comunitarias, decidiendo éstas si cabe otorgar o no una nueva certificación negativa. En el ámbito del art. 85.3, la concesión de una exención está supeditada, en términos generales, a que el acuerdo no elimine la competencia en una parte relevante del mercado de los productos implicados, que el consumidor extraiga de la exención un beneficio y que exista una proporcionalidad entre la competencia disminuida y las ventajas que de ello puedan derivarse. Si la exención se hubiere adecuado a estos parámetros y posteriormente hubiese habido un cambio de circunstancias, de las que resulta una posición dominante, tampoco habría que recurrir al art. 86, desde el momento que las exenciones pueden ser revocadas precisamente cuando cambien las circunstancias que motivaron su otorgamiento. Como vemos, todas estas posibilidades se encuentran en el art. 85, en consecuencia, la aplicación conjunta de los arts. 85 y 86 TCE, fundamentada por el TJCE en el asunto *Tetra Pak,* es posible pero quizá no necesaria.

B) El mercado afectado y las relaciones entre Derecho comunitario y Derechos nacionales

Las normas del Derecho de la competencia, ya sean comunitarias o nacionales, se caracterizan por su aplicación extraterritorial, debiendo ser tenidas en cuenta siempre que el supuesto afecte al «mercado» para cuya regulación han sido elaboradas. Para analizar la aplicación y coordinación del Derecho comunitario y del Derecho nacional sobre libre competencia ha de partirse de esta nota de extraterritorialidad, así como de la supremacía del primero sobre el segundo, quedando el Derecho nacional limitado a una aplicación residual cuando no concurra una afectación al comercio entre los Estados miembros. Refiriéndonos al Derecho comunitario, ha de afirmarse su vigencia para todas las operaciones anticompetitivas que obstaulicen el comercio intracomunitario; concretamente, el art. 85 TCE se dirige a las prácticas que tengan por objeto o efecto restringir la competencia en el Mercado Común, al igual que ocurre con el art. 86 cuando alude a la explotación abusiva de posición dominante en el Mercado Común o en una parte substancial del mismo.

Sobre esta base pueden detectarse dos datos que resultarían indiferentes a la hora de decidir la aplicación del Derecho comunitario. En primer lugar, es irrelevante que el operador económico tenga o no la nacionalidad de un Estado miembro y también que esté establecido en éste o en un tercer Estado no comunitario. Lo importante es que el efecto restrictivo de competencia o la previsión razonable del mismo incida en el mercado comunitario cuestionando la libertad de comercio entre los Estados miembros de forma perjudicial para los objetivos del mercado único y sus estructuras competitivas. Así se manifestó la Comisión en la Decisión de 29 de noviembre de 1974 *(Asunto 74/634: Entente franco japonesa de rodamientos)* a la hora de apreciar los acuerdos adoptados por los fabricantes franceses y japoneses, que suponían un aumento del precio de los productos importados en Francia con el objeto de aproximarlo al de los rodamientos de fabricación local. Se aplicó el art. 85 porque las consecuencias influían en el comercio intracomunitario y falseaban la competencia interna del Mercado Común, y ello pesar de que una de las partes era ajena a este mercado (83). De forma similar, la Sent. TJCE de 27 de septiembre de 1988 recurrió al criterio de territorialidad objetiva (84) para afirmar la competencia del Derecho comunitario a un acuerdo llevado a cabo entre productores de terceros países y compradores comunitarios. El TJCE llegó a esta conclusión porque la ejecución del acuerdo, es decir, sus efectos, en el interior de la Comunidad implicaba la participación en una concertación que tenía por objeto o efecto restringir la competencia en el interior de la Comunidad.

Además de senalar esta indiferencia de la nacionalidad o localización de las empresas, que en último término trae consigo la no aplicación del Derecho comunitario cuando aquéllas sí tengan su sede en territorio comunitario pero el efecto se verifique exclusivamente en terceros países, debe también matizarse el alcance de lo que signifique la «afectación al comercio de los Estados miembros». Para ello es necesario distinguir entre la localización del comportamiento (p. ej., el lugar donde se practique el acuerdo), la del efecto (p. ej., el lugar donde se produce un aumento de precios o se vende un bien objeto de exportación) y la de las repercusiones anticoncurrenciales. Imaginemos la venta de un determinado producto localizado en la Comunidad Europea destinado a la exportación a un Estado no comunitario. Si tomásemos como referencia la localización del efecto no se aplicaría la normativa comunitaria; sin embargo, no basta verificar que el desti-

---

(83) *DOCE,* L 343/19/74. Los fabricantes franceses solicitaron a sus competidores japoneses un acuerdo escrito para aumentar los precios de los rodamientos japoneses importados en Francia, a lo que aquéllos accedieron. La Comisión estimó que este acuerdo tenía por objeto restringir la competencia dentro del Mercado Común, neutralizando la función de la competencia en materia de precios. Aunque una de las partes fuese ajena al Mercado Común, al influir las consecuencias sobre el comercio intracomunitario era de aplicación el art. 85.1. Es interesante resaltar que la Comisión admitió la existencia de un acuerdo a través del simple intercambio de cartas, sin necesidad de una acuerdo formal.

(84) *Asuntos 89, 104, 114, 116, 117 y 125 a 129/85: Ahlström Osakeyhtiö y otros c. Comisión,* también conocido como *Pasta de Madera, Rec.,* 1988, pp. 5193 y ss. La territorialidad engendra dos principios de competencia distintos: la territorialidad subjetiva, que permite a un Estado conocer de los actos que hayan nacido en su territorio incluso cuando se hubiesen concluido en el extranjero, y la territorialidad objetiva, que, a la inversa, permite esta misma competencia cuando los inicios de ejecución tengan lugar en el extranjero, pero la conclusión en de los mismos se produzca en su territorio. Esta territorialidad objetiva, que fundamenta incuestionablemente la competencia de un Estado desde la perspectiva del Derecho internacional, avalaría la tesis de los efectos, es decir, la competencia del Estado donde éstos se hayan producido, al margen de que el comportamiento que los haya motivado hubiese tenido lugar en otro estado *(cf.* las apreciaciones del abogado general M. Darmon en el asunto *Pasta de Madera, Rec.,* 1988, p. 5217).

no del bien se encuentra fuera de la Comunidad, pues aun en este caso cabría su aplicación si se detectase una alteración relevante en la oferta comunitaria, es decir, en el comercio entre los Estados miembros (localización de la repercusión). Precisamente esta consecuencia marca la diferencia entre el TCE y el TCECA, ya que para la aplicación del segundo no se retiene esta última condición, sino simplemente que el «efecto» de la práctica restrictiva se localice en el Mercado Común. De aquí se deriva que los acuerdos que atañen exclusivamente a la exportación fuera de la Comunidad se sustraen, en principio, a las normas del TCECA.

En esta misma línea favorable al test de los efectos, C. Bellami y G. Child afirman la aplicación del Derecho comunitario de la competencia siempre que el efecto, anticompetitivo, actual o potencial, se produzca en la Comunidad y sea substancial, al margen de la localización de las empresas participantes. Para ello, distinguen las siguientes situaciones: A) Acuerdos sobre importaciones hacia la Comunidad. En este caso podría aplicarse el art. 85 a los acuerdos entre Estados comunitarios y terceros Estados tendentes a reducir los suministros de productos provenientes de terceros países en la Comunidad; B) Importaciones en el interior de la Comunidad. Se aplicará, en principio, el art. 85, pero únicamente cuando el efecto lesivo sea apreciable desde el punto de vista del comercio intracomunitario. Prueba evidente de que la sola localización de las empresas en la Comunidad no es suficiente para la aplicación del precepto; C) Exportaciones comunitarias hacia terceros países. En general no entrarán en el ámbito del art. 85, salvo que tengan efecto sobre el mercado comunitario. Por ejemplo, un acuerdo para vender bajo condición de que los productos sean revendidos únicamente a terceros Estados (85).

Un intento de clarificación de lo que deba entenderse por aplicación extraterritorial del TCE se encuentra en la Sent. TJCE de 14 de julio de 1972 *(Materias colorantes)* y en la Decisión de la Comisión de 8 de enero de 1975 *(Asunto 75/77: Conservas de champiñones)*. En los dos supuestos resultaba afectado el comercio comunitario (localización de la repercusión), pero existía entre ambos una diferencia en cuanto a la localización del efecto. La Decisión de la Comisión de 1975 obligó al cese de los acuerdos sobre reparto de mercado y precios concertados entre productores franceses y de Taiwán destinados a

---

(85) *Cf. Common Market Law of Competition*, 3.ª ed., Londres, Sweet/Maxwel, 1987, pp. 117 y 118.

evitar la competencia. Dado que con ello se afectaba al comercio entre los Estados comunitarios resultó irrelevante la presencia de una empresa extranjera a la hora de aplicar la normativa del TCE. Sin embargo, debe señalarse que el comportamiento y el efecto también se producían dentro del Mercado Común, pues se intentaba repartir el mercado alemán, por esta razón no se trataba de una verdadera aplicación extraterritorial (86).

En realidad y como señala R. C. Pellicer Zamora, hablaremos con propiedad de aplicación extraterritorial cuando, por afectar al comercio comunitario, se aplique el TCE a pesar de que los índices del comportamiento y el efecto se localicen en un tercer Estado (87). Así ocurría en la Sent. TJCE de 14 de julio de 1972, que conoció de las prácticas concertadas de empresas comunitarias y de terceros Estados sobre comunicación recíproca de subida de precios. El Tribunal consideró prioritarias las repercusiones sobre la competencia en el Mercado Común sin dar relevancia a la sede de las empresas ni, y esto es lo decisivo, al lugar de los efectos. De hecho, una de las partes argumentó, para oponerse a la aplicación del art. 85, que la subida de precios había tenido lugar fuera del Mercado Común, sin embargo, no se aceptó este argumento debido a la repercusión de la operación en el comercio intracomunitario. Por esta razón, no se tuvo en cuenta ni la sede extranjera de la empresa ni la materialización del efecto de subida de precios fuera de las Comunidades, lo cual ofrece una idea clara del verdadero sentido extraterritorial de las normas anticoncurrenciales del TCE (88).

---

(86) *DOCE*, L 29/26/75. En el asunto de las conservas de champiñones existía una obligación entre las partes para ligar sus programas de producción, venta y reparto de mercado en Alemania, afectando a las exportaciones de los fabricantes franceses en Alemania. Los productores de Taiwan vendían en el Mercado Común a través de agentes exclusivos de su grupo económico, por tanto el comportamiento anticompetitivo se producía dentro del Mercado Común, aunque se tratase de una empresa extranjera (*cf.* R. C. Pellicer Zamora en *Comentarios a la legislación comunitaria..., op. cit.*, pp. 330 y 331.

(87) *Cf.* R. C. Pellicer Zamora, *op. cit.*, pp. 330 y 331.

(88) *Asunto 48/69: Materias colorantes*, también conocido como *ICI (Rec.*, 1972, p. 619). Sin embargo, M. Waelbroeck no considera esta Sentencia como un caso típico de aplicación del test de los efectos, pues cada productor extranjero tenía una filial en diversos Estados miembros. En su opinión, lo determinante no fueron los efectos del acuerdo en la Comunidad, sino la localización de las empresas en la misma. Es decir, el TJCE consideró que todas las empresas constituían una unidad económica que operaba en la Comunidad, por tanto, existía una empresa localizada en territorio comunitario (*cf.* M. Waelbroeck, «The European Community Approach», en C. J. Olmstead edit., *Extraterritorial Application of Laws and Responses Thereto*, Oxford, ESC Publ. Lted., p. 75).

Esta amplitud de aplicación del Derecho comunitario de la competencia puede llegar a originar una colisión entre su normativa y las disposiciones nacionales de cada Estado. En efecto, si una práctica repercute en el comercio comunitario lo hará también en el concreto mercado de alguno de los Estados miembros, pudiendo aplicarse tanto el TCE como el Derecho interno del Estado en particular. Esta posibilidad referida al Derecho de la competencia recibe el nombre de «teoría de la doble barrera» y se basa en el carácter concurrente del Derecho nacional y el Derecho comunitario, para poder así someter una misma situación a ambas normativas. Tal aplicación cumulativa de los referidos Derechos fue, en cierto modo, recogida en la Sent. TJCE de 13 de febrero de 1969 al permitir que un mismo acuerdo fuese objeto de dos procesos distintos, uno ante el TJCE y otro ante la jurisdicción nacional, en aplicación de los respectivos Derechos. Ello, sin embargo, no fue óbice para que la misma decisión se manifestara sobre dos extremos definidores del Derecho comunitario de la competencia, como son su aplicabilidad inmediata y su primacía respecto de los Derechos de los Estados parte (89), lo cual atenúa la aplicación cumulativa de ambos Derechos o, lo que es lo mismo, atenúa la teoría de la doble barrera. Recordar que la aplicabilidad inmediata corresponde a todo el Derecho comunitario desde el momento que sus disposiciones no precisan normas de desarrollo para ser efectivas. En estrecha relación con este elemento, el efecto directo implica que el Derecho comunitario genera derechos y obligaciones que pueden hacerse valer por los ciudadanos directamente ante los tribunales. El derecho de la competencia no sólo es acreedor de la invocabilidad inmediata sino también del efecto directo, ya que los arts. 85 y 86 TCE prevén una consecuencia jurídica directa y, en su caso, san-

---

(89) *Asunto 14/68: Walt Wilhelm, Rec.*, 1969, pp. 1 y ss. Un tribunal alemán imputó a unas empresas el haber realizado con otros productores, unos establecidos en el Mercado Común y otros en terceros Estados, un pacto de subida de precios, al mismo tiempo que la Comisión iniciaba de oficio un procedimiento contra ellas. Las partes implicadas alegaron que el Tribunal alemán no era competente para iniciar un procedimiento sancionador, dado que existía un procedimiento paralelo ante la Comisión por violación del art. 85.1. El tribunal nacional planteó recurso prejudicial para saber si cabía la aplicación acumulativa para un mismo hecho del TCE y de disposiciones nacionales. El TJCE respondió que una empresa podía, en principio, ser objeto de dos procedimientos paralelos ante las autoridades comunitarias y nacionales, aplicándose, respectivamente, el art. 85.1 del TCE y la normativa nacional. Para ello se apoyó en el art. 87.2 e) que habilita al Consejo para definir las relaciones entre las legislaciones nacionales y las normas comunitarias sobre Derecho de la competencia, de lo que deriva que las autoridades nacionales pueden actuar en relación con situaciones objeto de una decisión de la Comisión.

ciones (90). Así, pueden ser directamente invocados ante un juez nacional, siempre que no se haya iniciado un procedimiento por parte de la Comisión en aplicación del Derecho comunitario. Al mismo tiempo, éste no puede aplicar su normativa interna cuando resulte contradictoria con el Derecho comunitario, en virtud del denominado efecto bloqueador de este último. Concretamente, las autoridades nacionales pueden intervenir aplicando su Derecho nacional contra un determinado acuerdo, incluso cuando su examen a la luz del Derecho comunitario estuviese pendiente ante la Comisión. Pero la Sentencia exige que esta aplicación del Derecho nacional no implique un perjuicio a la aplicación plena y uniforme del Derecho comunitario ni a los actos de ejecución del mismo (91). De esta suerte, la prohibición o exención de un supuesto en virtud del Derecho comunitario no puede verse afectada por una conclusión distinta de un Derecho nacional, es decir, no puede perjudicarse la aplicación plena y uniforme del Derecho comunitario ni a los actos de ejecución de éste. Como señalan B. Goldman y A. Lyon Caen esto es importante, pues el Derecho nacional sufre una limitación y su aplicación paralela se paraliza en el momento en que la finalidad del TCE así lo exija. En los casos de certificaciones negativas, si la declaración de la autoridad comunitaria se limita a afirmar que no procede la aplicación del Derecho comunitario, por no estar tipificada la conducta o no afectar al comercio de los Estados miembros, puede aplicarse el Derecho nacional, sin embargo, si la certificación se otorga por entender que la conducta es favorable desde el punto de vista de los arts. 85 y 86 se produce una paralización del Derecho nacional (92).

Estas consecuencias están directamente relacionadas con la primacía del Derecho comunitario sobre el Derecho nacional y con la posibilidad de subsistencia de las disposiciones del segundo que no se

---

(90) Por ejemplo, la sanción de nulidad prevista en el art. 85 TCE respecto de los acuerdos prohibidos. M. Muñoz Machado destaca el hecho de que no todo el Derecho comunitario tiene efecto directo. Pone como ejemplo un Reglamento, directamente aplicable en virtud del art. 189 TCE, que se limite a establecer un programa de actuación del que no se deriven derechos de ningún género para los ciudadanos. Carecería de sanción o consecuencia jurídica directa y en esta medida no podría generar derechos sancionables ante los tribunales internos (*cf. El Estado, el Derecho interno y la Comunidad Europea,* Madrid, Cívitas, 1986, pp. 27 y 141-144).

(91) Cf. J. C. Fernández Rozas, «Derecho internacional privado y Derecho comunitario», *loc. cit.*, pp. 815-816; J. C. Fernández Rozas y S. Sánchez Lorenzo, *Curso de Derecho internacional privado..., op. cit.*, pp. 257 y 258.

(92) *Cf.* B. Goldman y A. Lyon Caen, *Derecho comercial..., op. cit.*, pp. 588, 589, 590 y 591.

opongan al primero. Las normas del Derecho nacional, ya sean anteriores o posteriores, contrarias al Derecho comunitario son desplazadas por éste. Sin embargo, aquéllas que tengan un carácter complementario con el Derecho comunitario no son derogadas por éste sino simplemente inoponibles en algunos casos, en el sentido de que se sustituye la regulación nacional por la comunitaria pero únicamente en el ámbito concreto de la transferencia de soberanías nacionales a la Comunidad. Las normas nacionales tendrán así un espacio de actuación no sólo cuando el sector implicado no esté regulado por el Derecho comunitario, sino también en el caso de existir regulación comunitaria, como ocurre con el Derecho de la competencia, cuando los efectos de un determinado acto no repercutan sobre el comercio intracomunitario. Asimismo, la actuación del Derecho estatal subsiste en el ámbito de la ejecución del Derecho comunitario (93).

C) Intervención de las autoridades comunitarias

La competencia para la aplicación del Derecho comunitario de la competencia se determinan en el art. 88 TCE y en el Reglamento del Consejo núm. 17 de 6 de febrero de 1962, de aplicación de los arts. 85 y 86 (94). Este Reglamento otorga a la Comisión competencia exclusiva para declarar las excepciones del párrafo tercero del art. 85 y expedir certificaciones negativas. Asimismo, prevé una competencia concurrente con las autoridades nacionales para aplicar las prohibiciones del párrafo primero y declarar la nulidad del acuerdo, siempre y cuando la Comisión no hubiese iniciado procedimiento alguno.

En la actuación de la Comisión deben distinguirse las fases procedimentales de información, instrucción y decisión. En la primera de ellas la Comisión toma conocimiento de la posible infracción, ya sea de oficio, a instancia de un Estado miembro o de una persona con interés legítimo. Adquiere especial significado en esta fase la notificación de los actos demandando una exención del párrafo tercero del art. 85, pues esta exención se condiciona a la previa notificación. Debe recordarse que esta posibilidad sólo juega respecto del art. 85 y no del art. 86, ya que, como hemos señalado anteriormente, la prohibición

---

(93) *Vid.* sobre esta cuestión D. Ruiz Jarabo Colomer, «La primacía del Derecho Comunitario Europeo», *R.G.D.*, núm. 526-527, julio-agosto, 1988, pp. 4497 y ss., esp. pp. 4499, 4503 y 4504. *Vid.* también la Sent. TJCE de 15 de julio de 1964 *(Asunto 6/64: Costa Enel)*, *Rec.*, 1964, pp. 1143 y ss.

(94) *DOCE*, L 13 de 21 de febrero de 1962, p. 204.

de explotación abusiva de posición dominante no admite derogación alguna. Además, no debe confundirse esta solicitud de intervención de la autoridad, para que ponga en práctica una derogación de la prohibición prevista en el párrafo primero del art. 85, con la dirigida a obtener una certificación negativa. En ésta simplemente se persigue la no intervención de la autoridad comunitaria, alegando que no existe infracción del art. 85.1.

No obstante, esta exigencia de notificación viene dispensada por el Reglamento núm. 17 en distintos supuestos. Su art. 4.2 se refiere a: las actividades beneficiadas por una exención por categoría (Reglamentos de la Comisión o Consejo sobre la aplicación del art. 85.3 TCE a determinados tipos de acuerdos); cuando intervengan empresas pertenecientes a un solo Estado y el acto no afecte a la importación o exportación; cuando intervengan sólo dos empresas y afecte exclusivamente a las condiciones de reventa o se impongan limitaciones al ejercicio de patentes; en los supuestos de aplicación unitaria de normas y tipos; la investigación y desarrollo en común y, finalmente, la especialización en la fabricación de productos, siempre que éstos no superen un determinado volumen de negocios (15% del volumen de negocios o dos millones de unidades de cuenta). Igualmente, están dispensados de notificación los acuerdos de similar contenido previstos en el Reglamento del Consejo núm. 2822 de 20 de diciembre de 1971 y de la Comisión núm. 67/67 de 22 de marzo de 1967, ambos modificados y adaptados a nuestro país a partir de las Actas de Adhesión de 1985.

La notificación presenta diferente tramitación según se trate de acuerdos que sean anteriores o posteriores al Reglamento núm. 17, que entró en vigor para España el 1 de enero de 1986. Los acuerdos anteriores a esta fecha tenían seis meses de plazo (30 de junio del mismo año) para ser notificados a la Comisión y si ésta los consideraba acordes con el art. 85.3 la declaración de exención tenía efectos retroactivos a la fecha de entrada en vigor del Tratado de Adhesión. En cualquier caso, desde el 1 de enero de 1986 hasta la decisión de la Comisión el acuerdo tiene una validez provisional, lo que significa que no podían ser atacados por las autoridades nacionales. Sin embargo, en los nuevos acuerdos (o viejos acuerdos no notificados en el tiempo señalado) la notificación no produce la validez provisional; por ello, en el período comprendido desde la notificación hasta la decisión de la Comisión las autoridades nacionales pueden conocer de su nulidad. En suma, la aplicación retroactiva del art. 85.3 puede extenderse hasta la fecha de la notificación en los acuerdos nuevos y hasta la fecha de entrada en vigor del Tratado de Adhesión en los antiguos. A su vez, la validez provisional del período comprendido entre la notificación y la decisión sólo afecta a los acuerdos anteriores al 1 de enero de 1986 (95).

En la fase de instrucción se establece una colaboración entre las autoridades nacionales y comunitarias, debiendo las primeras remitir a las segundas las pruebas pertinentes, excepto cuando ello pueda atentar a los intereses esenciales de su seguridad (96). Concretamente, las autoridades nacionales deberán llevar a cabo las *verificaciones* solicitadas por la Comisión en torno al comportamiento de las empresas en relación con el cumplimiento de las normas de libre competencia (art. 13 Reglamento núm. 17). En el caso de que esta colaboración no se logre, la Comisión podrá proceder por sí misma a cuantas verificaciones considere necesarias (art. 14). Además, estas mismas autoridades nacionales y también las empresas están obligadas a colaborar con la Comisión remitiéndole las *informaciones* que ésta considere necesarias para el cumplimiento de las tareas que le son asignadas por el art. 89 y las disposiciones promulgadas en aplicación del art. 87 TCE (art. 11 del mismo Reglamento). La Comisión puede constreñir a las empresas a facilitar la información o a someterse al procedimiento de comprobación que la Comisión haya adecuado vía decisión (art. 11.5). Es decir, la Comisión podrá obligar a las empresas a proveer la información requerida vía decisión, indicando que, en su caso, se impondrán las sanciones previstas en los arts. 15.1 y 16 del Reglamento (97). Estas decisiones de información o verificación son recurribles en anulación ante el TJCE (art. 173 TCE) cuando la Comisión no haya indicado los fundamentos legales y la finalidad de las decisiones de información o verificación. Posteriormente, y salvo que se trate de medidas de puro trámite, se da audiencia a las empresas, se comunican los cargos, contra los cuales no cabe recurso, y la Comisión adopta medidas previas, entre ellas la consulta al Comité de Acuerdos y Posiciones Dominantes. A continuación, se publica en el *D.O.C.E.* la notificación, la solicitud de certificación negativa o la declaración de inaplicabilidad del art. 85.1, invitando a terceros para que realicen las alegaciones oportunas (98).

(95) *Vid.* B. Goldman y A. Lyon Caen, *Derecho comercial..., op. cit.*, pp. 504 y ss.

(96) Esta excepción se deriva de lo dispuesto en el art. 223 a) TCE.

(97) *Cf.* B. Vilá Costa, «Los derechos de defensa en el Derecho comunitario», *R.I.E.*, vol. 17, núm. 2, 1990, pp. 499 y ss., esp. p. 503.

(98) El procedimiento comunitario para la aplicación de los arts. 85 y 86 se emprende por la Comisión; sin embargo, los Estados miembros se ven vinculados en el procedimiento, siendo informados de la iniciación por la Comisión (toma de conocimiento: art. 10 apartados 1 y 2 del R. 17), pudiendo aquéllos formular las observacio-

La decisión, que ha de ser motivada, puede ser favorable, en cuyo caso vincula a las autoridades nacionales a promover los efectos del acuerdo válido. Normalmente su contenido será bien una certificación negativa, si no fuera aplicable el art. 85.1 por no tratarse de un acuerdo prohibido, o una exención cuando, a pesar de ser un acuerdo prohibido por el art. 85.1, se considere aplicable el art. 85.3. Recuérdese que en ningún caso la exención debe eliminar de un modo considerable la competencia y además ha de responder a un criterio de proporcionalidad entre competencia disminuida y las ventajas (sociales, etc...) derivadas de esta disminución. Por ello, es posible que su concesión esté sujeta a condiciones, pudiendo igualmente ser revocada cuando cambien las circunstancias que motivaron su concesión. Tanto la concesión incondicionada como las condiciones impuestas para la misma como, en su caso, la revocación deben ser publicadas en el *D.O.C.E.* Si la decisión fuera desfavorable, por existir una infracción de las normas de competencia, el acuerdo será nulo y, dada la fuerza obligatoria de la decisión sobre prohibición del acto y su consiguiente nulidad, obligará a las autoridades nacionales en cuanto a las sanciones civiles de la misma. En definitiva, la decisión favorable vincula a la autoridad nacional a permitir los efectos del acuerdo, en tanto que la desfavorable le obliga a ejecutar sus consecuencias civiles y consiguiente nulidad. La decisión prohibitiva puede ir acompañada de sanciones pecuniarias en los casos de culpa o negligencia por parte de la empresa. No obstante, se excluye esta penalización durante el período comprendido entre la notificación y la decisión y, para los acuerdos antiguos, durante el período anterior a su notificación, si ésta se produjo dentro del plazo previsto en el Reglamento núm. 17.

Como última fase de este procedimiento, la decisión de la Comisión puede ser recurrida ante el TJCE mediante dos tipos de recurso: el de anulación y el de plena jurisdicción; ninguno de ellos suspende la decisión de la Comisión, salvo que el Tribunal determine otra cosa. El primero se dirige a las cuestiones de legalidad, ya sean de fondo o de forma, y el segundo se prevé exclusivamente respecto de las sanciones pecuniarias, sin cuestionar la infracción en sí (99). No obstante, la

---

nes oportunas. La Comisión, según el art. 11 puede recabar datos ante los Gobiernos y autoridades competentes de los Estados, así como ante las empresas, estando éstas obligadas a facilitarla (art. 5.1). Asimismo, el art. 14 otorga a la Comisión el derecho de que sus agentes verifiquen lo que estimen pertinente. El art. 15 sanciona con multa la información inexacta, la denegación de información, el no sometimiento a la verificación o la presentación incompleta de libros o documentos (*cf.* B. Goldman y A. Lyon Caen, *Derecho comercial..., op. cit.*, pp. 512-527).

(99) *Cf.* B. Goldman y A. Lyon Caen, *Derecho comercial..., op. cit.*, pp. 504 y ss.

competencia para conocer de estos recursos ha sido modificada a partir de la Decisión del Consejo de 24 de octubre de 1988, por la que se crea el Tribunal de Primera Instancia de las Comunidades Europeas. En efecto, el art. 3.1 C) de la citada Decisión establece que «El Tribunal de Primera Instancia ejercerá en primera instancia las competencias atribuidas al TJCE por los Tratados constitutivos de las Comunidades y por los actos acordados para su ejecución... respecto de los recursos interpuestos contra una institución de las Comunidades por personas físicas o jurídicas en virtud del párrafo tercero del art. 175 del TCE que se refieran a la ejecución de normas sobre la competencia aplicables a las empresas» (100).

D) Intervención de las autoridades nacionales en la aplicación de la normativa comunitaria y nacional

Las autoridades nacionales pueden aplicar directamente el Derecho nacional, así como determinados aspectos del Derecho comunitario de libre competencia. En España, la autoridad nacional competente para la aplicación de una u otra normativa es el T.D.C., que representa una jurisdicción única habilitada para establecer la existencia o inexistencia de una práctica restrictiva, esto es, para decidir a título principal sobre las cuestiones de competencia. Una vez producida esta decisión, los tribunales ordinarios serán los encargados de enjuiciar y ejecutar los aspectos civiles o penales que puedan derivarse de la decisión del T.D.C.

A partir de lo dispuesto en la Ley 16/89, de Defensa de la Competencia, el procedimiento se inicia, de oficio o a instancia de parte interesada, ante el Servicio de Defensa de la Competencia, órgano encargado de la fase de instrucción. Posteriormente, el Servicio remite al T.D.C. el informe de calificación de las conductas o bien sobresee el expediente previa audiencia de los interesados. Recibido el expediente por el Tribunal, éste resuelve sobre su admisión y en caso afirmativo procede a la práctica de pruebas y audiencias, dictando a continuación la resolución final. Contra esta decisión, la Ley de 1963 sólo reconocía un recurso de súplica ante el pleno del propio Tribunal, sin

---

(100) *DOCE,* L 319, 25 de noviembre de 1988, p. 2. Sobre esta modificación y las competencias del TPICE en la materia de libre competencia *vid.* I. Van Bael y J. F. Bellis, *Droit de la concurrence de la Communauté Economique Européenne*, Bruselas, Bruylant, 1991, pp. 18, 19 y 682-688. La Decisión también atribuye competencias al TPICE en materia de dumping.

embargo, la actual normativa de la Ley 16/1989 modifica esta conclusión al afirmar su art. 49 que «no cabe ningún recurso en vía administrativa y sólo podrá interponerse el recurso contencioso administrativo». Esta modificación tiene su fundamento en la *Sent. T.C. de 10 de octubre de 1983,* que en su día declaró inconstitucional la exclusión del recurso contencioso administrativo prevista en la Ley de 1963. En el mismo sentido se había manifestado la *Resolución T.D.C. de 5 de noviembre de 1988,* al declarar el efecto derogatorio de la Constitución sobre determinados preceptos de la Ley 110/1963 que respondían a una concepción del T.D.C. con funciones sustitutivas de las jurisdiccionales, incompatible con el derecho de toda persona a la tutela de jueces y tribunales. Se establecía así, por lo que respecta a las actuaciones del T.D.C., el sometimiento al control judicial y al principio de unidad jurisdiccional como base de la organización y funcionamiento de los tribunales de justicia (101). A partir de la nueva configuración de esta cuestión en la Ley 16/89, por autoridad nacional debemos entender no sólo el T.D.C. sino también los Tribunales de la jurisdicción contencioso-administrativa en vía de recurso.

Aparte de la aplicación del Derecho nacional, las autoridades nacionales pueden aplicar también directamente Derecho comunitario, a título principal o incidental. Concretamente, el R. Decreto 1882/1986 de 29 de agosto, sobre aplicación de los arts. 85 y 86 TCE determina que «... el Tribunal de Defensa de la Competencia será considerado autoridad competente para la aplicación en España de los artículos 85.1 y 86 del Tratado constitutivo de la CEE» (102). En estas circunstancias va a producirse un cúmulo de competencias con la Comisión respecto de la aplicación del art. 86, de las prohibiciones del art. 85.1 y de la declaración de nulidad prevista en el art. 85.2. Por

(101) La Sent. T. C. 80/1983 de 10 de octubre reconoció que «Han de entenderse derogados por la Constitución todos aquellos preceptos que excluyen de la revisión jurisdiccional en vía contencioso administrativa algunas de las resoluciones del TDC, por oponerse a los arts. 24.1, 106.1 y 117.5 de la C.E., los cuales proclaman el derecho de toda persona a la tutela efectiva de Jueces y Tribunales, el sometimiento de toda actuación administrativa al control judicial y el principio de unidad jurisdiccional como base de la organización y funcionamiento de los tribunales» *(BOE* 7-XI-83; *Jurisprudencia Constitucional,* 1983-VII, p. 30). *Vid.* la Resolución del TDC de 5 de noviembre de 1988 en TDC, *La libre competencia en España,* TDC, 1986/88, pp. 214 y ss. (núm. expediente 224/86, ponente: A. Remiro Brotons) y *La Ley,* 7 de noviembre de 1989.

(102) Asimismo, «La Dirección General de Defensa de la Competencia será considerada autoridad competente a efectos de las funciones de colaboración entre la Administración Pública y la Comisión de las Comunidades Europeas en la aplicación en España de las reglas comunitarias sobre libre competencia» *(BOE* 13 y 15-IX-86).

esta razón, el art. 9.3 del Reglamento núm. 17 vincula la aplicación del Derecho comunitario por las autoridades nacionales a la falta de «iniciación» de un procedimiento por parte de la Comisión. La suspensión del procedimiento nacional cuando esté conociendo la Comisión se produce siempre que las autoridades nacionales (TDC, SDC y Jurisdicción contencioso-administrativa en vía de recurso) apliquen la normativa sobre competencia a título principal. Por el contrario, si dicha aplicación lo fuese a título incidental dentro de una controversia privada (p. ej., el incumplimiento de un contrato) en la que se suscitase una cuestión de libre competencia, la actuación de las autoridades nacionales (tribunales ordinarios) no debe suspenderse por la iniciación de un procedimiento ante la Comisión. Esta actuación incidental implica no la actuación de una autoridad interna en defensa del interés público (libre competencia), sino en defensa de un interés privado, pronunciándose sobre las consecuencias civiles de una infracción de la competencia o el derecho a indemnización de los sujetos afectados como consecuencia de la aplicación de los arts. 85 y 86 (103).

En cualquier caso, debe señalarse de nuevo la admisión por parte del TJCE en el *asunto Walt Wilhelm* de la intervención de las autoridades nacionales aplicando su Derecho nacional, aunque exista procedimiento pendiente ante la Comisión en relación con el Derecho comunitario. El único límite para ello es que el empleo del Derecho nacional no perjudique la aplicación integral y uniforme del Derecho comunitario. En consecuencia, si la Comisión está conociendo de un acto aplicando Derecho comunitario, las autoridades nacionales no pueden entrar a conocer aplicando paralelamente este mismo Derecho comunitario, sino que debe suspender el procedimiento. Sin embargo, sí pueden hacerlo, aplicando su Derecho nacional, siempre que con ello no se perjudique la aplicación integral del Derecho comunitario. Además, debe señalarse que los aparatos administrativos y judiciales de los Estados miembros sostienen una parte substancial de la aplicación y ejecución del Derecho comunitario, reiterándose la distinción entre ejecución normativa y ejecución administrativa del Derecho comunitario. Este, aun cuando no precisa para su inmediata aplicablidad de un desarrollo legislativo por parte de los Estados miembros, sí precisa de ser ejecutado por la Administración pública de tales Estados (104). Las consecuencias derivadas de la nulidad de un acuerdo

---

(103) *Cf.* R. Alonso García, «La aplicación de los artículos 85 y 86 del Tratado CEE por órganos administrativos y judiciales españoles». *R.I.E.*, vol. 17, núm. 2, 1990, pp. 437 y ss., esp. pp. 441 y 442.

(104) *Cf.* M. Muñoz Machado, *El Estado, el Derecho interno y la Comunidad Europea...*, *op. cit.*, p. 96.

incompatible con el art. 85.1 TCE no concierne ni al Derecho comunitario ni a las autoridades comunitarias. En la determinación de esta cuestión corresponde a las autoridades nacionales apreciar, en virtud del Derecho nacional, el alcance de dicha nulidad, es decir, su ejecución.

E) Carácter no dispositivo de las normas de libre competencia y su proyección en el arreglo de controversias

La aplicación de Derecho de la competencia por parte de las autoridades nacionales plantea una reflexión en torno a dos extremos: la extraterritorialidad del Derecho nacional y su cuestionable sometimiento a arbitraje. Respecto del primero, debe afirmarse que la aplicación en el espacio de las leyes *antitrust* refleja una dimensión claramente unilateralista, extendiendo una determinada normativa estatal a supuestos posiblemente conectados con el extranjero —p. ej., en virtud de la localización de las empresas— (105), siempre que se detecte una incidencia del supuesto en el mercado nacional. Asimismo, se plantea el problema complejo de la extraterritorialidad de las leyes *antitrust,* que no sólo presenta una dimensión de D.I.Pr. sino también de Derecho internacional público, en la medida que el foro reivindique la aplicación de su legislación a actos o agentes económicos localizados fuera de su esfera territorial o personal de soberanía (106). Ade-

---

(105) Sobre la indiferencia de la localización de las empresas en el ámbito de aplicación del Derecho comunitario *vid.* el comentario de la Sent. TJCE de 14 de julio de 1972 *(Asunto 48/69: Imperial Chemical Indutries Ltd. v. Commission —Materias Colorantes—)* realizado por J. Ullmer Bailly en *Harvard L. Rev.*, t. 14, 1973, pp. 621 y ss.; D. Welker Smith, «Restrictive Trade Practice and Monopolies a Comparison of Britis and Common Market Law», *Virginia J.I.L.*, 1962-1963, pp. 1 y ss.

(106) Siguiendo en este punto la exposición de B. Goldman, se observa que dichas normas pueden presentar una triple naturaleza: penal, administrativa y de Derecho privado («Les champs d'application territoriales des lois sur la concurrence», *R. des C.*, t. 128 (1969-III), pp. 637 y ss.). *Vid.* también sobre este aspecto, J. G. Castel, «The Extraterritorial Effects of Antitrust Laws», *ibíd.*, t, 179 (1983-I), pp. 1 y ss. Esta aplicación de leyes *antitrust* extranjeras provoca un rechazo en el Estado que debe soportarla. *Vid.*, por ejemplo, la Ley francesa núm. 80-538 de 16 de julio de 1980 *(Rev. crit. dr. int. pr.*, 1980, pp. 871 y ss.) relativa a la comunicación de informes económicos, comerciales o técnicos a personas extranjeras, destinada a paliar los efectos de la legislación *antitrust* americana. Dicha Ley no impide la aplicación de la legislación extranjera a empresas francesas, pero trata de moderar posibles excesos en esta aplicación *(cf.* M. Névot, «La communication de renseignements économiques à l'étrager. Remarques sur la loi du 16 juillet 1980», *ibíd.*, 1981, pp. 421 y ss., esp. p. 422). De forma similar, *vid.* la legislación inglesa contenida en la *Protection of Trading Interests Act de 20 de marzo de 1980 (vid.* esta cuestión en P. Picone, «L'applicazione extraterritoriale delle

más de esta aplicación de la legislación interna a los actos localizados en el extranjero que desplieguen sus efectos en mercado nacional, existen otros supuestos relevantes de D.I.Pr. en la legislación *antitrust*. Formalmente sería posible plantear una dimensión alternativa a la expuesta consistente, no ya en la extensión de la propia normativa interna a elementos situados en el extranjero, sino la aplicación de una legislación extranjera en el foro. Así podría ocurrir en el ámbito de las obligaciones contractuales sometidas, normalmente en virtud de la autonomía conflictual, a una legislación extranjera, que presenten aspectos relacionados con el Derecho de libre competencia. En este caso los concretos aspectos de libre competencia no tendrían el carácter de Derecho dispositivo sino de normas de orden público, de modo tal que deberían ser respetadas en todo caso, al margen del contenido contractual de la obligación. Esta problemática será abordada más concretamente en el apartado relativo a la aplicación de las normas de competencia leal, por existir en esta materia una norma expresa de Derecho aplicable (art. 4 LCD). Baste por el momento señalar la incidencia de estos planteamientos en diversos aspectos configuradores del D.I.Pr., como puede ser pluralidad de instancias de aplicación. Asimismo, la aplicación de las disposiciones de competencia del foro a supuestos localizados en el extranjero revela posiciones interpretativas en torno a la relevancia del elemento extranjero, en relación con el objeto del D.I.Pr. y también en torno a la pluralidad de técnicas de reglamentación. Finalmente, la hipotética aplicación de disposiciones imperativas de libre competencia de otro Estado redundaría en la superación del criterio tradicional de inaplicabilidad del Derecho público extranjero.

La segunda cuestión planteada, esto es la posible arbitrabilidad de las normas de libre competencia, origina no pocas controversias. En el marco de la normativa comunitaria, la decisión adoptada en el Congreso Internacional de Arbitraje de Rotterdam de 1966 afirmaba que «... el arbitraje está llamado a cooperar activamente en el desarrollo de las actividades económicas comunitarias... pudiendo entenderse que, salvo los supuestos de competencias exclusivas atribuidas a las autoridades comunitarias, corresponde a los árbitros conocer de las causas de Derecho comunitario, una vez verificada su competencia y dentro del respeto al orden público comunitario» (107). En un sentido estric-

---

regole sulla concorrenza e il diritto internazionale», en la obra conjunta *Il fenomeno delle concentrazioni di emprese nel diritto interno e internazionale*, Padua, Cedam, 1989, pp. 81 y ss., esp. p. 143).

(107) *Vid.* esta declaración en R. Kovar, «Droit communautaire de la concurrence et arbitrage», *Etudes offerts à B. Goldman*, París, Litec, 1982, pp. 109 y ss., esp. p. 112.

to, esta posibilidad de arbitraje para todas aquellas materias que no sean competencia exclusiva de las autoridades comunitarias permitiría la arbitrabilidad de las cuestiones relativas a los arts. 86 y 85.1 TCE, no así del art. 85.3, cuya aplicación corresponde en exclusiva a la Comisión. En un sentido más amplio, podría entenderse que toda la normativa de libre competencia se refleja en normas imperativas, lo que llevaría a considerar la competencia exclusiva para su aplicación de las autoridades comunitarias y, en su caso, de las autoridades públicas de los Estados miembros, pero nunca de los árbitros (108). En esta misma línea contraria a la admisión del arbitraje, la Sent. del Tribunal de Bolonia de 18 de julio de 1987 invocó el Convenio de Nueva York de 10 de junio de 1958 sobre reconocimiento y ejecución de sentencias arbitrales extranjeras, que subordina la eficacia del laudo a la condición de que la materia sea objeto de regulación arbitral según la Ley del Estado donde se pretenda el reconocimiento y la ejecución del contrato (ley italiana). Esta ley consideraba nula la condición de prohibición de venta por ser contraria a las normas de competencia del TCE y del Reglamento 67/67 de 23 de marzo de 1967, que limitaba la condición de no competencia a una duración máxima de un año. Por todo ello, concluyó afirmando que el supuesto no era objeto de transacción ni de competencia arbitral. En definitiva, consideró incompetente a la autoridad arbitral sobre la base del carácter no dispositivo de la normativa comunitaria aplicable al caso (109).

Es evidente que los árbitros no deben ser considerados como tal autoridad nacional habilitada para aplicar Derecho de la competencia, ya sea éste comunitario o nacional, dado que no se trata de una materia disponible en arbitraje. No pueden pronunciarse a título principal sobre esta materia ni, por tanto, tomar las medidas administrativas o

---

(108) *Vid.* J. Robert, «De la place de l'arbitrage dans le jue des traités instituant les Communautés Européennes», *Rev. arb.*, 1966, pp. 111-121.

(109) *Asunto Coveme c. CFI, Riv. dir. int. pr. proc.*, vol. XXIV, 1988, pp. 740 y ss. Una sociedad francesa realizó una concesión de venta de determinados productos en Italia a Coveme al tiempo que la presionaba para que adquiriese la mercancía de una sociedad norteamericana en la que previamente se había integrado. Oponiéndose a esta condición, Coveme decide rescindir el contrato de concesión, y ante ello, la sociedad norteamericana aplica una cláusula contractual en virtud de la cual, tal rescisión anticipada imposibilitaba la venta de productos similares durante dos años. Disconforme, Coveme argumenta ante los tribunales italianos la contrariedad de esta cláusula con el Derecho italiano y con el Derecho comunitario. Por su parte, la sociedad norteamericana, dada la existencia de una cláusula arbitral, excepciona la jurisdicción italiana y considera inaplicable la normativa comunitaria, invocando la aplicación de la ley francesa a título de ley de perfeccionamiento del contrato.

penales inherentes a la misma. En consecuencia, si las partes instasen un pronunciamiento arbitral sobre la adecuación de un determinado acto a la normativa de competencia, la actuación del árbitro sería meramente informativa, similar a un dictamen, y carente de cualquier otro efecto jurídico. No tendría la condición de arreglo de controversia ni los efectos que corresponden a la notificación cuando ésta se dirige a una autoridad estatal o la Comisión.

No obstante, el problema va a plantearse cuando la cláusula arbitral prevista en un contrato sobre transacciones comerciales alcance a aspectos propios de libre competencia, es decir, cuando la pretensión de eficacia de la cláusula no se limite a los aspectos contractuales susceptibles de arbitraje, sino que alcancen también a derechos de naturaleza puramente legal que promueven un interés estatal en el mantenimiento de un determinado sistema de mercado (normas sobre libre competencia). No han faltado posiciones que han dado relevancia a la voluntad de las partes y al hecho de que precisamente estos derechos legales estén inmersos en un contrato, a la sazón sometido a arbitraje. Así, el Tribunal Supremo de los Estados Unidos de América en Sent. de 2 de julio de 1985 consideró que la sola presencia de materia *antitrust* no justificaba la invalidez de la elección de jurisdicción (arbitral) realizada por las partes ni implicaba una presunción de que la cláusula arbitral estuviese viciada. En definitiva, la cláusula resultaba válida dada su inclusión en un contrato susceptible en sí mismo de arbitraje (110).

En el ámbito de un contrato sometido a arbitraje, la aplicación de las normas de competencia presentan dos extremos: la excepción de arbitraje y el control de oficio de su propia competencia objetiva. A partir de estos dos datos pueden extraerse las siguientes conclusiones:

— A) Si ninguna de las partes excepciona la competencia arbitral, el árbitro puede declinar su competencia a partir de lo dispuesto en el Convenio Europeo de Ginebra de 21 de abril de 1961, sobre arbitraje comercial internacional, que reconoce el poder de los árbitros

---

(110) *Asunto Mitsubishi Motors Corp. C. Soler Chrysler Plymouth (Columbia Jour. of Trasnational Law,* 1985, pp. 655; *Rev. Arb.*, núm. 2, 1986, pp. 273 y ss.). *Vid.* sobre esta cuestión F. Rigaux «Les situations juridiques individuelles dans un système de relativité générale», *R. des C.*, t. 213 (1989-I), pp. 13 y ss., esp. pp. 264 y 296.

para decidir sobre su propia competencia. En el ámbito de la Ley 36/1988 de 5 de diciembre de arbitraje, el art. 23.3 establece que la falta de competencia objetiva de los árbitros puede ser apreciada de oficio por éstos, aunque no hubiere sido invocada por las partes. Asimismo, el art. 45 sanciona la nulidad del laudo cuando el árbitro haya conocido sobre materias que no pueden ser objeto de arbitraje, como puede ser el caso de disposiciones imperativas o de orden público (111).

— B) En cualquier caso, bastaría que una parte alegase los contenidos de Derecho de la competencia para invalidar el proceso arbitral, siempre y cuando ello fuese así apreciado por el árbitro. No basta la mera invocación del Derecho de la competencia para paralizar el proceso, sino que el propio árbitro debe analizar esta circunstancia e inhibirse de conocer en el supuesto de que efectivamente detecte la presencia de normativa sobre libre competencia. Así, el árbitro tomaría en consideración la normativa sobre libre competencia, pero no decidiría sobre sus consecuencias, sino que se inhibiría en favor de la autoridad competente (autoridades nacionales o Comisión) para apreciar las situaciones eventualmente atentatorias a la libre competencia (112).

— C) Si no obstante lo anterior, las partes no alegaran nada y el árbitro entrase a conocer y a aplicar Derecho de competencia, el laudo resultante no sería ejecutable, en virtud de lo dispuesto en el art. 56 de la Ley 36/1988.

En definitiva, el árbitro no es autoridad competente para decidir sobre actos relacionados con el Derecho de libre competencia, incluso cuando éstos se encuentren inmersos en una transacción arbitrable y sometida a arbitraje por las partes. Ello no impide, sin embargo, que el árbitro pueda razonar en términos de libre competencia a la hora de decidir una solución.

---

(111) La nulidad del laudo que haya decidido sobre libre competencia se extiende a los demás aspectos sometidos a arbitraje cuando el elemento anticoncurrencial carezca de substantividad propia. En otro caso, se podría salvar la validez de los aspectos disponibles en arbitraje. Así, la Ley 36/1988 preceptúa que la nulidad afectará sólo a los puntos no susceptibles de arbitraje siempre que tengan sustantividad propia y no aparezcan indisolublemente unidos a la cuestión principal (art. 45.4).

(112) *Vid.* J. M. Chillón Medina y J. F. Merino Merchán, *Tratado de arbitraje privado interno e internacional,* Madrid, Cívitas, 1991, pp. 810-813.

II. LA COMPETENCIA LEAL COMO DERECHO REGULADOR DE LA CONDUCTA DEL COMPETIDOR

1. *Mercado en régimen de competencia leal*

A) Prohibición de la competencia desleal y tipificación de los actos desleales

El sistema de libre competencia se encuentra protegido mediante dos normativas: la anteriormente analizada relativa a la defensa de la competencia (LDC) y la correspondiente a la represión de la competencia desleal (LCD). La primera se refiere a la normación del macrosistema y estructura del mercado y fija el grado y tipo de competencia que en él se consiente; la segunda prevé la posibilidad de que el perjudicado por un acto desleal ejercite acciones contra dicho acto. La competencia desleal se sitúa en el plano del microsistema, determinando los parámetros del leal comportamiento de los sujetos privados en sus relaciones (113). Además de la protección del sistema, una y otra normativa tutelan los intereses del competidor, proporcionándole un campo de actuación empresarial adecuado. Este competidor también está protegido por los eventuales derechos de exclusiva, que le permiten oponer frente a otro competidor la exclusividad en la comercialización de un determinado producto. Los derechos de propiedad industrial y la normativa de competencia desleal presentan evidentes relaciones, ya que históricamente la segunda ha ido encaminada a la protección de los primeros. La normativa material de propiedad industrial abarcaría, en sentido estricto, el nacimiento, contenido, efectos y extinción de los derechos de exclusiva, en tanto que la correspondiente a la competencia desleal tipificaría el comportamiento debido del competidor ante tales derechos, así como las acciones del titular de los mismos en los supuestos de agresión. Es cierto que actualmente la competencia desleal no se limita a proteger al titular de derechos de exclusiva ante las injerencias de terceros, sino que extiende esta protección a cualquier persona que participe en el mercado, sea o no titular de derechos de exclusiva, así como al consumidor y a la propia estructura de mercado. En cualquier caso, el hecho de que se haya producido esta ampliación del ámbito de protección, no obsta para reiterar

---

(113) *Cf.* esta distinción conceptual en P. Picone, «L'applicazione extraterritoriale delle regole sulla concorrenza e il diritto internazionale», *Il fenomeno delle concentrazioni…*, *op. cit.*, … p. 196.

que, al menos una parte significativa, de la normativa represora de la competencia desleal se dirige a la salvaguarda de los derechos del competidor.

Este proceso de decantación del concepto va a incidir en posteriores desarrollos del D.I.Pr., tales como quién y bajo qué circunstancias puede beneficiarse de la protección otorgada por las normas en la materia, especialmente en relación con la persona del extranjero. De ahí que, antes de abordar el sistema de protección en el ámbito de las relaciones privadas internacionales, sea conveniente referirse a la evolución del concepto de competencia desleal. De siempre, las normas sobre competencia desleal han tendido a la protección del normal desarrollo de la actividad concurrencial en el mercado. Sin embargo, la ineludible influencia social e histórica (114), ha hecho que esta noción presente una configuración variable a lo largo del tiempo. Por lo que respecta al Ordenamiento español, los derogados arts. 131 y 132 de la LPI de 1902 se limitaban a definir la competencia «ilícita» como «Toda tentativa de aprovecharse indebidamente de las ventajas de una reputación industrial o comercial adquirida por el esfuerzo de otro que tenga su propiedad al amparo de la presente Ley». El precepto comprendía tanto el resultado dañoso como la tentativa o posibilidad de este resultado, a diferencia de la normativa actual que requiere para su aplicación la producción de resultados substanciales sobre el mercado. No existía por entonces una disciplina de alcance general sino únicamente una normativa fragmentaria de naturaleza eminentemente penal (art. 139 LPI y 543 CP) destinada a la represión de los atentados contra la propiedad industrial (115). Las constantes de esta competencia, entonces denominada ilícita, se concretaban en un doble carácter limitado: limitado en cuanto a su naturaleza y sanciones, básicamente de tipo penal, y limitado en cuanto al bien protegido, esto es

---

(114) Sobre la relatividad del concepto de competencia desleal *vid.* E. Baylós Corroza, *Tratado de Derecho Industrial (propiedad industrial, propiedad intelectual, Derecho de la competencia económica, disciplina de la competencia desleal)*, Madrid, Cívitas, 1978, pp. 331 y ss.

(115) Para que el acto fuese ilícito conforme a la LPI debía tratarse de un ilícito criminal *(vid.* D. Ley de 22 de mayo de 1931 sobre disposiciones relativas a la competencia desleal, posteriormente elevado a Ley de 16 de septiembre de 1931, *Gaceta*, núm. 259 de 17 de septiembre de 1931). *Vid.* en este sentido, A. Baylós Corroza, *op. cit.*, p. 377. No han faltado, sin embargo, opiniones distintas, como la de M. Díez de Velasco, afirmando que la propia responsabilidad penal acarreaba una responsabilidad civil *(cf.* «Delitos contra la propiedad industrial», *Diccionario de Derecho Privado*, Barcelona, Ed. Labor, 1961; *íd.*, «Notas para el estudio de la competencia ilícita», *R. D. Merc.*, *vol.* II, 1964, pp. 453 y ss.

los derechos de propiedad industrial afectados por la competencia ilícita. No existía una cláusula general prohibitiva de la competencia desleal, sino únicamente de una figura delictual cuyos supuestos se enumeraban taxativamente en la LPI, sin posibilidad de ampliación analógica (116).

Más adelante esta configuración da paso al llamado «modelo profesional de competencia desleal», cuya normativa adquiere un sentido de Derecho privado (art. 1902 C.c.), originando infracciones, sanciones y responsabilidades civiles. Se detecta aquí una tutela de los intereses empresariales y corporativos (117), en la línea del art. 10 bis del Convenio de París de 20 de marzo de 1893 (118). Llegados a la LM de 1988, derogatoria de la LPI de 1902 en este punto, su art. 87 define a la competencia desleal como «Todo acto de competencia contrario a las normas de corrección y buenos usos mercantiles». Complementariamente, el art. 88 se refiere no sólo a los típicos actos de confusión o descrédito del competidor sino también a otros que inciden sobre los derechos del consumidor (actos que puedan inducir a error sobre las características del producto o servicio). Ambas disposiciones observadas conjuntamente permiten afirmar el carácter continuista de la LM con el modelo profesional y corporativo de la competencia desleal. No obstante, y a pesar de ello, tiene la virtud de establecer por vez primera en nuestro Ordenamiento una prohibición general, que hasta la LM sólo cabía deducir del art. 7.2 del C.c. a través de la prohibición de abuso de derecho (119). El paso definitivo en esta evolución lo constituye la Ley 3/1991 de 10 de enero (120) que, además de establecer

---

(116) *Cf.* A. Baylós Corroza, *op. cit.*, p. 378. Habrá que esperar a la LM de 10 de noviembre de 1988 para contar con una norma prohibitiva de la competencia desleal de alcance general *(BOE,* 12-XI-88).

(117) *Vid.* A. Menéndez, *La competencia desleal, op. cit.*, pp. 65 y ss.

(118) Aquí se define a la competencia desleal como «aquella concurrencia contraria a los usos honestos en materia industrial y comercial». Su sentido corporativista se matiza levemente en la revisión de Lisboa de 31 de octubre de 1958 donde se menciona también entre otros los actos que puedan inducir a error al público sobre las características y naturaleza del producto.

(119) *Vid.* esta posición en J. I. Font Galán, *Constitución económica y Derecho de la competencia,* Madrid, 1987, pp. 216 y ss. Sobre las razones de someter la competencia desleal al art. 7.2 del C.c. *vid.* también A. Menéndez, *op. cit.*, pp. 134, 136 y 140. No obstante, es evidente que no todos los actos subsumibles en el art. 7 C.c. son actos de competencia desleal *(cf.* M. Lobato García-Miján, «Los actos de imitación en la Ley de competencia desleal de 10 de enero de 1991. Especial referencia a la relación entre derechos de propiedad industrial y competencia desleal», *R.G.D.*, núms. 562-563, 1991, pp. 6151 y ss. esp. p. 6155.

(120) *BOE,* 11-I-91. Esta nueva Ley se originó a partir de Proyecto enviado por el Gobierno el 25 de enero de 1990 *(BOCG,* IV Legislatura, serie A, núm. 7-1) que sustituyó al anterior de 2 de febrero de 1989 *(ibíd.,* III Legislatura, núm. 106-1).

también una prohibición general de la competencia desleal, le otorga una inspiración institucional y no corporativa. Complementariamente, otras leyes de reciente aparición regulan aspectos concretos de la competencia desleal bajo un mismo signo de prohibición. Así, la Ley General de Publicidad de 11 de noviembre de 1988, que deroga al Estatuto de la Publicidad de 1964 y que se aplica a las conductas desleales realizadas a través de una actividad publicitaria, junto con la Ley General de Defensa de los Consumidores y Usuarios de 19 de julio de 1984, que prohíbe y sanciona la publicidad engañosa. También la LDC de 17 de julio de 1989, que deroga a la Ley de Prácticas Restrictivas de la Competencia de 1963, y cuya aplicación se produce siempre que la deslealtad afecte de modo sensible a la libre competencia en el mercado, presentando evidentes relaciones con la LCD.

A partir de la Ley 3/1991 se elimina la dispersión reguladora de la competencia desleal y su antigua orientación de exclusiva protección del competidor, para convertirse en un Derecho ordenador de las relaciones de mercado (121). Se trata de reprimir cualquier comportamiento que resulte contrario a las exigencias de la buena fe en un sentido general (art. 5) y no solamente aquellos que sean contrarios a los usos mercantiles. Esta inspiración institucional de la nueva Ley se advierte cuando enumera los actos de competencia desleal, descripción que no es cerrada sino ejemplificativa dada la existencia de una cláusula general prohibitiva tanto en la LM como en la propia LCD. De un lado, se prohíben las conductas más directamente relacionadas con una actitud deshonesta frente a los competidores: inducción a la ruptura contractual o espionaje; incluso actos de imitación, denigración o comparación pública de una actividad, actos de explotación de reputación ajena y la venta a pérdida, es decir, bajo coste o bajo precio de adquisición, que implique la denigración de la imagen o producto ajenos o una estrategia para eliminar al competidor. De otro lado, y como actitud de defensa del consumidor, se recoge la prohibición de las primas o regalos que pongan a este consumidor en el compromiso de contratar una prestación principal o suplementaria o induzca a error

(121) La cláusula general prohibitiva del art. 5 LCD, que abarca el funcionamiento del mercado en su conjunto, se aproxima a la concepción amplia del Derecho de la competencia desleal como un Derecho general de la competencia, que se basaría en el principio de libertad de mercado. Se ha planteado si este Derecho general de la competencia alcanzaría también a la propiedad industrial, en tanto que restricciones a este Derecho que emanan de él mismo *(vid.* como respuesta negativa M. Lobato García-Miján, *loc. cit.,* p. 6155). En torno a estas cuestiones en la LCD *vid.* J. M. Otero Lastres, «La nueva Ley sobre Competencia Desleal», *La Ley,* 17 octubre 1991, pp. 1 y ss.

en el precio. También y en el mismo sentido, se reprimen las discriminaciones injustificadas del consumidor en las condiciones de venta y la venta a pérdida susceptible de inducir a error al consumidor a nivel de precios de otros productos o servicios de un mismo establecimiento. Finalmente, se protege la libre competencia del sistema, considerándose desleal prevalerse en el mercado de una ventaja competitiva significativa, así como la simple infracción de normas jurídicas que tengan por objeto la regulación de la actividad concurrencial.

Ya se ha señalado cómo la competencia desleal mantenía una relación directa con la propiedad industrial, en tanto que institución protectora de los derechos de exclusiva debidamente registrados (122). Basta observar cómo los arts. 131 y 132 de la LPI de 1902 recogían los supuestos de competencia ilícita cuya sanción se tipificaba en el art. 139 de la misma Ley y en el art. 534 del CP (este último reformado por Ley Orgánica de 11 de noviembre de 1987). Estas sanciones penalizan a quien intencionadamente infringiere los derechos de propiedad industrial. Se trata de una lesión a un derecho de propiedad industrial —creaciones industriales y signos distintivos— que se sanciona en la medida que implica una usurpación de una propiedad especial o industrial, pero al fin y al cabo propiedad. Esta sanción de tipo penal no debe confundirse con la actual prohibición general de la competencia desleal, pues se trata simplemente de una represión penal de unas concretas actividades previstas en la ley y atentatorias a la propiedad industrial.

Actualmente los derechos de propiedad industrial no agotan la protección dispensada por la competencia desleal; sus normas ya no están exclusivamente orientadas a los derechos de exclusiva y además ya no se trata de sancionar penalmente una infracción contra la propiedad especial, sino de hacer cesar una conducta desleal. Aun cuando la LM prevé las mismas acciones para reclamación por competencia desleal y para la defensa de la propiedad industrial, ello no quiere decir que las primeras sólo puedan llevarse a cabo para salvaguardar un derecho de propiedad industrial. Es significativo en este punto la posición del IDI en la Resolución de Cambridge de 30 de agosto de 1983 cuando considera desleal que una persona «pase» productos propios como si fueran de otro o se apropie irregularmente de los esfuer-

(122) Sobre la evolución de estas relaciones *vid.* J. M. Fernández López, «Propiedad industrial y competencia desleal» en *Derecho industrial, patentes y marcas*, vol. 6, Madrid, Ministerio de Justicia, 1991, pp. 185 y ss.

zos de un competidor, especialmente cuando venda productos de este competidor como si fueran de fabricación propia. También menciona la divulgación de secretos industriales, la publicidad engañosa o irregular, la difamación o denigración del competidor y el inmiscuirse de forma irregular en los asuntos de este competidor (123). Esta clasificación es bastante clásica y coherente con la concepción corporativa de la competencia desleal y asume una noción similar a la del art. 10 bis del CUP, que como señalábamos considera desleal la concurrencia contraria a los usos honestos en materia industrial o comercial. Sin embargo, en las sucesivas anotaciones a esta Resolución se deja clara constancia de dos circunstancias: la existencia de un triple interés a proteger: el del competidor, el del consumidor y el del Estado, y su independencia frente a los derechos de propiedad industrial (124).

La Resolución no alcanza, excepto disposición convencional en contrario, a las infracciones de marcas y patentes. Configura como desleal el acto de «pasar» productos propios como si fueran de otro a través de denominaciones engañosas, y ello con independencia de que tal denominación esté o no protegida por una legislación nacional como marca de fábrica (125). Con esta prohibición del «passing off» puede protegerse un derecho de propiedad industrial, pero no necesariamente, pues el objetivo prioritario es proteger al adquirente de una posible confusión en la procedencia de un producto (126). Esta independencia entre la propiedad industrial y la competencia desleal implica que para ser beneficiario de la normativa sobre competencia desleal no sea necesario ser titular de un derecho de propiedad industrial. En consecuencia, cuando no existe un derecho de marca, el «pasar un producto de otro como si fuera propio» no va a generar una específica sanción penal, simplemente se prohíbe esta conducta, otorgándose al perjudicado acciones civiles para su cesación. De todos modos, el hecho de que la competencia desleal no se refiera necesariamente a los

(123) IDI *Annuaire,* Sesión de Cambridge, vol. II, París, Pedone, 1984, pp. 292 y ss.

(124) *Vid.* W. L. M. Reese con ocasión de la Exposición Preliminar de la Resolución («The Conflict of Laws Rules on Unfair Competition», Tuenty-Second Commission, Sesión de Cambridge, IDI, *Annuaire,* vol. 60-I, París, Pedone, 1983, pp. 107 y ss., esp. pp. 107 y 113.

(125) *Vid.* art. I de la Resolución excluyendo estos aspectos.

(126) El «passing off» se refiere a la confusión del comprador en cuanto a la procedencia de los bienes ofrecidos para la venta. El vendedor decide que el comprador piense que tales bienes han sido manufacturados por alguien distinto de quien lo ha hecho realmente *(cf.* A. Dyer, «Unfair Competition in Private International Law», *R. des C.,* t. 211 (1988-IV), pp. 381 y ss., esp. pp. 391-393).

derechos de exclusiva, no es obstáculo para afirmar, como lo hace F. Vischer, que la gran mayoría de los atentados a estos derechos se llevan a cabo mediante actos desleales. En estos casos, el titular podrá accionar conforme a la legislación nacional de la que es beneficiario, ley que le ampara civil y penalmente frente a una supuesta competencia desleal o frente a cualquier lesión de su derecho (127).

B) Regulación derivada del Derecho unionista. Principio de asimilación al nacional

La doctrina tradicional planteaba en torno a la competencia desleal una cuestión de extranjería: fijar si y hasta qué punto el extranjero podía disponer de las acciones propias de esta materia (128). Para resolver este interrogante puede acudirse a una primera lectura de las disposiciones del CUP, concretamente al art. 1.2 cuando dispone que «la protección de la propiedad industrial tiene por objeto la represión de la competencia desleal». La identificación que el precepto realiza entre propiedad industrial y competencia desleal (129) aparece también a la hora de determinar quiénes son los beneficiarios del trato nacional unionista en una y otra materia (130). Según los arts. 2, 10 bis y 10 ter del CUP, tales beneficiarios serán los nacionales de un país unionista, que pueden disponer en otro país unionista de las ventajas que las leyes nacionales prevean en cuanto al ejercicio de la propiedad industrial (art. 2) y en cuanto a la protección contra la com-

---

(127) *Vid.* Rapport de F. Vischer de 15 de marzo de 1977, señalando asimismo la conexión de la competencia desleal con las leyes de propiedad industrial limitando la posición desmesurada de monopolios. En estos supuestos, la legislación de propiedad industrial podría ser considerada como una parte de la normativa de competencia desleal, esto es, se otorga competencia al tribunal para conocer de la competencia desleal cuando exista una acción civil relacionada con un derecho de propiedad industrial (*cf.* «The Conflict of Law Rules...», *loc. cit.*, pp. 119 y ss. y las referencias del autor al Asunto *Bulova Watch Co. c. Steele* (194 F 2d 567).

(128) *Vid.* las consideraciones de J. Derrupé sobre la incidencia del principio unionista de trato nacional en la persona del extranjero («Concurrence déloyale ou illicite», *Encyclopedie Dalloz dr. int.*, vol. I, pp. 459 y ss. *Vid.* también O. Pichot, V.° «Delit de concurrence déloyale», *Rep. Lapradelle*, vol. 5, París, Sirey, 1929, pp. 444 y ss.

(129) Identificación que actualmente no es de recibo, dado que la normativa de competencia desleal no se limita a proteger al titular de un derecho de exclusiva.

(130) El trato nacional permite a los extranjeros nacionales de países unionistas acogerse a la protección de una ley estatal en las mismas condiciones que el nacional. Deriva de los arts. 10 bis y 2 del CUP y complementariamente del art. 10 *ter* 1 que dispone que «Los países de la Unión se comprometen a asegurar a los nacionales de los demás países de la Unión los recursos legales para reprimir eficazmente los actos previstos en el art. 10, es decir, los actos de competencia desleal».

petencia desleal (art. 10 bis). Se establece, pues, un trato nacional para la protección de la propiedad industrial en sentido amplio, es decir, incluida la competencia desleal. Basta para ello la nacionalidad de la persona interviniente en el país unionista donde se reclame la protección, sin necesidad adicional alguna de establecimiento o domicilio.

Estando favorecidos por el trato nacional los nacionales unionistas, resta plantearse si pueden estarlo también otras personas ajenas a esta condición de nacional de un país unionista. El texto de CUP da un alcance diferenciado al trato nacional según se refiera a la propiedad industrial o a la competencia desleal. En efecto, el art. 10 (competencia desleal) atribuye el trato nacional únicamente a los nacionales unionistas, en tanto que el art. 3 (propiedad industrial) declara la asimilación al nacional de aquellos nacionales que no lo sean de un país unionista, pero que, sin embargo, estén domiciliados o tengan establecimiento comercial serio y efectivo en el territorio de alguno de estos países. De ello se deriva que el ámbito personal del principio de asimilación es más amplio en materia de propiedad industrial (nacionales, domiciliados o establecidos) que en competencia desleal (nacionales).

Esta contradicción entre los términos literales del art. 3 y el art. 10 creemos que debe solucionarse a partir del criterio amplio establecido en el primero de los preceptos. De esta suerte, a la hora de reprimir la competencia desleal, estarán amparados por el trato nacional no sólo los nacionales, sino también los domiciliados o establecidos en la Unión. La limitación establecida por el art. 10 CUP, atribuyendo el principio de asimilación únicamente a los nacionales, puede ser superada a través del ya citado art. 1.2 del CUP, que considera la represión de la competencia desleal como el objeto propio de la protección de la propiedad industrial. Si es así, la represión de la competencia desleal sería un modo de proteger la propiedad industrial y esta última extiende el trato nacional tanto a los nacionales unionistas como a los que no tengan esta condición, pero estén domiciliados o establecidos en un país de la Unión (arts. 2 y 3 del CUP). El hecho de tipificar a la propiedad industrial como un título habilitante para reprimir la competencia desleal debe llevarse hasta sus últimas consecuencias, de modo que quien pueda beneficiarse de una ley nacional para proteger un derecho de exclusiva pueda también defenderse contra la competencia desleal, amparándose en esta misma ley. Si lo entendiésemos de otro modo y prosperase una interpretación literal y aislada del art. 10 del CUP, que sólo amparase a los nacionales unionistas, quedaría desvirtuada la finalidad del CUP en su conjunto (131). Imaginemos a un nacional de un Estado no perteneciente a la Unión que está domiciliado o establecido por ejemplo en Francia. En virtud del art. 3 del CUP y dado que existe un domicilio unionista, podría pedir en España la protección de un derecho de exclusiva para supuestamente oponerse a una importación paralela. Sin embargo, no podría accionar contra un acto de confusión o descrédito de su producto, pues al no ser nacional unionista no gozaría del trato nacional. Esta solución no parece apropiada desde el momento en que la estabilidad de un derecho de exclusiva puede ser agredida tanto por una importación paralela como por un acto de competencia desleal en sentido estricto. Y es que, aunque la finalidad de un derecho de propiedad industrial sea la comercialización exclusiva, este derecho también puede verse mermado, de hecho normalmente así ocurre, por la realización de un acto contrario a la competencia leal. De todos modos debe matizarse que estas observaciones se circunscriben a la determinación del ámbito de aplicación personal (beneficiarios) de un Derecho material y no a la ley que efectivamente resulte aplicable, extremo este último que depende de la previa delimitación de los ámbitos de aplicación de las normas de D.I.Pr. respectivamente aplicables a la competencia desleal (art. 4 LCD y, eventualmente, art. 10.9 C.c.) y a la propiedad industrial (10.4 C.c.).

Sentado que el beneficio del CUP, tanto desde el punto de vista de la propiedad industrial como de la competencia desleal, debería alcanzar por igual a los nacionales, a los domiciliados y a los establecidos en la Unión, deben apuntarse las condiciones que definen este beneficio, esto es, las condiciones de domicilio y establecimiento. Por domicilio se entiende el centro de vida de la persona, asumiendo una calificación autónoma no sometida a las particularidades de las concretas legislaciones nacionales. No obstante, aunque el art. 40 del C.c. identifica domicilio y residencia habitual, en ocasiones, sin embargo, el término domicilio se utiliza en un sentido formal alejado de su conformación real (132). Por ello, ante una supuesta contradicción entre

(131) *Vid.* sobre estas cuestiones J. Derrupé, «Concurrence déloyale..., *loc. cit.*, pp. 461 y ss.

(132) J. M. Espinar Vicente denuncia esta utilización artificial del domicilio en algunos preceptos, que enerva la fuerza de arraigo que debe expresar (esta afirmación se refiere al domicilio del demandado como foro de competencia general). Tras señalar las ventajas de arraigo que este foro representa, el autor plantea la problemática correlación entre su calificación y las ficciones que puedan caracterizarlo, derivadas de las previsiones contenidas en el art. 40.2 del C.c. y 64 y ss. de la LEC (*cf. Derecho procesal civil internacional, op. cit.*, p. 39).

domicilio real y registral ha de estarse al primero, pues la finalidad del domicilio registral no es desvirtuar el domicilio real, sino simplemente dotarlo de publicidad. Sólo así podrá entenderse que el domicilio exprese el centro de vida estable de una persona (133). A los efectos del CUP habría de retenerse como domicilio el país donde la persona tenga su principal núcleo de establecimiento personal.

El CUP también extiende el beneficio de trato nacional a los casos en que, no existiendo nacionalidad ni domicilio, conste un establecimiento comercial serio y efectivo en un país de la Unión. Tal como señala O. Pichot, el texto convencional originario retenía la fórmula de «establecimiento principal»; la modificación supone que una sucursal establecida en un Estado de la Unión puede entenderse como establecimiento siempre que su vida económica y asentamiento en este Estado tenga una cierta entidad, es decir, siempre que pueda hablarse de un establecimiento serio y efectivo. Según el autor no sería suficiente el simple depósito de mercancías o la presencia de una oficina de correspondencia, ya que carecerían de la necesaria estabilidad y relevancia económica para ser considerados establecimientos (134).

Por último, se excepciona del ámbito del trato nacional las disposiciones de cada Estado relativas al procedimiento judicial y administrativo y a la competencia de autoridades (art. 2.3 del CUP). Cuando el art. 2.7 del CUP somete este trato al cumplimiento por el interesado de las mismas condiciones y formalidades impuestas al nacional, ello no impide que el extranjero se vea afectado por ciertas discriminaciones procesales en el momento de emprender una acción por competencia desleal; basta recordar el privilegio de nacionalidad que encierran determinadas figuras procesales como la caución de arraigo y juicio o embargo preventivo (135). Tales restricciones, en el caso de que sean

---

(133) *Cf.* J. D. González Campos refiriéndose igualmente al domicilio como foro de competencia (*Curso de Derecho internacional privado,* vol. II, Oviedo, 1983, p. 260). Esta idea de vinculación de la persona con el medio se reitera en el ámbito del Derecho aplicable (*cf.* J. C. Fernández Rozas en *Derecho internacional privado, Parte especial, op. cit.*, p. 45. Sobre este apartado *vid.* en general B. de Magalhaes, «La doctrine du domicile en droit international privé», *R. des C.*, t. 23 (1928-III), pp. 18 y ss.; L. I. de Winter, «Nationality or Domicily? The Present Stape of Affairs», *ibíd.*, t. 128 (1969-III), pp. 347 y ss., esp. pp. 381 y 392.

(134) *Cf.* O. Pichot, V.° «Concurrence déloyale...», *loc. cit.*, p. 460.

(135) La excepción dilatoria de caución de arraigo, establecida para el demandante extranjero en garantía del pago de las costas procesales es eliminada, entre otros, por los Convenios de La Haya de 1 de marzo de 1954 sobre procedimiento civil (*BOE*, 13-XII-61) y de 25 de octubre de 1980 sobre acceso internacional a la justicia, que sus-

efectivas, no discriminarían al extranjero unionista en el ejercicio de un derecho de exclusiva porque existe un principio de asimilación, sino que lo discriminarían en tanto que extranjero a la hora de intervenir en un proceso. Así pues, el extranjero nacional de un país de la Unión tendrá el mismo derecho que el nacional para acogerse a la protección de la legislación estatal en cuestión, sin perjuicio de las eventuales limitaciones procesales que puedan afectarle por el hecho de ser extranjero.

C) Protección incondicionada del extranjero en la perspectiva institucional de la competencia desleal

Las remisiones que el art. 2.3 del CUP realiza al Derecho nacional a la hora de configurar el principio de trato nacional enlazan directamente con la determinación del ámbito de aplicación personal de las leyes estatales de propiedad industrial, aspecto que abordaremos en el capítulo II. Históricamente, la posición del extranjero ante los Derechos nacionales en materia de competencia desleal se ha visto mediatizada por la posición que este extranjero deba asumir ante los derechos civiles en general. La doctrina francesa ha monopolizado una gran parte de esta polémica; por un lado, la interpretación más flexible y abierta entendía que el ejercicio de las acciones previstas en la legislación nacional protectora de la competencia leal no debía depender en absoluto de la condición de reciprocidad, ya que se trataba de un derecho natural. Por otro, una interpretación más estricta imponía la exigencia de reciprocidad, diplomática y no sólo legal, a través del enunciado del art. 11 del C.c. francés (136). Tras superarse una etapa de

---

tituye al primero en las relaciones con Francia, Marruecos y Suecia *(BOE,* 30-III-80). En su lugar se ordena el reconocimiento inmediato de la fuerza ejecutiva de las decisiones sobre costas y gastos, sin audiencia de parte y conforme a la ley del país donde se pretenda dicha ejecución *(cf.* A. L. Calvo Caravaca. «Régimen del proceso con elemento extranjero y asistencia judicial internacional en el D.I.Pr.», en *Derecho internacional privado,* vol. I, 3.ª ed. revisada, Madrid, UNED, 1991, pp. 305-308. La medida cautelar de embargo preventivo tiene como finalidad limitar las facultades de disposición del demandado con el fin de no frustrar el resultado del juicio. Su desuso deriva de los Convenios que establecen la igualdad de trato procesal entre los nacionales de los Estados parte *(cf.* J. C. Fernández Rozas y S. Sánchez Lorenzo, *Curso de Derecho internacional privado..., op. cit.,* pp. 361-364).

(136) Según el cual, «El extranjero goza en Francia de los mismos derechos civiles que los que sean concedidos a los franceses por los tratados de la nación a la que pertenezca».

endurecimiento de la exigencia de reciprocidad diplomática (137), se planteó una solución intermedia a través de la distinción entre la competencia desleal que afectase a derechos protegidos por leyes especiales y la competencia desleal que recayese sobre derechos no previstos en leyes especiales (derechos naturales). Sólo en el primer caso se exigía reciprocidad, ya que no se podía adquirir por competencia desleal aquello de lo que se carecía civilmente, atenuándose así las consecuencias desfavorables que podían derivar del hecho de incluir a la competencia desleal dentro del elenco de derechos civiles reservados al nacional (138). En cualquier caso, como superación de estas opiniones divididas, J. M. Bischoff afirmaba que «La acción de competencia desleal, como toda acción en materia de responsabilidad, no tiende al reconocimiento de un derecho del demandante, sino al razonamiento de un deber que pesa sobre el demandado, a saber el de no emplear medios desleales frente a sus competidores y no excederse en el uso de la libertad comercial de competencia». En consecuencia, y según su opinión, toda la polémica en torno al art. 11 del C.c. francés es una falsa polémica, ya que no existe ningún derecho, ni civil ni natural, que pueda ser invocado a la hora de ejercitar una acción de competencia desleal. A partir de la calificación de la competencia desleal como una acción especial de responsabilidad civil extracontractual no estaríamos ya ante un problema de régimen de extranjería, sino de Derecho aplicable y competencia judicial (139). La vinculación de la competencia desleal al ámbito de la responsabilidad civil fue igualmente mantenida con anterioridad por J. Derrupé, al afirmar que «no es lo mismo una acción basada en un derecho subjetivo de propiedad industrial que otra basada en la competencia desleal. Esta última es una mera acción de responsabilidad civil fundada en la idea de reparación, por tanto, el rechazo de ciertos derechos no debe implicar el rechazo de la acción de competencia desleal, pues ésta interesa por igual al comerciante y al consumidor, independientemente de que pueda provenir de un nacional o de un extranjero» (140).

---

(137) El Decreto-ley de 12 de noviembre de 1938 declaraba que los extranjeros no disfrutaban en Francia de los derechos cuya adquisición o goce efectivo estuviese condicionada por textos legislativos o reglamentarios a condiciones de residencia o domicilio en Francia, más que si estaban autorizados a permanecer en territorio francés durante un año *(vid.* en este mismo sentido la *Sent. del Tribunal de Casación francés de 5 de mayo de 1908, Rev. crit. dr. int. pr.,* 1909, pp. 253 y ss. y nota de Nast).

(138) *Cf.* estas consideraciones en O. Pichot, *loc. cit.,* núms. 65 y ss.

(139) *Cf.* J. M. Bischoff, «La concurrence déloyale en droit international privé», *Travaux Com. fr. dr. int. pr.* (1969-71), París, Dalloz, 1972, pp. 53 y ss., esp. p. 58.

(140) *Cf.* J. Derrupé, «Concurrence déloyale...», *loc. cit.,* p. 460.

Esta idea, aunque lejana en el tiempo, sirve para retomar la posición del Derecho unionista en este punto y, si acaso, proponer soluciones superadoras del mismo, a la luz de la independencia que actualmente observan propiedad industrial y competencia desleal y la tendencia institucional de la última. Según, el CUP, los beneficiarios de las acciones contra la competencia desleal se identifican con los beneficiarios de la protección de la propiedad industrial (141), que, a su vez, se delimitan en las respectivas leyes nacionales (LP, LM, etc... por lo que respecta al Ordenamiento español). A estas leyes pueden acogerse, además de los españoles, los que residan habitualmente en España o los que aquí tengan un establecimiento comercial o industrial, así como todos los beneficiarios del Derecho unionista, que como sabemos son aquellas personas que manifiesten estas mismas vinculaciones respecto de un Estado de la Unión (142). Recordemos que, fuera de estos supuestos, la ley material española sólo será de aplicación cuando exista reciprocidad, esto es, cuando el país de la nacionalidad permita a los españoles la obtención de un derecho equivalente. A partir de estas bases puede plantearse la cuestión de si esta restricción de reciprocidad, que claramente afecta al ejercicio de los derechos de exclusiva, afecta en igual medida a la hora de ejercer una acción contra la competencia desleal.

La respuesta a este interrogante debe estar presidida por las notas que actualmente caracterizan a la competencia desleal: independencia frente a la propiedad industrial y su carácter institucional. En efecto, las acciones de competencia desleal no se limitan al ámbito de la protección de la propiedad industrial, sino que se extienden a otros aspectos que no tienen por qué verse condicionados por el régimen aplicable a los derechos de exclusiva, en concreto por el régimen de reciprocidad. Por ello, no parece apropiado aplicar a la competencia desleal las limitaciones derivadas del criterio de reciprocidad en los

(141) Nos estamos refiriendo a los beneficiarios del trato nacional, es decir, a aquellos extranjeros que pueden acogerse a una determinada legislación estatal bajo las mismas condiciones substanciales que los nacionales. La conclusión de identificar los beneficiarios de las acciones de competencia desleal y de propiedad industrial pasa, en cualquier caso, por una interpretación sistemática del CUP en su conjunto, ya expresada en páginas anteriores. Recuérdese que el art. 10 establecía el principio de asimilación únicamente en relación con los nacionales unionistas, en tanto que el art. 3 lo hacía también respecto de los domiciliados y establecidos.

(142) En definitiva: españoles, extranjeros nacionales de un Estado miembro de la Unión, extranjeros residentes en España o en un país unionista y extranjeros no residentes ni en España ni en un Estado de la Unión que tengan establecimiento comercial o industrial en España o en un país de la Unión.

términos expuestos. Esta conclusión puede ampararse en un dato concluyente como es que el Derecho unionista establece un trato igual (nacional), pero no el contenido de ese trato, aspecto que corresponde a las legislaciones nacionales. Serán éstas las que, sobre la base del respeto de los principios unionistas de trato mínimo y trato nacional, determinen cómo y en qué medida se ejercita y protege la propiedad industrial. El hecho de que el CUP «identifique» la propiedad industrial con la competencia desleal implica, cuanto menos, que quien ejercite una acción contra una conducta desleal debe estar amparado por lo previsto en las leyes de propiedad industrial, tal como se recoge en nuestra LM. Ahora bien, si el Derecho nacional en cuestión prevé otras protecciones específicas, no ya en las normas de propiedad industrial, sino en las de competencia desleal, serán estas últimas la que decidan la posición del extranjero que intenta beneficiarse de una protección contra una acción desleal. Dado que actualmente la regulación jurídica española no supedita la represión de la competencia desleal a la existencia de un derecho de propiedad industrial, puede entenderse que son beneficiarios de la Ley 3/1991 no sólo los beneficiarios del CUP sino cualquier otra persona que prevea dicha Ley. Esta conclusión es defendible desde el momento que el Derecho unionista otorga mínimos de protección, pero en ningún caso restringe la protección más amplia que pueda otorgar una legislación nacional. Esta ampliación a través de las normativas estatales de competencia desleal afecta normalmente al contenido substancial de la protección pero también puede referirse a una ampliación del ámbito personal de la propia Ley, tal como ocurre en la Ley 3/1991.

El CUP considera beneficiarios de la normativa española de competencia desleal a los españoles, residentes o domiciliados en España, así como a los nacionales, residentes o domiciliados en un país de la Unión. El resto sería beneficiario de la legislación española bajo condición de reciprocidad. Entretanto, la Ley 3/1991 es aplicable a «empresarios y cualesquiera personas físicas o jurídicas que participen en el mercado», concediendo legitimación a cualquier perjudicado con capacidad para comparecer en juicio que participe en el mercado. Por tanto, en ningún caso se exige condición alguna adicional de nacionalidad o domicilio. Es importante retener de nuevo en este punto la desvinculación de la competencia desleal frente a las leyes de propiedad industrial, pues de este modo, los beneficiarios de una acción de competencia desleal no tienen que coincidir necesariamente con los beneficiarios previstos por aquellas leyes. De no entenderlo así, resultaría que las personas que no fuesen beneficiarios del CUP sólo podrían accionar contra la competencia desleal amparándose en la legislación española cuando existiese reciprocidad. Dado que la Ley 3/1991 no se refiere a ninguna de estas circunstancias, la Ley española se aplicará a los actos de competencia desleal que afecten substancialmente al mercado español, beneficiando a cualquier persona perjudicada que participe en el mercado, sin ningún requisito de reciprocidad. Su protección se extendería, por tanto, a cualquier extranjero que la propia Ley considere legitimado para accionar.

2. *Aplicación de las normas de competencia leal*

A) Legitimación procesal y acciones contra la competencia desleal

La competencia desleal presenta una clara dimensión procesal que se manifiesta en la intervención de una autoridad pública habilitada para pronunciarse sobre las consecuencias lesivas de un supuesto acto desleal. Esta circunstancia obliga a plantearse, en primer lugar, la legitimación que ostenta el perjudicado y las acciones de que dispone frente a la otra parte, así como una somera referencia a la tramitación del proceso judicial, aspectos básicamente previstos por la propia LCD. Asimismo, debe determinarse la competencia judicial internacional de la autoridad interviniente, a partir de los criterios establecidos en la LOPJ y otros textos convencionales. En el estudio de estos apartados debe resaltarse la nueva inspiración institucional de la competencia desleal, pues ello va a aportar posibles conclusiones parcialmente diferenciadas de las que podían derivarse de su anterior perspectiva corporativa.

En principio, la ley que va a determinar el derecho a obtener ciertas medidas judiciales represoras de la competencia desleal será la propia ley aplicable al fondo, en tanto que ley rectora de la legitimación procesal del extranjero para comparecer como demandante. A su vez, la capacidad procesal le vendría dada por su ley personal, si bien la ley del foro podría otorgarle esta capacidad en el supuesto de que la primera se la denegase (143). A los efectos de legitimación activa, la no coincidencia entre la ley del fondo y la ley del foro puede surgir si conoce un juez español que, por hipótesis aplique una ley extranjera correspondiente al mercado afectado. En tales circunstancias, ambas leyes podrían ser utilizadas, no para restringir, sino para ampliar las

(143) Sobre estas cuestiones relativas a las partes en el proceso y la ley aplicable a la capacidad para ser parte, a la capacidad procesal y a la legitimación *vid.* A. L. Calvo Caravaca, «Régimen del proceso civil...», *op. cit.*, pp. 299-302.

posibilidades de accionar. Si así fuera podríamos, por ejemplo, reconocer la legitimación activa de una asociación de consumidores, no prevista en la ley extranjera aplicable al fondo, desde el momento que la LCD permite a estas entidades promover la defensa judicial de sus intereses. No obstante, creemos que esta posibilidad no es factible o, por lo menos, se encuentra limitada. En efecto, en el mejor de los casos, se encontraría condicionada al hecho de que el interviniente fuese considerado beneficiario de la protección otorgada por la propia ley extranjera aplicable al fondo. Por ello, aun cuando admitiésemos que la ley del foro pueda ampliar el elenco de legitimados para accionar previstos en la ley del fondo, debe no obstante respetar las condiciones de nacionalidad, domicilio o establecimiento eventualmente requeridas por esta última para que la persona pueda acogerse a ella. Se trataría de aplicar la ley del fondo en toda su extensión, incluida la determinación de su ámbito personal. No obstante, y en cualquier caso, consideramos que la posición coherente con una perspectiva de conjunto de la LCD nos llevaría a admitir únicamente la legitimación prevista en la ley de fondo. De este modo estarían legitimadas las personas y entidades previstas en la LCD cuando ésta fuese la ley aplicable al fondo por estar afectado el mercado español. Cuando el mercado afectado fuese un mercado extranjero, debe ser la propia ley extranjera la que determine no sólo el ámbito de sus beneficiarios sino también los legitimados para accionar.

Estas posibles disfunciones entre la ley del foro y la *lex causae* no se presumen muy frecuentes, ya que lo habitual es que el juez del foro aplique su legislación material de competencia desleal para proteger el mercado nacional. Desde un punto de vista de Derecho aplicable, cada legislación nacional tutela en exclusiva su mercado nacional en la misma medida que una legislación extranjera sólo puede valorar las prácticas desleales en relación con el correspondiente mercado extranjero (144). Desde el punto de vista de la competencia judicial, podría darse el caso de que el juez del foro aplique una legislación extranjera, pero sólo para proteger el mercado protegido por dicha legislación. Por lo tanto, el único supuesto de no identificación entre ley del fondo y ley del foro, y por ello el único supuesto en que podrían producirse las disfunciones anteriormente señaladas, sería aquél en el que el juez no pertenezca al Estado cuyo mercado se considera afectado. De otro modo, por ejemplo, si un juez español entra en conocer de las conse-

---

(144) *Cf.* P. Picone, «L'applicazione extraterritoriale delle regole sulla concorrenza e il diritto internazionale», *loc. cit.*, p. 196.

cuencias dañosas que determinadas prácticas puedan tener para el mercado español, se aplicaría la ley española de competencia desleal a título de ley del fondo y, en esta medida, a título de ley que determina la legitimación activa. Dado que esta hipótesis parece ser la más normal, será la ley española la que determine las posibilidades de legitimación activa.

Por lo que respecta al tratamiento dado por el Ordenamiento español a las acciones procesales tendentes a la represión de la competencia desleal, es necesario distinguir dos etapas: la anterior y posterior a la Ley 3/1991. Respecto de la primera, el art. 1.902 del C.c. ha tenido una aplicación general dentro de la configuración profesional y corporativa de la competencia desleal, en tanto que norma reguladora de las acciones de responsabilidad contra quien por acción u omisión causase daño a otro mediando culpa o negligencia. Este precepto podía actuar en la medida que existiese una norma prohibitiva de la competencia desleal, ya que su aplicación requiere la infracción de una norma que delimite la antijuridicidad del acto. Es precisamente esta circunstancia la que impedía ver en el art. 1902 una cláusula general de competencia desleal, ya que, como expone A. Menéndez, se trata de una norma sobre responsabilidad extracontractual de carácter secundario, que requiere para entrar en juego la infracción de una norma primaria y, a falta de ésta, el daño producido no sería indemnizable (145). Actualmente, sin embargo, sí existe esta norma previa habilitante desde el momento que la LCD, precedida por la LM y LGP (146), prohíbe la competencia desleal. Con anterioridad a la LM el Ordenamiento español carecía de una prohibición específica que, no obstante, podía derivarse del art. 7.2 del C.c. en lo referente a la prohibición del abuso de derecho. La noción de abuso de derecho permite aglutinar los distintos valores que se decantan en la competencia desleal y que aparecen dispersos en distintas normas (147). Así, para calibrar la deslealtad frente

(145) *Cf.* A. Menéndez, *La competencia desleal..., op. cit.*, p. 65 y ss.

(146) *Vid.* Ley 32/1988 de 10 de noviembre de Marcas y Ley 34/1988 de 11 de noviembre General de Publicidad. El art. 89, en relación con el 36 de la LM establece para el titular cuyo derecho de marca hubiese sido violado las acciones de cesación, indemnización de daños y perjuicios, adopción de medidas necesarias para evitar que prosiga la violación y la publicación de la sentencia. El art. 25 de la LGP establece que «Los órganos administrativos competentes, las asociaciones que resulten afectadas y, en general, quienes tengan un derecho subjetivo o un interés legítimo podrán solicitar del anunciante la cesación o, en su caso, la rectificación de la publicidad ilícita.

(147) Recuérdese que el acto de competencia desleal se caracteriza, según A. Menéndez, por ser un ilícito objetivo (que no precisa de elementos subjetivos), un ilícito institucional (que infringe el sentido o función de la institución en la que se integra el derecho que se ejercita), un ilícito de peligro (que no depende de la efectiva producción

al competidor habría que acudir al art. 10 bis del CUP («usos honestos en materia industrial y comercial»). Para la deslealtad frente al consumidor se tendrán en cuenta los principios tutelados en el art. 51 de la CE y en la LGDC de 19 de julio de 1984 (148). Por último, los criterios de la legislación *antitrust* contenidos en la LDC de 1989 y en el art. 38 de la Constitución servirían para abordar el abuso de las conductas que perturben el orden concurrencial en sentido estricto. De esta forma, la mayoría de los aspectos que hoy constituyen el fundamento de la represión de la competencia desleal podrían ser traídos a colación a través del art. 7.2 del C.c., alegando un abuso de derecho y la consiguiente cesación de la actividad desleal y, en su caso, la adopción de medidas de remoción de los efectos mediante la indemnización de daños y perjuicios (149).

De conformidad con la Ley 3/1991 se prohíbe la competencia desleal y se tipifican las acciones derivadas de la misma. El art. 18 deroga, en cuanto a la competencia desleal se refiere, los arts. 87, 88 y 89 de la LM, no así los arts. 25 a 32 de la LGP. Se ha señalado que esto lleva a la paradoja de encontrarnos con actuaciones susceptibles de ser reguladas por la LCD y por la LGP, concluyéndose que sólo los casos claros de publicidad desleal se han de tramitar a través del correspondiente procedimiento de la LGP (150). Las acciones contra la competencia desleal son, en términos generales, la acción declarativa de deslealtad, la acción de cesación del acto o de prohibición si el acto

---

de un daño sino de la probabilidad de que éste se produzca) y un ilícito de mercado (que no requiere de una relación de competencia en sentido estricto *(cf. La competencia desleal..., op. cit.*, p. 136).

(148) Normativa que, según J. M. Fernández López, tiene el carácter de principio general informador del ordenamiento jurídico, siendo en sus aspectos esenciales de orden público, por lo que ha de ser aplicada directamente por los juzgados y tribunales, aunque no haya sido alegada por las partes («Propiedad industrial y competencia desleal», *loc. cit.*, p. 202).

(149) *Cf.* A. Menéndez, *La competencia desleal..., op. cit.*, pp. 133 y ss.

(150) *Cf.* S. Bacharach de Valera, «Acciones derivadas de la competencia desleal (en torno al art. 18 de la Ley 3/1991 de 10 de enero, de competencia desleal)», *R.G.D.*, núms. 562 y 563, 1991, pp. 6178 y ss., esp. 6179. La autora distingue tres situaciones diferentes: un primer grupo de supuestos desleales en los que la actividad publicitaria queda al margen de su realización, en cuyo caso se aplicarán los artículos de la LCD. Un segundo grupo constituido por los casos de publicidad «strictu sensu», regulados por los correspondientes artículos de la LGP. Por último, un tercer grupo, con una frontera difícil de deslindar. Por ejemplo, un supuesto de discriminación (actuación desleal según el art. 16 LCD) que se realiza a través de distintos medios y entre ellos la actividad publicitaria. Nada impedirá, en su opinión, que el demandante inicie un procedimiento tendente a hacer cesar el acto desleal por cualquiera de las dos vías. Recuérdese que las acciones previstas por la LGP son la de cesación y la de rectificación.

todavía no se ha materializado y la acción de remoción de los efectos producidos (151). Además se prevé una acción de rectificación (152) de las informaciones engañosas, incorrectas o falsas, una acción de resarcimiento de daños y perjuicios, si ha intervenido dolo o culpa en el agente y existe causalidad entre estos elementos y el daño, y una acción de enriquecimiento injusto, esta última únicamente cuando el acto lesione una posición jurídica amparada por un derecho de exclusiva u otro de análogo contenido económico. A través de la mención de estas acciones se observa claramente la independencia, que no desconexión, existente entre la normativa de competencia desleal y la de propiedad industrial. Una y otra parecen involucradas en los supuestos de reclamaciones por enriquecimiento injusto, que requieren la titularidad de una propiedad, es decir, de un derecho de exclusiva. Las restantes acciones de competencia desleal pueden, sin embargo, ser ejercitadas al margen de esta circunstancia. En sintonía con ello, la legitimación para promover todas las acciones, excepto la de enriquecimiento injusto (153), corresponde a cualquier persona, competidor o consumidor, que participe en el mercado y cuyos intereses resulten perjudicados o amenazados por el acto desleal. Las acciones de declaración, cesación, remoción y rectificación de informaciones (pero no la de resarcimiento de daños y perjuicios ni la de enriquecimiento injusto) pueden también ser ejercitadas por asociaciones y corporaciones profesionales o representativas de intereses económicos, cuando resulten afectados los intereses de sus miembros, así como por las asociaciones de consumidores. Estas acciones procederán contra cualquier persona que haya realizado o contribuido a un acto de competencia desleal, sin embargo, el enriquecimiento injusto sólo podrá plantearse frente al beneficiario de dicho acto. Su plazo de prescrip-

(151) La acción declarativa es secundaria cuando pueden ejercitarse otras acciones de mayor importancia, por lo que su ejercicio autónomo e independiente se utiliza en contadas ocasiones. Lo normal es que la sentencia que determine la existencia de un acto desleal se complemente con una orden de cesación, remoción o indemnización que son en realidad el núcleo sancionador, y por tanto lo fundamental si se ha constatado la existencia de una actuación ilícita. La acción de cesación ocupa un puesto preeminente, siendo irrelevante la existencia de culpa o negligencia, ya que nos situamos en el plano de la represión y no de la responsabilidad (*cf.* estas afirmaciones en S. Bacharach de Valera, *loc. cit.*, pp. 6180, 6183 y 6184).

(152) Aunque se trata de una acción independiente, puede considerarse una modalidad de remoción desde el momento que a través de la rectificación se intenta devolver al perjudicado a la situación anterior a la comisión del acto desleal (*cf.* S. Bacharach de Valera, *op. cit.*, p. 6194, citando a Schricher, «La rectificación publicitaria», *Actas de Derecho Industrial*, 1975, p. 15).

(153) Esta sólo puede ser interpuesta por el titular de la posición jurídica violada, ya que se trata de un derecho de exclusiva.

ción es de un año desde el momento en que pudieran ejercitarse y el legitimado tuviera conocimiento del autor del acto desleal y, en todo caso, pasados tres años desde la realización del acto. Si la competencia desleal es practicada por los trabajadores u otros colaboradores en el ejercicio de sus funciones y deberes contractuales, las acciones de declaración, remoción y rectificación deberán dirigirse contra el principal. Respecto de las acciones de resarcimiento de daños y de enriquecimiento injusto se estará a lo dispuesto en el Derecho común.

El proceso se tramita por juicio ordinario de menor cuantía, según lo dispuesto en la LEC, pudiendo tomarse las medidas cautelares que resulten pertinentes, ya sea antes o después de la demanda, conforme al art. 1.428 de la LEC. Tales medidas tienen una tramitación preferente y en supuestos de peligro grave e inminente podrán ser adoptadas sin audiencia de parte interesada. Son llevadas a cabo por el juez, a instancia de persona legitimada, cuando existieran indicios de realización o inminencia de un acto desleal, pudiendo ordenarse la cesación provisional de dicho acto y decretarse cualquier otra medida cautelar estimada pertinente. Asimismo, quien pretenda ejercitar una acción de competencia desleal podrá solicitar al juez la práctica de diligencias para la comprobación de los hechos cuyo conocimiento resulte objetivamente indispensable para la preparación del juicio, de acuerdo con lo dispuesto en los arts. 129 a 132 de la Ley 11/1986 de 20 de marzo sobre patentes y podrán extenderse a todo el ámbito interno de la empresa (*vid.* arts. 24 y 25 de la Ley).

B) Arreglo de controversias y competencia judicial internacional

Una vez analizadas las circunstancias que afectan a los procesos en materia de competencia desleal deben señalarse los criterios de competencia judicial internacional en la materia. *Dentro del territorio español,* será competente el juez del lugar del establecimiento o domicilio del demandado y si éste no lo tuviera en territorio español, será competente el juez de la residencia habitual. Igualmente, a elección del demandante también será competente el juez del lugar donde se haya realizado el acto desleal o aquel en el que produzca sus efectos (art. 23 LCD). No existe, sin embargo, una norma específica para la determinación de la *competencia judicial internacional* de los tribunales españoles, es decir, para determinar previamente la competencia de un órgano español en los supuestos de acciones contra la competencia desleal.

En esta situación podría plantearse la extensión de los criterios de atribución de competencia territorial a la competencia judicial internacional, pero ello no nos parece apropiado ni tan siquiera necesario. No sería apropiado dada la naturaleza diferente de la competencia territorial y la competencia judicial internacional. Además existen en el ámbito de la competencia judicial internacional determinados foros (art. 22 LOPJ) que podrían ser aplicables a la competencia desleal siempre que: A) Las *materias* a las que se refieren tales foros presenten cierta similitud con la competencia desleal, B) Los *criterios* de competencia judicial internacional no sean abiertamente contradictorios con los utilizados por la LCD para la competencia territorial. Estas dos condiciones pueden predicarse del foro general del domicilio del demandado previsto en el art. 22.2 LOPJ y del foro relativo a las obligaciones extracontractuales (art. 22.3 LOPJ). En efecto, el art. 23 LCD reproduce parcialmente, a nivel interno, alguno de los criterios establecidos en la LOPJ para la competencia judicial internacional. Así, el lugar del establecimiento o domicilio del demandado dentro de España podría corresponderse con el foro general del domicilio del demandado en España (art. 22.2 LOPJ), en tanto que el lugar de realización o de efectos del acto desleal lo haría con el art. 22.3 LOPJ, relativo a la competencia judicial internacional de los tribunales españoles en materia de obligaciones extracontractuales cuando «el hecho del que deriven haya ocurrido en territorio español».

Excluida la aplicación del art. 23 LCD para la determinación de la competencia judicial internacional, vamos a valorar la utilización del art. 22.3 LOPJ. Para justificar la utilización de los foros recogidos en este precepto partimos de la, al menos parcial, similitud entre competencia desleal y acciones de responsabilidad (154). Según el precepto, los tribunales españoles son competentes no sólo cuando el hecho del que derive la obligación haya ocurrido en territorio español sino también cuando el autor y la víctima tengan su residencia habitual en España (155). Los tribunales españoles podrían conocer si el acto se

(154) Decimos parcial porque, a pesar de la inicial identificación entre una y otra materia, la competencia desleal ha dejado de ser un Derecho exclusivamente protector de intereses individuales y de represión del daño para convertirse en un Derecho regulador de las conductas en el mercado.

(155) Ello, sin perjuicio de la competencia exclusiva de los tribunales españoles para determinar la validez de un derecho de propiedad industrial cuyo depósito o registro se hubiera solicitado o efectuado en España. Existirá, por tanto, competencia exclusiva si lo que se ventila a título principal es una cuestión sobre validez o registro de un derecho de exclusiva. Tratándose de una acción de responsabilidad por competencia desleal, ajena a la cuestión de validez o registro del derecho de exclusiva, puede ser de aplicación el art. 22.3 LOPJ.

produce en España y aquí despliega sus efectos, independientemente de la nacionalidad o residencia de las partes implicadas. También, cuando el acto se haya cometido en el extranjero, pero sus consecuencias se produzcan en España. En función de ello concurriría una competencia española siempre que: A) El acto se hubiera realizado en España y aquí desplegara sus efectos, ya sean las partes españolas, extranjeras, residentes o no residentes en nuestro país. B) El acto se hubiera realizado en España, pero desplegara efectos en el extranjero, también al margen de la nacionalidad y residencia de las partes. C) El acto se hubiera realizado en el extranjero cuando autor y víctima residan habitualmente en España (156).

El foro del lugar del hecho del que deriva la responsabilidad responde al intento de hacer coincidir el tribunal competente y el Derecho aplicable, en tanto que la residencia habitual común de las partes otorga competencia incluso cuando el acto produzca sus efectos en el extranjero. Es probable que residiendo habitualmente ambas partes en España el acto se realice en España o que, aun realizado en el extranjero, tenga efectos en nuestro país. Bajo estas premisas, la residencia habitual podría presentarse como un foro acorde con la intención del legislador de que los tribunales españoles conozcan de los hechos ocurridos en territorio español, ya sea a título del lugar de la acción o del resultado. En otro caso, es decir, ante hechos llevados a cabo o que produzcan resultados en el extranjero, se rompe la correlación Derecho aplicable/competencia judicial y se evita la internacionalización de un supuesto cuya única conexión con el extranjero es que el acto se haya producido fuera de España (157). Trasladado al ámbito de la

---

(156) *Vid.* S. Barona Vilar, «Reflexiones en torno a las normas procesales de la nueva Ley 3/1991 de 10 de enero, de Competencia Desleal», *R.G.D.*, núms. 562 y 563, 1991, pp. 6217 y ss., esp. p. 6221.

(157) Según J. M. Espinar Vicente la residencia habitual de las partes en territorio español, aun cuando no esté acompañado de una norma de conflicto paralela, no se justifica como criterio de competencia. Esta última conexión trata de evitar una falsa internacionalización de los supuestos de responsabilidad extracontractual cuando éstos se desconectan de un sistema jurídico sólo por el lugar del hecho. Sin embargo, en una relación derivada de un ilícito civil quien demanda es la parte afectada, por ello, en su opinión, si lo que se quería era ir más allá del foro del domicilio del demandado, hubiese bastado con retener la residencia habitual del perjudicado. Al exigir la acumulación de residencias (autor y víctima), lo que se consigue es retroceder de nuevo al foro general del domicilio del demandado (*cf. Derecho procesal civil internacional, op. cit.*, pp. 61 y 62). Asimismo, M. Amores Conradí señala que los criterios de atribución de competencia por razón de la materia responden bien a un criterio de proximidad al objeto litigioso, bien a una finalidad de protección del interés de la parte débil, permitiendo que ésta accione ante tribunales distintos a los del domicilio del demandado; en todo

competencia desleal podría ocurrir que conociese el tribunal español por residir en España autor y víctima y deba aplicarse una ley extranjera correspondiente al mercado afectado. En esta medida no existiría correlación *forum-ius*.

Tal correlación *forum-ius* es más fácilmente presumible en relación con el foro de competencia del art. 22.3 referido a la localización de hecho. Sin embargo, esta correlación se produce cuando la norma de D.I.Pr. aplicable sea el art. 10.9 C.c. (ley del lugar «donde haya ocurrido el hecho del que derive» la obligación) es decir, la norma aplicable a los mismos hechos a los que se refiere el art. 22.3 LOPJ. Tanto el precepto de Derecho aplicable como el de competencia judicial internacional pueden dirigirse a procurar esta correlación entendiendo, en uno y otro, que la producción del hecho puede referirse tanto a la acción como al resultado generadores de responsabilidad (158). Ahora bien, si trasladamos este supuesto al sector de la competencia desleal debemos tener en cuenta la existencia de una norma específica de Derecho aplicable, como es el art. 4 LCD, según la cual la ley española se aplicará cuando los efectos substanciales del acto tengan lugar o estén llamados a tenerlo en el mercado nacional. Si queremos seguir utilizando la norma del art. 22.3 LOPJ para determi-

---

caso, no siempre se detecta abiertamente esta finalidad en el supuesto concreto de las obligaciones extracontractuales *(cf.* «La nueva estructura del sistema español de competencia judicial internacional en el orden civil: art. 22 de la LOPJ», *REDI,* vol. XLI, 1989, pp. 113 y ss., esp. pp. 132-134. No obstante, J. D. González Campos sostiene que la regla contenida en el art. 22 permite una mejor protección de los residentes en territorio español *(cf.* «Competencia judicial internacional de los tribunales españoles» en *Derecho internacional privado,* 3.ª ed. revisada, vol. I, Madrid, UNED, 1991, p. 289).

(158) No obstante también esta afirmación de correlación *forum-ius* presenta cierta relatividad. Significativamente, J. D. González Campos reproduce, respecto de las obligaciones extracontractuales con anterioridad a la vigencia de la LOPJ, las palabras de B. M. Dutoit en el sentido de que «... a la competencia normal (actualmente "general") del foro de demandado se añade la competencia concurrente del tribunal del país de comisión del delito» (Memorándum relativo a los actos ilícitos en D.I.Pr., *Conférence de La Haye de Droit international privé. Actes et documents de la onzième session,* t. III «Accidents de la circulation routière», p. 9). Según el autor, esta dualidad de foros excluye una vinculación necesaria entre el juez y el Derecho aplicable. Además, la posibilidad de elección entre ambos foros puede establecer una correlación *forum-ius* de resultados poco satisfactorios cuando no exista una vinculación significativa entre la situación resultante del hecho dañoso y el país donde se produce el delito y, por otro lado, se aprecie una conexión preponderante con otro país, por ejemplo, el domicilio común del autor y de la víctima. En estos casos, el autor propone la exclusión de la *lex loci delicti* y, en consecuencia, la correlación *forum-ius* únicamente se producirá si se opta por el juez del domicilio del demandado *(cf.* J. D. González Campos, «Les liens entre la compétence judiciaire et la compétence législative en droit international privé», *R. des C.*, t. 156 (1977-III), pp. 233 y ss., esp. p. 327).

nar la competencia judicial internacional en materia de competencia desleal, la referencia al «lugar del hecho» debe ser enfocada en términos de resultado (159), ya que el art. 4 LCD se refiere precisamente a los «efectos» sobre el mercado español y no a los actos contrarios a la competencia leal llevados a cabo en España. En la medida que así lo entendamos podría mantenerse una correlación *forum-ius:* competencia del juez español y aplicación del Derecho español cuando el acto desleal produzca sus «efectos» en el mercado español.

Este planteamiento no es, sin embargo, concluyente, ya que la afirmación de correlación *forum-ius* en los términos expuestos es forzada. En efecto, utilizando el art. 22.3 LOPJ (con exclusión de los foros personales), la identidad ley aplicable/competencia judicial se produciría respecto del art. 10.9 C.c., pero no necesariamente en relación con el art. 4 LCD, ya que éste tiene una formulación particular, tanto desde el punto de vista de la técnica de reglamentación utilizada (unilateral) (160), como del propio ámbito objetivo de prohibición (no sólo el resultado de deslealtad sino también las tentativas que objetivamente puedan conducir a dicho resultado). Así, un juez español puede ser competente en virtud del art. 22.3 LOPJ porque los efectos del hecho tengan su origen o desarrollo en España y, sin embargo, no aplicarse la LCD porque el efecto substancial anticoncurrencial no se produce sobre el mercado nacional. Del mismo modo, puede ser aplicable la LCD cuando un acto esté llamado a tener un efecto anticoncurrencial sobre el mercado nacional, pero, según el art. 22.3, no ser competente el tribunal español por no haberse materializado la conducta o el resultado en España (161). Estos ejemplos dan una idea de que aunque

(159) La consideración del foro de competencia como el lugar donde el acto produce sus efectos ha sido expresada por la *Sent. TS (Sala 2.ª) de 28 de abril de 1989,* que determina el *forum delicti commissi* cuando la consecuencia se desarrolle en distintas poblaciones. A pesar de referirse a un supuesto de tráfico interno, la decisión tiene la virtud de concluir afirmando la competencia del juez «donde se haya detectado el impacto de la competencia ilícita en el mercado y los primeros efectos económicos para la entidad querellante». En definitiva, localiza el *forum delicti* en el lugar de producción de efectos. Confirma la competencia territorial de acuerdo al lugar de comisión, entendiendo por tal el lugar donde se perfeccione y complete tal comisión; si ésta no llega a consumarse se estará al lugar de perpetración imperfecta. Cuando la acción se realizase en un lugar y la lesión en otro, será este último el que determine la comisión *(Aranzadi, RJ,* 1989, núm. 3569 y *La Ley* de 28 de agosto de 1989).

(160) Sobre la correlación *forum-ius* de carácter «mediato» que entrañan las normas reguladoras directas «autolimitadas» *vid.* J. D. González Campos, «Las relaciones *forum-ius* en el Derecho internacional privado. Caracterización y dimensiones del problema», *A.D.I.,* vol. IV, 1977-1978, pp. 89 y ss., esp. p. 117.

(161) El art. 22.3 LOPJ exige que el acto «haya ocurrido en España. No tienen cabida, pues, las expectativas de que vaya a ocurrir.

pueda recurrirse provisionalmente al art. 22.3, interpretado en clave de resultado, la perspectiva institucional de la competencia desleal desborda el marco propio de las obligaciones extracontractuales, más orientadas estas últimas a una perspectiva individual y de resarcimiento de daños. En consecuencia, la propuesta de una norma de competencia judicial internacional específica debería ser formulada en relación con el mercado afectado, y ello sin perjuicio de la vigencia de los foros de competencia generales (art. 22.2).

C) De la ley del daño a la ley del mercado. Conexión autónoma

En términos generales la determinación del Derecho aplicable a la competencia desleal sufre una evolución cuyo punto de partida es la aplicación de la ley reguladora de las obligaciones extracontractuales, esto es la *lex loci delicti commissi,* pasando por regulaciones específicas para la competencia desleal normalmente incorporadas en una norma bilateral referida a la ley del mercado, para culminar con una regulación novedosa, como la española, en la que esta misma «ley del mercado» se estructura unilateralmente.

El sistema español participa tanto de la ley reguladora de las obligaciones extracontractuales (art. 10.9 C.c.) como de una norma específica unilateral (art. 4 LCD). El legislador (162) establece la regulación de Derecho aplicable a la competencia desleal en el art. 4 de la Ley 3/1991, que no distingue entre actos desleales con o sin transcendencia en el mercado nacional, a diferencia de otras legislaciones como la Ley federal suiza de 18 de diciembre de 1987 cuyo art. 136 aplica la ley del mercado a los actos que incidan sobre el mismo y la ley de la sede del establecimiento perjudicado para los actos desleales que sólo afec-

---

(162) Nos referimos al legislador estatal, dado que el art. 149.1 CE, en sus párrafos sexto y decimotercero atribuye al Estado competencia exclusiva sobre la legislación mercantil y sobre la coordinación general de la actividad económica. Por ello, las Comunidades Autónomas no pueden legislar en materia de competencia desleal, lo cual, sin embargo, no tendría por qué implicar que éstas no pudiesen llegar a tener legitimación para oponerse a los actos desleales contrarios a sus intereses. La LCD no les concede legitimación activa a diferencia del primer Proyecto remitido por el Gobierno el 2 de febrero de 1989. Este se refería a la legitimación activa de las Comunidades Autónomas respecto de actos que afectasen al interés público en el mantenimiento de un orden concurrencial no falseado, siempre que el acto desleal afectase a un sector económico en su totalidad o a una parte substancial del mismo *(BOCG,* Congreso de los Diputados, Serie A, núm. 106-1 de 2 de febrero de 1989).

ten a los intereses de un competidor determinado (163). Dado que la LCD delimita el Derecho aplicable únicamente para los actos que tengan o puedan tener efectos en el mercado nacional, la norma aplicable a los actos que no presenten incidencia en el mercado habrá que buscarla fuera de la LCD. Para ello puede recurrirse al art. 10.9 del C.c., norma de cobertura general del daño aplicable residualmente cuando las circunstancias evidencien que el acto desleal no tiene una repercusión en el mercado (164). Realmente es difícil plantearse situaciones absolutamente neutras que no afecten actual o potencialmente al orden concurrencial establecido, no obstante así puede ocurrir en relación con determinados actos desleales directamente relacionados con la esfera individual del competidor (165). El art. 10.9 C.c. tiene una estructura bilateral y recoge la regla tradicional de la *lex loci delicti commissi,* regla que intenta asegurar las expectativas de las partes y la previsibilidad de unas consecuencias (166), pero que también

(163) En cualquier caso, A. Troller sostiene que las relaciones individuales entre competidor/cliente, aun cuando sean objeto de protección, no son relevantes de cara a la selección del Derecho aplicable *(cf.* «Unfair Competition», *Int. Ency. Comp. Law,* vol. III —Private International Law—, cap. 34, Tubinga, 1980, pp. 3 y ss., esp. p. 4.

(164) El hecho de que hagamos referencia a dos normas de D.I.Pr. en la competencia desleal, el art. 10.9 del C.c. y el art. 4 de la LCD, no significa que exista una duplicidad de regulación. El art. 10.9 era hasta la fecha de entrada en vigor de la Ley la norma habilitada para determinar el Derecho aplicable a un supuesto de competencia desleal con elemento extranjero. Consolidada la reforma, la competencia desleal se somete no a la norma general de obligaciones extracontractuales, sino a la norma específica contenida en la nueva Ley, que propone la aplicación de la ley española cuando los efectos substanciales del acto tengan lugar o estén llamados a tenerlo en el mercado español. Se trata de un proceso de especialización provocado por las connotaciones específicamente comerciales y sociales que caracterizan a la competencia desleal frente al resto de los actos ilícitos en el ámbito de la responsabilidad civil.

(165) Tal podría ser el caso de situaciones relacionadas con actos consistentes en la violación de secretos, especialmente los llevados a cabo por medio de espionaje o procedimientos análogos (art. 13 LCD), o la inducción a trabajadores, proveedores o clientes a infringir deberes contractuales contraídos con los competidores cuando tenga por finalidad la violación de un secreto o vaya acompañada de engaño o con intención de eliminar a un competidor (art. 14 LCD).

(166) Sobre la aplicación de esta regla *vid.* L. Garau Juaneda («Obligaciones no contractuales» en J. D. González Campos y otros, *Derecho internacional privado.* Parte especial, *op. cit.,* pp. 292 y 293), que señala como argumentos en su favor la adecuación al orden general y a la seguridad jurídica desde el momento que no exime a los extranjeros de la obediencia de esta Ley, así como su orientación hacia la coincidencia *forum-ius.* Como argumento negativo podría mencionarse su aplicación rígida y absoluta. *Vid.* entre otros y con un carácter general, J. M. Espinar Vicente, «Notas para un estudio de las nuevas perspectivas de la responsabilidad por daños en D.I.Pr.», *A.E.S.J.,* vol. VII, 1977,o pp. 67-102; G. Beitzke, «Les obligations délictuelles en droit international privé», *R. des C.,* t. 115 (1965-II), pp. 67-141; O. Kahn Freund, «Delictual Liability and the Conflict of Laws», *ibíd.,* t. 124 (1968-II), pp. 1-66; B. Dutoit, «Memorán-

ha sido criticada por quienes, como P. M. Patocchi, consideran que responde a una concepción ya superada de la responsabilidad civil como un comportamiento moralmente reprochable. En la actualidad se asiste a un aumento de los supuestos de responsabilidad objetiva o por riesgo, otorgándosele una función social y reparadora no limitada a las exigencias de la búsqueda de un culpable. Además, se detecta un fuerte crecimiento de la movilidad de la población, circunstancia que dificulta la localización del lugar del delito y de la *lex loci delicti* en un solo Ordenamiento. Por todo ello, esta conexión puede resultar en ocasiones fortuita y poco adecuada para reparar y compensar un daño (167). Estas deficiencias de la *lex loci* han propiciado una tendencia a la deslocalización de la responsabilidad, que permita flexibilizar la apreciación de la ley rectora de la responsabilidad. Por ejemplo, el segundo Restatement aboga por un desconocimiento de la *lex loci delicti* y de cualquier otra conexión rígida en favor de una cláusula general que permita al juez localizar el supuesto de acuerdo con las circunstancias del caso concreto. Una derivación de este postulado podría encaminarse a través del Derecho más estrechamente vinculado con las circunstancias, no en función de criterios de oportunidad, sino de proximidad (168).

---

dum relatif aux actes illicites en droit international privé», *Actes et Documents de la Onzième Session de la Conference de La Haye de droit international privé,* III, La Haya, 1970, pp. 9 y ss.; IDI, «Les obligations délictuelles en droit international privé», IDI, *Annuaire,* Sesión de Edimburgo, Basilea, 1969; W. Wengler, «La responsabilitá per fatto illecito nel diritto internazionale privato», *Ann. dir. int.,* vol. II, 1966, pp. 11 y ss.

(167) En efecto, el autor fundamenta esta crítica en la circunstancia de que actualmente no sólo se busca a un culpable sino la distribución de riesgos y la indemnización a la víctima. Asimismo, la intromisión del Estado en el derecho de la responsabilidad civil aconseja tratar en pie de igualdad la *lex fori* y la ley extranjera. Sobre este particular el autor trae a colación la posición de F. C. de Savigny cuando afirmaba que las obligaciones resultantes de delitos se regulaban por normas rigurosamente obligatorias, por ello debían ser juzgadas a la luz de la ley del lugar donde se ejercitase el proceso *(lex fori)* y no según la ley del lugar de comisión *(cf. Sistema de Derecho romano actual,* t. VI, traducción de J. Mesía y M. Poley, Madrid, Ed. Góngora y Cñía., 1879, p. 288). Del mismo modo, la movilidad de la población hace difícil determinar el centro de gravedad de las relaciones, que pocas veces se vinculan a un único Ordenamiento, lo que coadyuva a que las expectativas de las partes no resulten satisfechas cuando el lugar de comisión sea un elemento fortuito y sólo mantenga una relación casual con el Estado cuya ley se pretende aplicar *(cf.* P. M. Patocchi, *Règles de rattachement localisatrices et règles de rattachement à caractere substantiel,* Ginebra, Librería Universitaria, 1985, pp. 184, 186 y 187). Sobre la adecuación de la normativa de responsabilidad extracontractual a las expectativas de las partes *vid.* O. Kahn Freund, «Delictual Liability...», *loc. cit.,* pp. 43-45.

(168) Sobre la influencia del segundo Restatement y la tendencia a la ley de la relación más significativa *vid.* B. Hanotiau, *Le droit international privé américain* (Du premier au second Restatement of the Law, Conflict of Laws, París, LGDJ/Bruselas,

En cualquier caso, estas tendencias sólo son de recibo en el entorno de una norma bilateral reguladora de las obligaciones extracontractuales, que actualmente no se considera apropiada para determinar el Derecho aplicable a la competencia desleal. Es ilustrativa la posición de W. Wengler afirmando que las normas de competencia desleal no son normas protectoras de una profesión sino de una reglamentación general del mercado, en relación directa con la protección del consumidor y del sistema de libre competencia. Desde esta perspectiva, el acto de competencia desleal debe entenderse localizado en el lugar correspondiente al mercado nacional directamente afectado (169). Más recientemente y en la misma línea, A. Dyer propone una conexión autónoma para la competencia desleal referida al mercado donde ocurre la colisión de intereses. De nuevo, preeminencia de la ley del mercado sobre la ley del daño, si bien en opinión del autor esta ley puede ser excepcionada cuando el mercado no esté suficientemente identificado o dicha ley sea claramente inapropiada (170). Esta tendencia a una conexión autónoma basada en la ley del mercado afectado se refleja claramente en la redacción del art. 136.1 de la Ley federal suiza de D.I.Pr. de 1983, así como en el art. 48.2 de la Ley federal austria-

Bruylant, 1979, p. 159; A. A. Ehrenzweig, «Specific Principles of Private Transnational Law», *R. des C.*, t. 124 (1968-II), pp. 167-370, esp. pp. 273-348. En materia de daños a personas y bienes el parágrafo 145 prevé la aplicación de la *lex loci delicti* excepto en el caso en que el test de la «relación más significativa» conduzca a la ley de otro Estado. A su vez, el parágrafo 150 indica como ley de la relación más significativa la correspondiente al domicilio de sujeto difamado o el lugar coincidente con el centro principal de asuntos y el lugar de publicación, emisión o transmisión de la publicación, en la medida que coincida con el primero. Si existiera una disociación entre la acción y el daño prevalecerá, a los efectos de determinar el Derecho aplicable, la localización del último. (*Vid.* W. Reese, «Discussion of Major Areas of Choice of Law», *ibíd.*, t. 111 (1964-I), pp. 311-417, esp. pp. 406 y ss.). *Vid.* en este sentido el Anteproyecto de Convenio CEE sobre ley aplicable a las obligaciones contractuales y extracontractuales, en el que se retiene, en primer lugar, la *lex loci delicti,* salvo que no se detecte relación significativa entre la situación y este país y, en segundo lugar, la ley más estrechamente vinculada (J. Foyer, «L'Avant-projet de Convention CEE sur la loi applicable aux obligations contractuelles et non contractuelles», *Journ. dr. int.*, 1976, pp. 557-652. Asimismo, el art. 133 de la Ley suiza de D.I.Pr. 18 de diciembre de 1987 acoge también una conexión de proximidad remitiendo a la ley del Estado de la residencia habitual común del autor y víctima. La *lex loci* sólo se aplica cuando no se dé la anterior conexión y el autor haya podido prever que el resultado iba a producirse en este Estado.

(169) El autor propone la adopción del criterio económico de «efecto sobre las ventas del mercado interno», debiendo buscarse no el país donde se desarrolle la actividad comercial sino el mercado afectado por ésta (*cf.* «Laws Concerning Unfair Competition and the Conflict of Laws», *A.J.C.L.*, t. IV, 1955, pp. 167 y ss., esp. pp. 188 y ss. Del mismo autor *vid.*, «La responsabilitá per fatto illecito nel diritto internazionale privato», *loc. cit.*, pp. 1 y ss.

(170) *Cf.* A. Dyer, «Unfair Competition in Private International Law», *loc. cit.*, p. 443.

ca de D.I.Pr. de 1978 (171), al igual que ocurre con la propuesta del IDI en la Resolución de 1983, ya mencionada, que se refiere al Derecho interno del Estado donde se localice el mercado.

El art. 4 LCD no sólo elimina la conexión «lugar del hecho», sino que rompe con esta tendencia de regulación bilateral. Ya no se refiere, como el art. 10.9 C.c., a cualquier tipo de obligación extracontractual, sino a concretos actos realizados por quien participe en el mercado y de los cuales resulte una lesión para un competidor, para el consumidor o para el modelo socioeconómico de libre competencia. Su finalidad no es la persecución en abstracto de un ilícito civil sino la protección de la economía, del mercado y de los que en él participen. Además es una norma unilateral que aplica la ley española a todos los actos de competencia desleal cuyos efectos substanciales tengan lugar o estén llamados a tenerlos en el mercado español. Esta ley determinará, de acuerdo con los postulados de la Resolución del IDI de 30 de agosto de 1983, las condiciones y extensión de la responsabilidad, los posibles supuestos de exoneración, limitación o división de dicha responsabilidad y los tipos de perjuicio que puedan dar lugar a reparación, que en la LCD se ejemplifican como actos de confusión, engaño, denigración, imitación, comparación, explotación de reputación ajena, violación de secretos y normas, inducción a la ruptura contractual, obsequios o primas, discriminaciones y ventas a pérdidas. La ley del mercado afectado decidirá también sobre la extensión que deba darse a la reparación del perjuicio causado, esto es, las acciones derivadas de la competencia desleal, tales como la acción declarativa, de cesación, de remoción, de resarcimiento de daños y perjuicios cuando haya intervenido dolo o negligencia y, en casos especiales, la acción de enriquecimiento injusto si se ha lesionado un derecho de exclusiva. Igualmente, concretará las personas que puedan accionar una medida judicial contra la competencia desleal, la carga de la prueba y la prescripción o vencimiento de la responsabilidad. Concretamente, en la

---

(171) El art. 136.1 de la Ley suiza declara que las pretensiones fundadas sobre un acto de competencia desleal se rigen por el Derecho del Estado sobre cuyo mercado se produce el resultado». El art. 48.2 de la ley austríaca declara que las responsabilidades y los daños se juzgarán por la ley del mercado afectado por la competencia *(vid.*, respectivamente, A. C. Imhoff-Scheier y P. M. Patocchi, *Torts and Unjust Enrichment in the New Swiss Conflit of Laws*, Zurich, Schulthess Polygraphicher Verlag (publications du Centre d'études juridiques européennes), 1990, pp. 206, 66 y 67, y F. Schwind, «La concurrence déloyale en droit international privé. Quelques observations du point de vue autrichien» en *Festchrift für I. Zajtay*, Tubinga, J.C.B. Mohr (Paul Siebeck), 1982, pp. 473-477. *Vid.* también estas referencias en A. Dyer, «Unfair Competition in Private International Law», *loc. cit.*, p. 423.

Ley 3/1991 se entiende que la carga de la prueba, a pesar de ser un aspecto procesal, tiene elementos muy ligados al asunto de fondo, no pudiendo disociarse la existencia de una responsabilidad del elemento que determina quién debe probar esta responsabilidad. Por ello, en coherencia con la Directiva CEE sobre publicidad engañosa y con la Ley General de Publicidad, se prevé en el art. 26 la posibilidad de que en determinados supuestos el juez invierta, en beneficio del demandante, la carga de la prueba relativa a la falsedad o inexactitud de las indicaciones enjuiciadas (172).

Al tratarse de una norma unilateral, el art. 4 LCD erradica los problemas de aplicación propios de una norma de conflicto, como es el caso del art. 10.9 C.c. Precisamente uno de los problemas más debatidos a la hora de aplicar la conexión de la *lex loci delicti* ha sido la posibilidad de apreciar o no el reenvío. En términos generales se ha mantenido una actitud poco favorable al mismo (A. E. von Overbeck y F. Vischer), ya que puede desvirtuar los objetivos que el legislador plasma en la normativa de competencia desleal (173). Efectivamente, la eventual alegación del reenvío en aras de una armonía internacional de soluciones debe ceder ante el actual carácter institucional de la competencia desleal, a través de la cual se garantiza la ordenación de un sistema competitivo acorde con unos valores económicos y sociales, básicamente recogidos, por lo que afecta a nuestro país, en la Constitución y en cualquier normativa material tendente a la protección de una competencia suficiente, libre y no falseada (p. ej., LDC). Las implicaciones económicas y políticas que se decantan de una regulación de competencia desleal no deben ser desconocidas por el órgano aplicador, en consecuencia existen fundadas reservas para admitir el reenvío. De alguna manera esta es la posición del IDI en la citada Resolución de 1983, cuando excepciona del Derecho reclamado

(172) Esta posición fue claramente atacada por el G. P. Popular (enmienda núm. 54) durante el proceso de elaboración de la Ley sobre competencia desleal, por entender que no se debían alterar los principios generales de nuestro Ordenamiento en cuanto a la carga de la prueba, que incumbe al actor y no al demandado. Sin embargo, por coherencia con las nuevas dimensiones de la competencia desleal se mantuvo la posibilidad de inversión de la carga de la prueba para los actos de engaño, denigración y comparación.

(173) F. Vischer estimaba (Rapport de 15 de marzo de 1977 de la Sesión de Cambridge) que si la regulación a aplicar tiene un cierto carácter político o económico, ello limita de por sí al juez para apreciar el reenvío. En términos similares, A. E. von Overbeck entendía (Rapport de 3 de abril de 1978) que los objetivos protegidos por la ley declarada aplicable debían ser respetados y, por tanto, no desvirtuados a través del reenvío (*cf.* estas afirmaciones en IDI, *Annuaire,* vol. 60-I, París, Pedone, 1983, pp. 107 y ss., esp. pp. 127 y 146).

las normas sobre delimitación de la ley aplicable, entendiendo por Derecho reclamado únicamente el Derecho material (174). Esta problemática, no obstante, ha quedado zanjada en la medida que el legislador se ha decantado por una norma unilateral.

Las componentes institucionales de la competencia desleal y la presencia de intereses nacionales en su regulación encuentran una respuesta lógica en una norma de Derecho aplicable de estructura unilateral. De todos modos, una vez que se asume la ley del mercado y no la ley del lugar de comisión, la estructura bilateral o unilateral de la norma carece de relevancia; aunque ésta fuese bilateral, la solución de un litigio sobre competencia desleal asumiría en todo caso una perspectiva unilateral. Siempre que el criterio de aplicación se refiera a la ley del mercado afectado, serán las normas internas del país correspondiente a este mercado las que decidan si ha sido o no afectado. Por ello, una supuesta norma bilateral que utilice esta conexión no podrá ser aplicada si previamente no se determina, conforme a la ley extranjera del mercado en cuestión, si realmente se trata de una conducta prohibida y que, por lo tanto, «afecta» a su mercado. La coherencia de una norma unilateral se justifica, pues, desde el momento que una norma bilateral no puede concretar por sí misma el mercado afectado, al no ser ésta una circunstancia físicamente aprehendible, como pueda ser el lugar de comisión, sino sujeta a la valoración realizada por la legislación coincidente con este mercado «supuestamente» afectado.

Ha de tenerse en cuenta que los elementos constitutivos de la competencia desleal son la existencia de un mercado y la acción sobre el mismo de una actitud desleal o excesiva de la libertad de concurrencia. Si en ambos casos aparece una referencia al mercado, no es de extrañar que el acto de competencia desleal se localice en el mercado afectado. El paso siguiente consistiría en determinar cuál sea este mercado, extremo que, según J. M. Bischoff, debe referirse al lugar donde se encuentren los elementos existentes o potenciales a los cuales se diri-

(174) *Vid.* el art. II de la Resolución, que incluye en el Derecho reclamado la ley material del Estado así como las leyes especiales rectoras de ciertos ámbitos particulares con efecto extraterritorial, excepcionando las normas sobre determinación de la ley aplicable (IDI, *Annuaire*, vol. 60-II, París, Pedone, 1984, pp. 292 y ss.). Igualmente, la Sentencia del Tribunal de Gran Instancia de París de 21 de junio de 1969 *(Asunto Quatreboeuf c. Cristoferi)* declaró que sólo la norma de conflicto francesa podía ser tomada en consideración *(cf. Journ. dr. int.*, 1970, pp. 723 y ss. y nota de R. Dayán criticando esta posición que, sin embargo cobra vigencia actualmente a través de la tendencia unilateralista en la determinación de la ley aplicable a la competencia desleal).

gen las empresas concurrentes provocando una dispersión de la clientela (175). En términos más institucionales, la afectación del mercado no se limita exclusivamente a la clientela del competidor sino a una incidencia general sobre la oferta y demanda y, en último término, la afectación del orden concurrencial. Debe tratarse de un efecto anticoncurrencial tipificado en la LCD, bien directamente, bien por remisión a otras normas, como pueden ser las contenidas en la LDC. Asimismo, el efecto debe ser substancial, es decir, con cierta entidad. En este sentido, la redacción dada por el primer Proyecto de reforma de 2 de febrero de 1989 declaraba que la ley española era de aplicación a los actos de competencia desleal «cuyos efectos principales tengan lugar o estén llamados a tenerlos en el mercado español». Cabe señalar la posible incorrección de este primer Proyecto al exigir que estos efectos tuviesen la cualificación de «principales». Si esta exigencia se interpreta en sus términos literales podría haber surgido una distorsión en la aplicación de la ley española cuando los efectos de una conducta desleal afectasen, además de al mercado español, a otro mercado. Si el mercado extranjero monopoliza los efectos principales del acto, la ley española no sería de aplicación aun cuando se produjeran otros efectos que, aunque no principales, tuviesen una incidencia directa en la estructura competitiva del mercado español. Esta solución no sería de recibo, ya que, la aplicación de la ley española quedaría supeditada a que no se produjeran efectos principales sobre un mercado extranjero, cuando lo único que debe determinarse es si los efectos en el mercado español son o no suficientemente directos y consistentes («substanciales») como para aplicar la LCD. Por ello, consideramos afortunada la redacción definitiva de la Ley 3/1991, refiriéndose a los «efectos substanciales» (176).

D) Problemas derivados de la ley del mercado y alternativas a esta localización

El hecho de que se admita la aplicación de la ley del mercado no impide que dicha conexión haya sido si no cuestionada sí al menos alterada en sus consecuencias. Los factores que pueden determinar

---

(175) *Cf.* J. M. Bischoff, «La concurrence déloyale..., *loc. cit.*, pp. 61-63.

(176) A. C. Imhoff y P. M. Patocchi se refieren a la exigencia de que se trate de unos efectos directos, es decir, que exista la suficiente causalidad entre el acto y su efecto económico. Ello permite limitar el campo de aplicación de las legislaciones nacionales que de otro modo, esto es, si fuese suficiente cualquier efecto incluso secundario, podría resultar exorbitante. Además la exigencia del carácter substancial o directo de los efectos tiene la ventaja de «absorber» la condición de previsibilidad, de tal modo que la aplicación de una determinada legislación no tiene por qué presentarse como imprevisible para el autor (*cf. Torts and Unjust Enrichement in the New Swiss Conflict of Laws, op. cit.*, pp. 67 y 71).

esta alteración son: el factor previsibilidad, que puede conducir a la ley de la conducta e incluso a la ley de la nacionalidad de las partes; el criterio de accesoriedad, que puede dar entrada a la autonomía de la voluntad para determinar la ley rectora de la competencia desleal y, por último, el hecho de que exista más de un mercado afectado, circunstancia que abre las puertas a posibles soluciones basadas en términos de «Derecho más vinculado». La primera y la última de las circunstancias señaladas son virtualmente admitidas por la Resolución del IDI de 1983. No obstante, cualquiera de ellas se aleja de lo que parece ser la verdadera dimensión del mercado afectado y de la perspectiva institucional de la competencia desleal.

En relación con la primera, la Resolución del IDI declara que en el caso de que el perjuicio se produzca en *un solo Estado* y se derive de un comportamiento cuyos efectos pudieran ser *previstos* por el agente, se aplicará a la responsabilidad de las partes el Derecho interno del Estado donde se localice el mercado, entendiendo por tal el lugar de la incidencia inmediata del acto, que normalmente coincide con el lugar de las ventas (177). Consagra la regla general del mercado afectado, lo que implica una exoneración de responsabilidad cuando el acto no esté prohibido en esta ley, aunque sí lo esté en la legislación del país donde se llevó a cabo (178). No obstante, esta conexión presenta un alcance limitado, ya que se supedita al factor de previsibilidad; se condiciona a la circunstancia de que el autor haya podido prever razonablemente tal perjuicio, aplicándose, en caso contrario, la ley del Estado donde tuvo lugar la conducta y si según esta última el acto no es desleal no existirá responsabilidad para el autor, debido a la ausencia de una previsión razonable de los efectos perjudiciales. Ello es así aunque el acto sea desleal según la legislación del Estado cuyo mercado ha sido afectado. Este límite a la responsabilidad y, en definitiva, a la aplicación de la

---

(177) Este podría ser el mercado donde se produce la concurrencia, sin tener en cuenta el lugar de la preparación de la conducta ni la nacionalidad de las partes, lo cual implica estar a la ley del lugar del resultado en función del orden económico más directamente afectado. Sobre estos extremos *vid.* la intervención de M. M. Waelbroeck (Bruselas, 11 de septiembre de 1983) con ocasión de la elaboración de la Resolución del IDI de 1983 (IDI, *Annuaire,* vol. 60-I, 1983, p. 151). Téngase en cuenta que la noción de concurrencia no necesariamente implica competencia, ya que la represión de la competencia desleal se dirige a cualquier persona que participe en el mercado. Esta participación presupone concurrencia y al mismo tiempo actúa como elemento determinante a la hora de perfilar el Derecho aplicable.

(178) La finalidad de esta cláusula se justifica por dar un mismo trato a todas las personas afectadas en el Estado donde se produce el perjuicio, al margen de lo que disponga la legislación donde se practicó el acto.

ley del mercado afectado ha sido criticado por B. Goldman, que postula su aplicación al margen de cuáles hayan sido las intenciones del demandado y sus posibilidades de previsión del perjuicio. En buena lógica, el autor afirma que, o bien el acto no es «delito» en el lugar del perjuicio (podemos entender mercado afectado) y entonces no existe responsabilidad, o bien sí lo es, en cuyo caso la ausencia de intención o de previsión no puede servir de excusa de la responsabilidad (179). Esta posición es coherente si tenemos en cuenta que la represión de la competencia desleal no protege exclusivamente intereses privados relacionados con las nociones de culpa o negligencia, sino que atiende al funcionamiento competitivo de un determinado mercado. No obstante, a pesar de esta crítica, a nuestro entender suficientemente motivada, el IDI declara la aplicación de la ley de la conducta en los supuestos de imposibilidad de previsión de los efectos. Se excluye la ley del perjuicio, pudiendo el tribunal competente aplicar el Derecho interno del lugar del comportamiento, cuando el demandado alegue que no ha podido realizar tal previsión. Esta misma exclusión se proponía en el primer borrador de la Resolución del IDI cuando no se hubiese tenido intención de provocar los efectos perjudiciales perseguidos como competencia desleal en el Estado de los efectos. Afortunadamente, esta salvedad fue eliminada en la redacción definitiva de la Resolución, si bien no se hizo lo mismo con la exigencia de previsibilidad (180).

La aplicación de la Ley de la conducta no se agota en el supuesto descrito, sino que también puede ser aplicada a los llamados actos preparatorios del acto desleal que puedan estar prohibidos por dicha ley. No se trata de excluir la ley del perjuicio o del mercado afectado, pues ésta es de aplicación independientemente de que los actos preparatorios del ilícito puedan ser también sancionados por la ley de la nacionalidad de las partes o por la ley del Estado donde se practicaron. Este Estado puede tener interés en paralizar tales actos, sin perjuicio de que

---

(179) Con base en ello, si ha resultado dañado el mercado del Estado al que pertenece el demandante debe ser aplicada la ley correspondiente al mismo, incluso aunque el demandado no tuviese intención ni hubiese podido prever el resultado dañoso (*cf.* las observaciones de B. Goldman (París, 24 de abril de 1978) con ocasión de la elaboración de la Resolución del IDI de 1983 (IDI, *Annuaire*, vol. 60-I, 1983, p. 140).

(180) El art. III B) del primer borrador de 14 de diciembre de 1978 (*ibíd.*, p. 136) se refería a los actos del demandado en un Estado realizados «con la intención de causar daño o con la razonable previsión de causarlo», en un segundo Estado, aplicando a esta situación la ley del segundo Estado. En el apartado C) se retenía la ley del Estado donde el demandado había llevado a cabo su conducta cuando tal conducta no fuese intencionada o el resultado no fuese previsible.

vayan destinados a producir un resultado de deslealtad en otro Estado, por tanto, sin perjuicio de que se aplique el Derecho del Estado donde estos actos vayan a consumarse y a producir efectos.

Este es el caso de la práctica alemana (181), que desde el punto de vista de la legislación *antitrust,* invocaba la legitimidad del Estado para imponer un cierto modelo de conducta a sus nacionales y, por tanto, aplicar la ley nacional común alemana al margen de que el acto se ejecutase en el extranjero y de que aquí fuese o no perseguido (182). De forma similar, respondía la práctica austriaca aplicando el Derecho austriaco sobre la base del principio de personalidad de la ley penal y la dificultad de delimitar las fronteras entre el ilícito penal y el civil (183). Refiriéndose al caso alemán L. Ferrari Bravo argumentaba que estas soluciones podían resultar tan rígidas o más que las derivadas de la *lex loci delicti,* pues las partes se someten al rigor de ley alemana aun cuando la aplicación de la ley extranjera pudiera tener para ellas consecuencias de responsabilidad menos gravosas. Además se produce una discriminación frente a los supuestos

(181) A partir de la Verordnung de 17 de diciembre de 1942 se estableció que la responsabilidad por acto ilícito debía ser regida por la ley alemana siempre que, siendo realizado el acto en el extranjero, ambas partes tuviesen nacionalidad alemana *(vid.* estas referencias en L. Ferrari Bravo, *Responsabilità civile e diritto internazionale privato,* Nápoles, Jovene, 1973, pp. 19 y 20). A. Troller destaca cómo hasta la decisión del BGH de 30 de junio de 1961 *(Asunto Babies's Feeding Bottles)* se imponía la observancia de la ley alemana no sólo en los casos de nacionalidad o residencia común alemana sino también simplemente cuando el demandado tenía negocios o residencia en Alemania. Con posterioridad a esta decisión se abandona esta teoría, acogiéndose la ley del lugar donde se localicen los efectos sobre los intereses a proteger *(cf.* «Unfair Competition», *loc. cit.,* pp. 6 y 8).

(182) Se procede a aplicar la propia legislación *antitrust* cuando la preparación de un acto en territorio alemán pueda tener efectos desleales en otro Estado, es decir, aun cuando afecte enteramente a un mercado extranjero. Ello refleja una consideración de las normas *antitrust* como normas de aplicación inmediata destinadas a proteger el propio mercado (lugar de la conducta) de los actos que atenten contra la libre competencia. En esta medida, su efectividad es independiente de la aplicación de una ley extranjera (la del lugar del resultado dañoso o mercado afectado) a la responsabilidad por competencia desleal *(vid.* P. Bourel, *Les conflits de lois en matiere d'obligations extracontractuelles,* París, LGDJ, 1961, pp. 157 y 158).

(183) La idea de unidad del Derecho exigía la aplicación general de los mismos principios incluso cuando los efectos perjudiciales se localizasen en el extranjero y con ello se perjudicara al nacional austriaco que competía en un mercado extranjero *(vid.* las decisiones del Tribunal Supremo de 7 de marzo de 1933 y del Tribunal de Apelación de Viena de 26 de agosto de 1960 citadas por F. Schwind, «La concurrence déloyale en droit international privé...», *loc. cit.* p. 473). Esta situación fue eliminada a partir de la regulación específica del art. 48.2 de la Ley austriaca de 1978 de D.I.Pr., que declara aplicable la ley del Estado afectado («Estado sobre cuyo mercado se manifiesta la competencia», *ibíd.,* p. 475).

en que solamente haya intervenido una empresa alemana, ya que en este caso la ley alemana no sería de aplicación dada la ausencia de nacionalidad común, requisito necesario para excepcionar a la *lex loci*. El autor entiende que una empresa nacional que actúa en un mismo mercado extranjero no debe observar un comportamiento distinto en función de que concurra con otra empresa nacional o, por el contrario, lo haga con una empresa extranjera (184).

J. M. Bischoff aboga en principio por la ley del mercado afectado, toda vez que una empresa puede prever sobre qué mercado va a actuar, pero no necesariamente con qué concurrentes se va a encontrar, por tanto, la ley aplicable no debería depender de la contingencia de la nacionalidad de la empresa competidora; además, aunque conociese la nacionalidad de esta empresa ello no tendría por qué afectar a terceros. No obstante admite la aplicación de la ley nacional común en detrimento de la ley del mercado en dos supuestos: A) Cuando en el acto participen únicamente empresas de la misma nacionalidad, es decir, cuando dos empresas entren en pugna para la exportación y no con ocasión de la exportación. B) Cuando el acto despliegue sus efectos —daños— no en mercados plenamente determinados sino sobre el mercado mundial. En este caso la aplicación distributiva de la ley aplicable resultaría tan difícil e irrealizable que el autor propone la aplicación de la ley nacional común o, si acaso de la *lex fori*, por imposibilidad de aplicación de la ley mercado, que es considerada inexistente (185).

La Resolución del IDI no se decanta abiertamente por esta aplicación de la ley nacional sino simplemente por la ley de la conducta cuando el resultado dañoso previsto en la ley del mercado afectado no haya podido ser previsto por el demandado.

En segundo lugar, la ley del mercado puede no ser apreciada, a partir del principio de accesoriedad, cuando exista una relación contractual previa entre las partes implicadas en el acto desleal. Este

---

(184) *Cf.* L. Ferrari Bravo, *Responsabilità...*, *op. cit.*, p. 22. Este inconveniente surgiría a partir de la aplicación de la mencionada disposición de 17 de diciembre de 1942 y no de la aplicación del art. 12 de la EGBGB, pues en este último caso la ley alemana únicamente es aplicable cuando sea menos rigurosa que la *lex loci*.

(185) *Cf.* J. M. Bischoff, «La concurrence déloyale...», *loc. cit.*, p. 63. En términos similares se manifiesta A. Dyer, proponiendo la excepción de la ley del mercado cuando sea claramente inapropiada o el mercado no esté suficientemente identificado (*cf.* «Unfair Competition in Private International Law», *loc. cit.* p. 443).

principio supone que la ley del contrato absorbe la regulación del acto desleal, sometiéndose éste a la misma ley que rige la relación contractual (186). Así, el art. 133.3 de la Ley suiza de 1987 (actos ilícitos), tras prescribir la aplicación de la ley de la residencia habitual común y, en su caso, de la *lex loci delicti,* declara que «cuando el acto ilícito viole una relación jurídica existente entre autor y víctima, las pretensiones fundadas sobre este acto se rigen por el Derecho aplicable a esta relación jurídica». Sorprendentemente, el art. 136 mantiene esta misma solución para la materia de competencia desleal, excepcionando la ley del mercado afectado en favor de la conexión contractual. Este criterio de accesoriedad podría ser más o menos discutible si se refiriera exclusivamente a los actos de competencia desleal que sólo afecten a los intereses particulares de los competidores. Lo que no parece admisible es que alcance también a los actos con transcendencia en el mercado, y consecuentemente a la ley del mercado afectado. Sin embargo, así se articula (187). La consecuencia inmediata de ello es que se da entrada a la autonomía de la voluntad en materia de competencia desleal, con el riesgo de que la ley así determinada pueda estar en contradicción con los objetivos de la ley del mercado (188). Igualmente, A. E. von Overbeck, no considera apropiado aplicar una ley contractual elegida por las partes, que por hipótesis no guarde relación con los actos en cuestión, desde el momento que las normas de competencia desleal son esencialmente las de un mercado. Propone

(186) Este principio de accesoriedad se basa en la necesidad de flexibilizar las normas de Derecho aplicable al acto ilícito, aprovechando el vínculo preexistente entre autor y víctima para determinar el estatuto delictual, que aparece así como algo subsidiario *(cf.* P. M. Patocchi, *Regles de rattachement..., op. cit.,* p. 173, citando a G. Beitzke). *Vid.* igualmente G. Beitzke «Les obligations déllictuelles en droit international privé», *loc. cit.,* pp. 63 y ss.; L. Ferrafi y Bravo, «Les rapports entre les contrats et les obligations délictuelles en droit international privé», *ibíd.,* t. 146 (1975-III), pp. 341 y ss.; L. Collins, «Interaction between Contracts and Torts», *I.C.L.Q.,* 16, 1967, pp. 103 y ss. Sobre el principio de accesoriedad en el ámbito del art. 10.9 C.c. *vid.* M. Amores Conradí, «Art. 10.9», *Comentario del Código civil,* t. I, Madrid, Ministerio de Justicia, 1991 (dirigido por C. Paz-Ares Rodríguez, R. Bercovitz, L. Díez Picazo y Ponce de León y P. Salvador Coderch), pp. 127-130, esp. p. 128.

(187) Recuérdese que el art. 136 de la ley suiza distingue entre actos con relevancia en el mercado (ley del mercado afectado: párrafo primero) y actos que carecen de esta relevancia (ley correspondiente a la sede del establecimiento perjudicado: párrafo segundo). El párrafo tercero remite al criterio de accesoriedad previsto en el art. 133, por ello afecta tanto a la ley del establecimiento como a la ley del mercado.

(188) *Vid.* esta opinión en A. C. Imhoff-Scheier y P. M. Patocchi, *Torts and Unjust Enrichment..., op. cit.,* p. 69.

una corrección de este resultado a través de una cláusula de excepción o de una norma material imperativa que evite que el acto desleal pueda someterse a una ley (contractual) con la cual no guarda una vinculación efectiva. Dado que en la competencia desleal aparecen otros intereses referidos al consumidor o al mismo Estado, el principio de accesoriedad en la competencia desleal debe ser erradicado o, cuanto menos, sometido a una exigencia de vinculación con el mercado afectado (189). En cualquier caso, pensamos que la cuestión no debe limitarse a observar si la ley contractual presenta o no suficiente vinculación con los hechos sino que debe cuestionarse el hecho mismo de recurrir a dicha ley. El principio de especialización debe primar sobre cualquier juicio de vinculación o proximidad, por ello una ley orientada a la protección de los intereses particulares de los contratantes no puede decidir sobre la afectación de un mercado, es decir, no pueda en ningún caso desplazar a la ley rectora de la competencia desleal. Afortunadamente, la Ley española 3/1991 no tiene en cuenta este criterio de accesoriedad.

Por último, la ley del mercado puede verse matizada cuando sean varios y no uno solo los mercados afectados (p. ej., a través de una emisión radiofónica). La Resolución de 1983 prevé la aplicación de la ley interna de cada uno de ellos. Ello es coherente con la propia conexión del «mercado afectado», sin embargo, el IDI reconoce que esta solución puede resultar excesivamente compleja cuando existan muchos Estados perjudicados, ya que se produce una multiplicidad de leyes aplicables. En tales circunstancias se propone la ley del Estado que, entre los afectados, presente una vinculación más estrecha o significativa con las circunstancias. En términos generales, puede retenerse la ley del Estado donde el comportamiento del demandado haya tenido una mayor incidencia sobre los asuntos del demandante siempre que este Estado pueda ser identificado; de lo contrario, se aplicará normalmente la ley interna correspondiente al lugar del establecimiento principal del demandante. No obstante, también se hace referencia a otros índices representativos de una relevante y adecuada vinculación como, por ejemplo, la nacionalidad (recuérdese la posición de J. M. Bischoff) o domicilio de las partes y cualesquiera otros que sirvan para detectar una relación entre el Estado y los intereses implicados. Esta misma solución tendente a la búsqueda del Derecho más vincula-

---

(189) *Cf.* A. E. von Overbeck, «Les regles de la loi féderale sur le droit international privé sur les actes illicites», Comunicación presentada a las *XIII Jornadas de Profesores de Derecho Internacional y Relaciones Internacionales,* Alicante, septiembre de 1989.

do puede ser utilizada para excluir la ley de un Estado en particular que, aunque afectado, no presente una relación con el supuesto suficientemente relevante (190).

Estos razonamientos tendentes a la búsqueda del Derecho más vinculado pueden tener su razón de ser bajo la óptica de una regulación de obligaciones extracontractuales, pero no cuando se adopta una técnica de reglamentación unilateral y un sentido institucional de la competencia desleal. Desde estos puntos de vista, la finalidad de la norma de Derecho aplicable ya no es la búsqueda de una justicia localizadora (Derecho más vinculado), sino la exclusiva protección del propio sistema de mercado, con lo cual cada Estado aplica su ley cuando su mercado se vea afectado por el acto desleal. Cada Estado decidirá sobre la ilegitimidad de las prácticas desleales con relación exclusivamente al mercado nacional tomado en consideración (191). Correlativamente, un juez español competente aplicará la ley extranjera del mercado afectado, valorando esta afectación tal como lo haría el juez correspondiente a dicho mercado (192).

3. *La lealtad de las transacciones comerciales en el marco del TCE*

Una de las consecuencias de la perspectiva institucional de la competencia desleal es la protección de intereses sociales y de mercado, y no exclusivamente la del comerciante competidor. Esta idea, que aparece recogida ya en el ámbito estatal, resulta, si cabe, más determinante en el ámbito comunitario (193), no obstante la competencia des-

(190) Podría retenerse la ley del Estado donde el demandante tiene el centro de sus negocios. En todo caso, la aplicación de la ley más favorable a la víctima no debe entenderse como una regla absoluta porque, desde una perspectiva institucional de la competencia desleal, no sólo se protegen los intereses de la víctima sino también los valores económicos derivados del libre mercado. El criterio a seguir debe orientarse en torno a los efectos substanciales de la competencia desleal sobre el mercado, de modo tal que existiendo varios mercados afectados, se aplique para cada uno de ellos la propia ley material.

(191) *Cf.* P. Picone, «L'applicazione extraterritoriale delle regole sulla concorrenza e il diritto internazionale, *loc. cit.*, p. 194.

(192) Aunque referido a la legislación *antitrust,* A. C. Imhoff-Scheir y P. M. Patocchi se plantean la posibilidad de inaplicación de la ley extranjera cuando ésta mantenga una política legislativa diferente a la de la ley del foro, de modo tal que pueda ser considerada como contraria al orden público del foro (*cf. Torts and Unjust Enrichement in the New Swiss Conflict of Laws, op. cit.*, pp. 71 y 72).

(193) Es ilustrativa de este planteamiento la Directiva del Consejo 84/450 de 10 de septiembre de 1984 sobre publicidad engañosa, cuando se refiere a la «protección del

leal se prohíbe en el art. 60 TCECA (194), pero no se recoge expresamente en el ámbito del TCE. Partiendo de esta base, podemos afirmar que el Derecho comunitario interviene en la competencia desleal a través de dos criterios distintos pero relacionados, que derivan ambos del TCE. Tales criterios son el mantenimiento de la libre competencia (art. 3 F en relación con arts. 85 y 86 TCE) y la eventual limitación de la libre circulación de mercancías prevista en el art. 30 TCE.

A pesar de que el mantenimiento de la libre competencia en la Comunidad es incompatible con la realización de actos desleales, sin embargo, los términos literales del TCE reflejan una diferencia de tratamiento entre la primera y los segundos. Así, mientras los arts. 85 y 86 prohíben expresamente el falseamiento de la libre competencia, no ocurre lo mismo respecto de la competencia desleal. Ello ha dado lugar a determinadas actitudes tendentes a calificar un acuerdo entre empresas de «normas de competencia desleal» para excluir la aplicación de los preceptos reguladores de la libre competencia. Esta posición reflejaría una desconexión entre libre competencia y competencia desleal que, además de no tener fundamento, provocaría una válvula de escape para la realización de actos contrarios al mantenimiento de una competencia no falseada en el interior del Mercado Común, es decir, para la no aplicación del art. 85.1 TCE.

Las autoridades comunitarias se han encargado de matizar estas situaciones con la finalidad de reprimir cualquier efecto lesivo sobre la competencia, al margen de la calificación leal o desleal de la conducta. Por ejemplo, en la Decisión de la *Comisión de 15 de julio de 1975,* un grupo de productores europeos de aluminio habían impuesto a todos

---

consumidor y las personas que ejercen una actividad comercial... así como los intereses del público en general contra la publicidad engañosa y sus consecuencias desleales». El nivel de protección que otorga es un mínimo, ya que su art. 7 reconoce la posibilidad de que los Estados dicten disposiciones tendentes a asegurar una protección más elevada de los beneficiarios. Tal es el caso de la Ley 34/1988 de 11 de noviembre, General de Publicidad, que entiende por publicidad engañosa aquélla que induzca o pueda inducir a error a las personas a las que se dirige o afecta y que, debido a su carácter engañoso, pueda afectar a su comportamiento económico o que, por estas razones, perjudique o pueda perjudicar al competidor. Sobre estos aspectos *vid.* R. Ripoll, «Publicidad engañosa. Tratamiento jurídico español y comunitario», *La Ley,* 3 de septiembre de 1991, pp. 1 y ss.; C. Lema Devesa, «La publicidad desleal: modalidades y problemas», *R.G.D.*, núms. 562-563, 1991, pp. 6135 y ss.

(194) Art. 60.1 «Quedan prohibidas en materia de precios, las prácticas contrarias a los artículos 2, 3 y 4 y, en particular: Las prácticas de competencia desleal, en especial, las bajas de precios meramente temporales o meramente locales, tendentes, dentro del mercado común, a la adquisición de una posición de monopolio».

los miembros de la asociación una serie de normas aparentemente destinadas a favorecer una competencia leal, pero que no eran otra cosa que acuerdos sobre precios para la exportación, con el fin de equiparar estos precios a los practicados por el productor más dominante en el mercado de importación. Aunque la Comisión entendió que, desde un punto de vista material, se creaba un marco propicio para suprimir iniciativas comerciales, ello no ponía en peligro la existencia misma del competidor. Es decir, no había competencia desleal, pero el acuerdo proporcionaba a las partes un medio para protegerse contra medidas de competencia: En definitiva, no reparó mayormente en determinar si existía una competencia desleal, sino que se limitó a declarar el efecto lesivo que el acuerdo podía tener sobre la libre competencia comunitaria, aplicando, en consecuencia, el art. 85.1 (195). Esta doctrina fue reiterada por la Comisión en la *Decisión de 15 de mayo de 1974,* donde se apreció una conducta atentatoria a la libre competencia sobre la base de un acuerdo sobre precios que las empresas implicadas consideraban leal, y por tanto desleal su incumplimiento. Los miembros del grupo se comprometían a alinear el precio de exportación con el practicado en el mercado de importación, falseando la competencia entre el producto importado y el originario del país de importación. Esta circunstancia fue suficiente para aplicar el art. 85.1, independientemente de que el acuerdo entre empresas fuese calificado como «normas de competencia desleal» (196).

Se observa, pues, cómo el lenguaje de la deslealtad aparece entremezclado con el de la libre competencia, de suerte que si un acuerdo encaja en las previsiones del art. 85.1 TCE poco importa la calificación leal o desleal de la conducta: se aplicará este precepto siempre que afecte al comercio intracomunitario. Lo relevante no es la naturaleza de la conducta, sino que ésta objetivamente encierre la posibilidad o el resultado de falseamiento de la competencia. El TCE no prohíbe expresamente las conductas desleales, porque no es una normativa dirigida al comportamiento del comerciante, sino al mantenimiento de

(195) *Asunto 75/497: Iftra Aluminiun Brut, DOCE,* L 13/204/62. *Vid.* el comentario de esta Decisión realizado por R. C. Pellicer Zamora en *Comentarios a la legislación comunitaria, op. cit.*, p. 275.

(196) *Asunto 74/292: Iftra Verres d'Emballage, DOCE,* 160/1/74 y comentario de R. C. Pellicer Zamora, *Comentarios...*, p. 287. El grupo de fabricantes europeos de cristales (Iftra) había elaborado una serie de reglas a título de código de competencia leal, por tanto, supuestamente beneficiosos para la competencia, pero que no eran otra cosa que un acuerdo de fijación de precios a la exportación. Según el autor citado, mediante intercambios de información se eliminaban las reacciones imprevistas tomadas individualmente por cada productor, falseando la libre competencia en el sector.

una determinada estructura de mercado. El Derecho comunitario impondrá sus normas prohibitivas, y si acaso sancionadoras, cuando este comportamiento falsee la competencia y haya sido llevado a cabo mediante las previsiones contenidas en los arts. 85 y siguientes del TCE.

Otro marco importante utilizado para analizar la competencia desleal en el ámbito comunitario es la libre circulación de mercancías. El planteamiento consiste en determinar si el ejercicio de las acciones basadas en las regulaciones nacionales de competencia desleal puede restringir la libre circulación de mercancías y, en caso afirmativo, cual sería la fundamentación para llevar a cabo esta restricción. Básicamente, se reconoce que las legislaciones nacionales represoras de la competencia desleal limiten la libre circulación de mercancías, ya sea a través de la noción de propiedad industrial u orden público (circunstancias previstas en el art. 36 TCE) o a través de las llamadas exigencias imperativas (cuya inclusión en el art. 36 TCE resulta controvertida en la jurisprudencia del TJCE, como veremos más adelante). La cuestión se traduce, pues, en la posibilidad de derogar el art. 30 TCE, pero no necesariamente a través de las excepciones tipificadas en el art. 36, lo cual configuraría una situación atípica, ya que en un sentido estricto las circunstancias contenidas en este último precepto parecen ser las únicas habilitadas para excepcionar la libertad comunitaria contenida en el art. 30.

A. Bercovitz incluye la lealtad de las transacciones comerciales en el concepto de *propiedad industrial* y, por tanto, en el art. 36 TCE (197). Fundamenta esta posición en el art. 1.2 del CUP, según el cual la represión de la competencia desleal es uno de los supuestos de protección de la propiedad industrial a los que se refiere el art. 36 y, en esta medida, un elemento suficiente para restringir la libre circulación de mercancías prevista en el art. 30 (198). Así lo consideró también la Sent. TJCE de 22 de enero de 1981 al declarar que, aunque la importación en un Estado miembro de una mercancía introducida lícitamente en otro Estado miembro no era en sí misma una práctica desleal (199), ello no impedía aplicar la legislación nacional de compe-

(197) Precepto que declara que la protección de la propiedad industrial tiene por objeto la represión de la competencia desleal.

(198) *Cf.* A. Bercovitz, «Propiedad industrial y propiedad intelectual...», *Tratado..., op. cit.*, p. 597.

(199) Posición similar a la mantenida por la Sent. TJCE de 25 de noviembre de 1971 *(Asunto 22/71: Beguelín, Rec.*, 1971, pp. 949 y ss.).

tencia desleal, reprimiendo esta práctica cuando las circunstancias de la venta constituyan una infracción a las conductas comerciales consideradas regulares y legales en el Estado de la importación (200). Lo más relevante de la Sentencia es haber fundamentado la aplicación de la legislación nacional de competencia desleal en la existencia de un derecho de propiedad industrial, siendo este derecho de exclusiva, y no la conducta desleal aisladamente considerada, lo que permitió aplicar el art. 36 (201). La consecuencia de esta doctrina es permitir restricciones a la libre circulación de mercancías para reprimir la competencia desleal que atente contra un derecho de exclusiva válidamente constituido. Por tanto, la aplicación del art. 36 no plantea problemas cuando la competencia desleal se invoque para proteger un derecho de propiedad industrial, dado que éste permite expresamente limitar la libre circulación de mercancías por razones de propiedad industrial, siempre que no se produzca una discriminación arbitraria ni una restricción encubierta del mercado intracomunitario.

El planteamiento es aceptable siempre que entendamos que las acciones de competencia desleal van dirigidas exclusivamente a la protección de la propiedad industrial, tal como parece derivarse del CUP. Sin embargo, ya hemos tenido ocasión de señalar que la normativa de la competencia desleal no sólo protege al titular de un derecho de propiedad industrial. De hecho, el propio A. Bercovitz reconoce que la trilogía de intereses protegidos por la normativa de competencia desleal (interés público en el mantenimiento de un mercado en libre competencia, el interés del competidor y el interés del consumidor) «ha sido hasta tal punto asumida por el Derecho comuni-

---

(200) *Asunto 58/80: Dansk Supermarked A/S c. Imerco A/S. (Rec.,* 1981, pp. 181 y ss.). Una sociedad danesa (Imerco) encargó a una compañía inglesa la realización de unas vajillas grabadas, imponiendo condiciones de calidad muy estrictas. Para ahorrar costes autorizó la venta de algunas réplicas de peor calidad en parte de Inglaterra, prohibiendo al mismo tiempo que éstas se vendieran en Dinamarca y en otros países escandinavos. A pesar de ello, la sociedad danesa Dansk Supermarked, que había adquirido en Inglaterra alguno de estos servicios, los puso a la venta en unos grandes almacenes daneses. Imerco demanda por competencia desleal a Dansk ante los tribunales daneses, que prohibieron esta venta por ser contraria a la ley danesa de 14 de junio de 1874 sobre lealtad en el comercio. En la demanda de apelación Dansk alega la contrariedad de la legislación danesa de competencia desleal, invocada por Imerco, con los arts. 30 y 85 del TCE, planteando recurso prejudicial sobre la incidencia de las normas comunitarias en las legislaciones nacionales de competencia desleal.

(201) Téngase en cuenta que previamente la Comisión ya había afirmado que la noción de propiedad industrial a la que se refiere el art. 36 podía ser interpretada englobando las medidas represoras de la competencia desleal, siempre que éstas fuesen necesarias para proteger la actividad comercial.

tario que prácticamente ha desaparecido en él la categoría de competencia desleal, siendo sustituida en la jurisprudencia del TJCE por la referencia a la *protección de los consumidores y la lealtad de las transacciones comerciales* como exigencias derivadas del *orden público»* (202). Así se refleja en la Sent. TJCE de 2 de marzo de 1982, que resolvió una cuestión prejudicial planteada por un tribunal holandés con ocasión de un litigio entre dos firmas holandesas. Ambas comercializaban en los Países Bajos un producto de ingeniería; una lo hacía desde 1963 con productos fabricados en Suecia; la otra, desde 1978 con productos fabricados en la R. F. de Alemania. La mercancía sueca había estado protegida por patente, mientras que la alemana había empezado a ser importada a los Países Bajos poco después de la expiración de esta patente. La firma de comercialización más antigua demandó a la segunda por imitación servil, solicitando de los tribunales la prohibición de la comercialización llevada a cabo por esta última. El TJCE entendió que «las limitaciones a la libre circulación de mercancías deben ser admitidas cuando exista una justificación basada en exigencias imperativas, como la defensa del consumidor y la lealtad de las transacciones... por ello esta libre circulación no impide que un comerciante se ampare en un Derecho nacional para solicitar la prohibición de comercialización de un producto casi idéntico, que crea inútilmente una confusión entre ambos productos.

A través de estas conclusiones se observa que el TJCE ya no vincula la competencia desleal a los derechos de propiedad industrial (203), sino a un criterio más amplio, que denomina «exigencias imperativas», reconduciendo este término a la noción de orden público a la que el art. 36 TCE se refiere como un supuesto excepcionador de

---

(202) *Cf.* A. Bercovitz, «Propiedad industrial e intelectual en el Derecho comunitario», *Tratado de Derecho comunitario..., op. cit.*, vol. II, p. 595. Señala el autor cómo el TJCE, no sólo no invoca la protección de la propiedad industrial en relación con las acciones de competencia desleal, sino que incluso rechaza implícitamente esa fundamentación y la sustituye por las razones de orden público, también mencionadas en el art. 36. Son, pues, según el TJCE estas razones de orden público las que justifican que la protección de los consumidores y la salvaguarda de la lealtad de las transacciones comerciales puedan fundamentar restricciones a la libre circulación de mercancías compatibles con el TCE (p. 597).

(203) F. K. Beier considera desafortunada la exclusión de la protección de la lealtad comercial del ámbito del art. 36 TCE, ya que, al igual que A. Bercovitz, entiende que la protección de la propiedad industrial debe alcanzar a la represión de esta competencia desleal *(cf.* «Propiedad industrial y libre circulación de mercancías en el mercado interior y en el comercio con terceros Estados», *R.G.D.*, núm. 549, 1990, pp. 4507 y ss., esp. p. 4521).

la libre circulación de mercancías. Concretamente, el TJCE entendió que una jurisprudencia nacional, prohibitiva de la imitación servil susceptible de crear confusión, contribuía a la protección del consumidor y a la lealtad de las transacciones comerciales, exigencias imperativas dentro del marco comunitario y cuya consecución justifica la existencia de obstáculos a la libre circulación intracomunitaria (204). Por tanto, los arts. 30 y 36 TCE deben ser interpretados en el sentido de que una prohibición como la enjuiciada (prohibición de comercialización en un Estado miembro de un producto extranjero) puede estar justificada sobre la base del art. 36 (exigencias derivadas del orden público), aunque implique una medida de efecto equivalente a una restricción cuantitativa del art. 30.

No obstante, la identificación de las «exigencias imperativas» con la noción de «orden público» contenida en el art. 36 TCE no es una conclusión terminante en la jurisprudencia del TJCE. Así, en el asunto *Comisión c. Irlanda* se ha decantado por una interpretación estricta del art. 36 TCE, afirmando que «al no estar mencionadas entre las excepciones a la libre circulación de mercancías del art. 36, ni la defensa del consumidor ni la lealtad de las transacciones, estas razones no pueden ser invocadas en cuanto tales en el marco del art. 36» (205).

---

(204) *Asunto 6/81: Diensten Groep c. Beele H. BV, Rec.*, 1982, pp. 807 y ss. El TJCE reiteró que las normas del TCE sobre libre circulación de mercancías no impiden la aplicación del Derecho nacional para permitir a un comerciante —que comercializa desde antiguo en un Estado miembro un producto que se distingue de otros similares— obtener frente a otro comerciante una interdicción judicial para continuar la comercialización en este Estado miembro de un producto proveniente de otro estado miembro donde es regularmente comercializado, pero que es casi idéntico al primer producto y crea inútilmente una confusión entre los dos productos. *Vid.* en este sentido las conclusiones del abogado general M. P. Verloren van Themaat de 25 de noviembre de 1981 *(Rec.*, 1982, pp. 720 y ss., esp. p. 721), admitiendo la aplicación del art. 36 TCE al concepto de imitación servil, dadas las relaciones que pueden existir entre la prohibición de esta imitación y la prohibición de venta derivada de la existencia de una patente.

(205) Sent. TJCE de 17 de junio de 1981 *(Asunto 113/80: Comisión c. Irlanda, Rec.*, 1981, pp. 1625 y ss.). Según esta Sentencia no es válido apoyarse en la legislación nacional para excluir las importaciones de otro Estado miembro alegando competencia desleal. *(Vid.* esta idea en V. Korah, *Introducción al Derecho y práctica de la competencia en la CEE, op. cit.*, p. 148. Similar conclusión ya había sido reflejada por la Sent. TJCE de 25 de enero de 1977 *(Asunto 46/76: Baudhuis, Rec.*, 1977, pp. 5 y ss.). El litigio versaba sobre una supuesta restricción de las ventas de artículos de bisutería importados en Irlanda y que supuestamente era contraria al art. 30 del TCE. Irlanda discriminaba los productos importados frente a los nacionales imponiendo marcas a los primeros, alegando que con ello se intentaba proteger a los productores y consumidores irlandeses. Sin embargo, la Comisión entendió que estas medidas producían una discriminación contraria a los arts. 30-36 TCE, toda vez que los artículos importados eran

F. K. Beier admite esta afirmación del TJCE en relación con la protección de los consumidores, pero no en relación con la lealtad de las transacciones, pues el hecho de que la represión de la competencia desleal no se garantice a través de derechos de propiedad industrial de naturaleza exclusiva, sino a través de prohibiciones y normas de conducta, carece de relevancia para la inserción del Derecho de competencia desleal en la propiedad industrial, toda vez que las fronteras entre derecho exclusivo, posición jurídica protegida y simple norma prohibitiva son imprecisas (206). No obstante, a pesar de esta exclusión el TJCE reconoce la capacidad de los Estados miembros para regular en su territorio las condiciones de distribución, producción y consumo, satisfaciendo así las necesidades relacionadas con la defensa del consumidor y la lealtad de las transacciones. Estas exigencias podrían derogar el principio de la libre circulación de mercancías del art. 30 TCE si con ello no se obstaculiza el comercio intracomunitario. Del planteamiento del TJCE se desprenden dos consecuencias aparentemente contradictorias. De un lado, las exigencias estatales de competencia leal pueden limitar la libre circulación de mercancías. Por otra parte, sin embargo, estas exigencias de competencia leal no se incluyen dentro del precepto que contiene las excepciones a la libre circulación de mercancías, es decir, el art. 36. Ello equivale a afirmar que por razones de competencia desleal no se puede invocar el art. 36 (derogaciones a la libre circulación de mercancías), pero sí puede alterarse el art. 30 (principio de libre circulación de mercancías).

---

revestidos con el término «extranjero». Asimismo consideró que tales restricciones a la libre circulación de mercancías equivalían a restricciones cuantitativas a la importación, contrarias, por ello, al art. 30 TCE, es decir, medidas que desprecian un producto importado, provocando una discriminación de su valor intrínseco y que no pueden ser permitidas a través de las excepciones del art. 36 TCE.

(206) *Cf.* F. K. Beier, «Propiedad industrial y libre circulación de mercancías...», *loc. cit.*, p. 5522. Sobre el tratamiento conjunto de la defensa de los consumidores y la lealtad de las transacciones comerciales *vid.* la Sent. TJCE de 20 de febrero de 1975 *(Asunto 12/74: Comisión c. Alemania o Sekt Weimbrand, Rec.* 1975, pp. 181 y ss.): una medida de efecto equivalente podría solamente estar justificada por razones de competencia desleal si lo estaba también por razones de protección de los consumidores. P. Oliver señala que el TJCE se ha retractado de esta posición tan restrictiva, no obstante la lucha contra la competencia desleal se halla estrechamente ligada a la protección de los consumidores, de manera que si no existe riesgo de confusión del consumidor en relación a un producto, entonces normalmente sus productores no estarán en una situación de competencia desleal *(cf.* P. Oliver, *La libre circulación de mercancías. Artículos 30 al 36 del Tratado de Roma,* Madrid, BEX Publicaciones, 1990 (versión española a cargo de D. Calleja Crespo y J. M. de Frutos Gómez), p. 251.

Esta posición excluyente del art. 36 TCE arranca del célebre asunto *Cassis de Dijon* (207), en el que el TJCE reconoció que «Los obstáculos a la circulación intracomunitaria... deben ser aceptados en la medida... que puedan ser reconocidos como necesarios para satisfacer exigencias imperativas relativas, particularmente,... a la protección de la lealtad de las transacciones comerciales y a la defensa de los consumidores». Esta Sentencia puso de manifiesto que existen supuestos distintos a los contemplados en el art. 36, que podrían justificar el efecto restrictivo sobre las importaciones de ciertas reglamentaciones nacionales. De hecho el TJCE no tomó en consideración el art. 36 y rechazó que la protección de los consumidores fuese una de las excepciones previstas en este precepto bajo la noción de «orden público» (208). Además, tipifica los requisitos necesarios para que pueda apreciarse la restricción basada en razones de competencia desleal. En efecto, siguiendo la doctrina de esta Sentencia resultaría que para restringir la libre circulación de mercancías a partir de las exigencias imperativas de la lealtad de las transacciones comerciales deben concurrir las siguientes condiciones: A) la medida nacional represora debe ser indistintamente aplicada a los productos nacionales y a los productos importados; B) las exigencias imperativas sólo son invocables en ausencia de reglamentación comunitaria sobre la materia, de modo que si existe una norma comunitaria los Estados miembros no podrían recurrir a normas nacionales restrictivas para alcanzar los mismos fines; C) respeto de las condiciones generales previstas en el art. 36, es decir, causalidad, proporcionalidad e insustituibilidad (209).

---

(207) También conocido como *Rewe Zentral:* Sent. TJCE de 20 de febrero de 1979 *(Asunto 120/78, Rec.* 1979, p. 694). *Vid.* esta sentencia en materia de monopolios. Doctrina continuada por las Sent. TJCE de 13 de diciembre de 1990 *(Asunto 238/89: Pall Corp c. P. J. Dahlhausen and Co.),* comentada por M. Eslava Rodríguez en *Noticias CEE,* núm. 84, 1992, pp. 99 y ss.

(208) *Cf.* S. Martínez Lage, «La libre circulación de las mercancías: las medidas de efecto equivalente a restricciones cuantitativas», *Tratado de Derecho comunitario europeo..., op. cit.,* vol. II, pp. 56 y ss., esp. pp. 77-79.

(209) Relación de causalidad entre la medida y la exigencia imperativa, relación de proporcionalidad entre la restricción a la libre circulación de mercancías y los beneficios que se pretenden conseguir a través de la exigencia imperativa y, finalmente, que estos objetivos no puedan alcanzarse por medios menos perturbadores para el tráfico comercial intracomunitario *(cf.* S. Martínez Lage, «La libre circulación de mercancías...», *Tratado..., op. cit.,* pp. 88-90, y M. Mattera, *El Mercado Único Europeo. Sus reglas. Su funcionamiento* (trad. C. Zapico Landrove), Madrid, Cívitas, 1991, p. 301). *Vid.* también M. Eslava Rodríguez, «El ejercicio de acciones basadas en disposiciones nacionales sobre competencia desleal y libre circulación de mercancías», *Noticias CEE,* núm. 84, 1992, pp. 99 y ss. esp. p. 104. *Vid.* nuestras consideraciones en el capítulo II en torno a las «medidas de efecto equivalente».

CAPITULO II

TRAFICO COMERCIAL Y LIBERTAD DE INTERCAMBIOS

I. EXIGENCIAS DERIVADAS DEL MERCADO UNICO

1. *Liberalización del tráfico de mercancías*

A) Prohibición de restricciones cuantitativas y medidas de efecto equivalentes. Supuestos y excepciones

La protección de un determinado sistema de mercado, llevada a cabo a través de la normativa de libre competencia y de represión de la competencia desleal, encuentra en la libre circulación de mercancías un coadyuvante para procurar la defensa de dicho sistema. Un principio, el de libre competencia, y una libertad, la de intercambios, que van a configurar el entorno de las transacciones en el ámbito comunitario. No obstante, no se trata de postulados absolutos. La libre competencia se pretende suficiente o normal, lo cual quiere decir que en ocasiones debe ser aminorada en aras de otros intereses de índole pública. Así ocurre en relación con las exenciones por categoría; baste recordar las materias a que se refieren algunos de los reglamentos de exención a los que remite el art. 85.3 TCE. Algo parecido sucede en la libre circulación de mercancías, desde el momento que determinadas razones, contenidas básica aunque no exclusivamente en el art. 36 TCE, permiten su restricción. Una de estas razones es la existencia y mantenimiento de Derechos nacionales de propiedad industrial, que habilitan una restricción de los intercambios. Es por ello que la última parte de este capítulo, relativa a las excepciones a la libertad de intercambios, está dedicada al estudio de la propiedad industrial, sin perjuicio de que coyunturalmente hagamos referencia a otras circunstancias configuradoras de tales excepciones, como pueda ser la salud pública, orden público, etc. La vinculación entre estos aspectos ha podido ser observada al abordar la lealtad de las transacciones intracomunitarias, donde el criterio de «lealtad de las transacciones y la defensa del consumidor» se configuran como elementos restrictivos de la libre circulación de mercancías a la vez que constituyen parte esencial de un sistema de libre competencia.

La libre circulación de mercancías se consolida a partir de la prohibición de restricciones cuantitativas a los intercambios, la prohibición de derechos de aduana, exacciones de efecto equivalente y cualquier otro tipo de barrera fiscal, técnica o administrativa y la creación, frente a terceros Estados, de un Arancel Aduanero Común. En relación con las primeras, el art. 30 TCE prohíbe las restricciones cuantitativas a la *importación* entre los Estados miembros, así como todas las medidas de efecto equivalente, debiendo abstenerse los Estados de introducir entre sí nuevas restricciones. Los contingentes y las medidas de efecto equivalente existentes en la fecha de entrada en vigor del TCE debían ser suprimidos, a más tardar, al final del período transitorio, siendo progresivamente eliminados durante dicho período en la forma prevista en el art. 33 TCE (1). Otro tanto se predica en el art. 34.2 respecto de las restricciones cuantitativas y medidas de efecto equivalente a la *exportación*. En cualquier caso, tanto unas como otras pueden ser eliminadas más rápidamente, comprometiéndose los Estados a ir a un ritmo más acelerado del previsto en los artículos anteriores si su sistema económico se lo permite, dirigiendo la Comisión las recomendaciones pertinentes a los Estados interesados (art. 35 TCE).

---

(1) Un año después de la entrada en vigor del TCE, cada uno de los Estados miembros debía transformar los contingentes bilaterales abiertos a los demás Estados miembros en contingentes globales accesibles sin discriminación a todos los demás Estados miembros. Asimismo, aumentarán el conjunto de los contingentes globales así establecidos, de forma que se logre con respecto al año anterior un crecimiento no inferior al 20 por 100 de su valor total. Estos contingentes serán incrementados anualmente, de acuerdo con las mismas normas y proporciones, en relación al año anterior. La Comisión determinará, mediante directivas, el procedimiento y ritmo de supresión, entre los Estados miembros, de las medidas de efecto equivalente a los contingentes que existan a la entrada en vigor del TCEE. Si la Comisión comprobare que la aplicación de las disposiciones del art. 33 no permitiera garantizar el carácter progresivo de estas supresiones, podrá modificar el procedimiento contemplado en el presente artículo y proceder, en particular, el aumento de los porcentajes establecidos.

Por lo que se refiere a la importación en el marco del art. 30 TCE, la fijación de un concepto de medida de efecto equivalente a una restricción cuantitativa precisa destacar dos aspectos: su relación directa con los actos de autoridad y la polémica en torno a si es necesario que la medida restrictiva implique una discriminación entre productos nacionales e importados.

En relación con el primero de ellos, A. Martínez Lage señala que si el efecto restrictivo sobre las importaciones se debiera a una libre decisión de un agente económico privado no estaríamos en presencia de una medida prohibida por el art. 30, sin perjuicio de la posible aplicación de los arts. 85 y 86 TCE si hubiera lugar (2). Esta imputación de la medida de efecto equivalente a una autoridad pública aparece claramente reflejada en la Directiva de la Comisión 70/50 de 22 de diciembre de 1969 sobre «supresión de medidas de efecto equivalente a restricciones cuantitativas a la importación no contempladas por otras disposiciones adoptadas en virtud del TCEE» (3). Su art. 2 estima como tal: A) las disposiciones, ya sean legales, reglamentarias o administrativas. B) Las prácticas administrativas. C) Cualquier acto que emane de una autoridad pública, incluidas las meras incitaciones... que obstaculicen importaciones que, de otro modo, podrían realizarse o, simplemente, hagan que estas importaciones resulten más difíciles u onerosas que la comercialización de la producción nacional. Se trata de una actividad que se refiere al Estado en sentido amplio. Esta amplitud se desdobla en dos vertientes, en primer lugar la noción de restricción cuantitativa se refiere a cualquier medida estatal (actos, comportamientos, disposiciones y prácticas) y, en segundo lugar, se consideran como medidas estatales, no sólo aquéllas formalmente adoptadas por el Estado, sino también las que puedan ser simplemente imputadas al mismo. Además, no tiene que tratarse necesariamente de una medida positiva o acción, sino que también tienen la consideración de medida de efecto equivalente las omisiones que produzcan una restricción cuantitativa, dado que el Estado puede restringir la libre circulación de mercancías tanto cuando tome una medida contraria a ésta como cuando se abstenga de impedir una posible restricción (4).

---

(2) *Cf.* S. Martínez Lage, «La libre circulación de mercancías: las medidas de efecto equivalente a restricciones cuantitativas», *Tratado de Derecho comunitario europeo..., op. cit.*, p. 59.

(3) *DOCE*, L 13 de 19 de enero de 1970, p. 29.

(4) Cf. A. Mattera, *El Mercado Unico Europeo. Sus reglas, su funcionamiento, op. cit.*, p. 267, refiriéndose a la inacción de los poderes públicos como incumplimiento de la obligación de mantener una libertad de intercambios.

El resultado de esta acción u omisión debe traducirse en un efecto restrictivo de las importaciones, desde una perspectiva objetiva. En consecuencia, se tiene en cuenta el efecto restrictivo y no las intenciones y finalidades del agente, sin embargo, ello no significa que sólo se persiga el resultado o efecto real, pues también entran en la noción de medida restrictiva los efectos potenciales de la medida sobre la libre circulación de mercancías. El TJCE ha afirmado este extremo en la Sent. de 16 de diciembre de 1986, declarando que «No es necesario establecer que las medidas restringen efectivamente las importaciones de los productos afectados, sino que es suficiente que tengan un efecto potencial sobre las importaciones, que no tendría lugar en ausencia de tales medidas». Basta, pues, demostrar que en ausencia de tales medidas el comercio intracomunitario se efectuaría más fácilmente y podría, incluso, aumentar (5). Para aplicar la prohibición del art. 30 TCE no es necesaria la prueba de los efectos reales, bastando que la medida «pueda», desde una perspectiva objetivamente razonable, llegar a producir tales efectos (6). Dado que se prohíbe la medida y no sus efectos, tampoco será relevante la magnitud que éstos puedan alcanzar o hayan alcanzado, aplicándose el art. 30 cuando la medida estatal genere o sea susceptible de generar un efecto restrictivo en los intercambios.

En segundo lugar, se plantea el problema de determinar las relaciones entre restricción y discriminación. Las posiciones se orientan en dos direcciones: excluir del concepto de medida de efecto equivalente a las medidas indistintamente aplicadas a la producción nacional y a la importada o, por el contrario, calificar de medida de efecto equivalente a todas aquellas medidas que entorpezcan las importaciones, independientemente de que afecten por igual a los productos nacionales e importados. Esta segunda posición fue asumida por el TJCE en los asuntos *Cassis de Dijon* y *Dassonville* (7), lo que supone una am-

---

(5) *Asunto 124/85: Comisión c. República Helénica (Rec.*, 1986, p. 3948). La Comisión introdujo un recurso ante el TJCE (art. 169 TCE), porque Grecia desconocía las obligaciones que le incumbían en virtud del Reglamento del Consejo 805/68, de 27 de junio de 1968, sobre organización común de mercados *(DOCE*, L 148, p. 24) en el sector de la carne de bovino. La medida del Gobierno griego consistía en no autorizar importaciones de carnes frescas más que cuando el producto venía cortado o despiezado en una forma determinada.

(6) *Vid.* en este sentido las Sentencias TJCE de 14 de julio de 1981 *(Asunto 155/80: Oebel, Rec.*, 1981, p. 1993), de 13 de marzo de 1984 *(Asunto 16/83: Prantl, Rec.*, 1984, p. 1299), de 20 de febrero de 1975 *(Asunto 12/74: Comisión c. Alemania, Rec.*, 1975, p. 181) y 24 de noviembre de 1982 *(Asunto 249/81: Comisión c. Irlanda, Rec.*, 1982, p. 4005).

(7) *Vid.*, respectivamente, Sent. de 20 de febrero de 1979, *asunto 120/78, Rec.*, 1979, pp. 694 y ss. y Sent. de 11 de julio de 1974, *asunto 8/74, Rec.* 1974, pp. 837 y ss.

pliación importante del art. 30, que, en el caso de la Sentencia Cassis de Dijon, ha sido paliado admitiendo que este precepto puede ser excepcionado no sólo a través de las excepciones previstas en el art. 36 TCE, sino también a través de otras exigencias imperativas, particularmente la defensa del consumidor y de la lealtad de las transacciones comerciales. Se aprecia, pues, una amplitud en la prohibición del art. 30 (medidas indistintamente aplicables) y una amplitud en las excepciones (no sólo las previstas en el art. 36); en cualquier caso esta excepción requiere que la medida sea indistintamente aplicable a los productos importados y a los nacionales. Como señala P. Kent, la Sentencia *Cassis* es importante, porque declara la no aplicación del art. 30 TCE (prohibición de restricciones a la libre circulación de mercancías), a no ser que la medida «discrimine» favorablemente a los productos nacionales frente a los importados. Por el contrario, una medida que no afecte por igual al producto nacional y al importado contraviene el art. 30, sin perjuicio de que pueda ser justificada a través del art. 36 TCE (8). Así, no existirá infracción del art. 30 cuando la medida indistintamente aplicable sea necesaria para satisfacer exigencias imperativas y siempre que responda a los criterios de causalidad, proporcionalidad e insustituibilidad (9).

Esta interpretación se refleja, si bien con cierta cautela, en el art. 3 de la Directiva 70/50, de modo que, como señala P. Oliver, las medidas indistintamente aplicables son válidas salvo que su efecto restrictivo rebase los efectos propios de una reglamentación comercial. Este puede ser el caso cuando los efectos restrictivos a la libre circulación de mercancías fueran manifiestamente desproporcionados respecto del objetivo que persiguen o cuando éste hubiera podido ser alcanzado por otros medios menos restrictivos. De este modo, mientras que las

(8) *Cf.* P. Kent, *European Community Law, op. cit.*, p. 88. Recuérdese que al intentar justificar las medidas nacionales represoras de la competencia desleal, la Sentencia *Cassis* no incluyó tales medidas dentro de las previstas en el art. 36. Sin embargo, admitió que pudiesen excepcionar la libre circulación de mercancías, es decir, excepcionar al art. 30 TCE, siempre que, respondiendo a los principios de necesidad, proporcionalidad y causalidad, afectasen por igual a los productos importados y a los nacionales. El art. 36 resultaría aplicable, por contra tanto a medidas indistintas como a las que sólo recaen sobre productos importados, siempre que se diesen las condiciones tasadas del precepto.

(9) Esto es, que exista una relación causa-efecto entre la medida y la exigencia imperativa, que la medida no sea excesiva respecto del fin perseguido y que no exista otro medio de obtener el mismo fin con menos daño para la libre circulación de mercancías (*cf.* S. Martínez Lage, «La libre circulación de mercancías: las medidas de efecto equivalente a restricciones cuantitativas»; *Tratado de Derecho comunitario europeo..., op. cit.*, p. 90.

medidas formalmente discriminatorias serían automáticamente consideradas como medidas de efecto equivalente, las medidas indistintamente aplicables gozan de una presunción de conformidad con el art. 30 (10). Ejemplo de esta presunción de conformidad de las medidas indistintamente aplicables lo constituye la reciente Sent. TJCE de 7 de mayo de 1991 y, sobre todo, las opiniones vertidas por el abogado general C. Otto Lenz cuando cuestiona el art. 3 de la Directiva 70/50 y afirma que no constituyen un obstáculo al comercio intracomunitario las medidas nacionales aplicadas indistintamente a los productos nacionales e importados (11).

Al margen de esta polémica parece generalmente admitido que las medidas indistintamente aplicables «pueden» ser consideradas como medidas de efecto equivalente y, en consecuencia, estar prohibidas por el art. 30 TCE cuando generen una restricción a las importaciones. Sin embargo, afirmar que las medidas discriminatorias, por el mero hecho de serlo, se convierten necesaria y automáticamente en medidas de efecto equivalente prohibidas por el art. 30 no nos parece correcto. Tan erróneo es considerar que no existiendo discriminación tampoco existe medida restrictiva, como sostener que una medida discriminatoria genera *per se* una medida de efecto equivalente. La finalidad del art. 30 no es reprimir esta discriminación, sino la restricción de las importaciones, por ello, el concepto de medida de efecto equivalente engloba todas las restricciones a las importaciones no contempladas en otras disposiciones del TCE, aun cuando no sean discriminatorias con los productos importados (12). De ello se deduce que, al menos formalmente, una medida puede ser discriminatoria y no ser restrictiva, en cuyo caso no se aplicaría el art. 30 TCE. En la práctica el supuesto no es excesivamente factible, ya que normalmente cuando se discrimina al producto importado se está restringiendo su importación. No

(10) *Cf.* P. Oliver, *La libre circulación de mercancías en la CEE,* Madrid, BEX Publicaciones (serie CEE), 1990, p. 109.

(11) *Asunto 350/89: Sheptonhurst Ltd. c. Newham Borough Council (C.M.L. Reports,* vol. 62 (9) de 29 de octubre de 1991, p. 463 y ss. El asunto trataba de una medida que prohibía la venta al público de determinados artículos en establecimientos que no hubiesen obtenido previamente una licencia de venta. Dado que la medida se aplicaba a los productos nacionales y a los importados, el mercado de los últimos no tenía por qué resultar más dificultoso que el de los primeros, de ahí que no se considerase una restricción cuantitativa a la importación y, finalmente, no se aplicase el art. 30 TCE. Esta conclusión se derivó de «las específicas circunstancias del caso concreto», entre las cuales se tomó en consideración el hecho de que la medida fuese indistintamente aplicable.

(12) *Cf.* esta afirmación en P. Oliver *(La libre circulación de mercancías, op. cit.,* pp. 135 en relación con 116 y 117) que parece desvirtuar la apreciación realizada por este mismo autor en relación con el art. 3 de la Directiva 70/50 (p. 109).

obstante, la independencia de ambos conceptos (discriminación y restricción) puede encontrar sentido, según A. Mattera, si tenemos en cuenta que la discriminación implica una valoración de las intenciones del Estado al adoptar la medida restrictiva, con lo cual si hubiera que atenerse a este criterio, la aplicación del art. 30 TCE quedaría condicionada a la aportación de una prueba de estas intenciones. De ser así, estaríamos desvirtuando el art. 30 que, como ya hemos señalado, no entiende como medida restrictiva la intención de restringir la importación, sino la medida que encierre un efecto real o potencial de restricción (13).

Bajo este mismo criterio de independencia de conceptos, una medida no discriminatoria podría ser restrictiva, aplicándose entonces el art. 30 TCE. Así, la Sent. TJCE de 27 de noviembre de 1990 declaró que lo relevante era determinar si la medida dificultaba directa o indirectamente, actual o potencialmente, los intercambios comunitarios, haciendo más difíciles y onerosas las importaciones de los productos legalmente fabricados y comercializados en otros Estados miembros. Ante este efecto, la medida es contraria al art. 30 al margen de que «fuese indistintamente aplicable a los productos nacionales y a los productos importados» (14). Esta afirmación parece dar pie a sostener que, si bien la discriminación suele ser un indicio de restricción, el hecho de que no exista tal discriminación no necesariamente implica que no exista restricción.

---

(13) Según el autor la utilización del criterio de discriminación aparece desprovista de fundamento toda vez que el sistema del TCE es razonable y satisfactorio. La aplicación del art. 30 no requiere ninguna valoración del objeto perseguido o de las intenciones que subyacen en una medida, sino simplemente una comprobación de los efectos restrictivos que produce. Entiende que tal criterio es a la vez insuficiente, excesivo y redundante. Insuficiente, porque no cubre los supuestos de medidas no discriminatorias que produzcan efectos restrictivos; excesivo, en la medida en que disposiciones discriminatorias que carecieran de efectos restrictivos deberían calificarse de contrarias al art. 30 o al art. 34 TCE; y redundante, puesto que la comprobación de su existencia vendría a añadirse inútilmente a la de los efectos restrictivos, cuya prueba constituye condición indispensable de la aplicación de la prohibición establecida en los arts. 30 y ss. TCE. Las mismas consideraciones realiza el autor respecto del criterio de protección, negando absolutamente que éste y la discriminación sean exigencias establecidas en el art. 30 TCE *(Cf. El Mercado Unico Europeo. Sus reglas, su funcionamiento, op. cit.*, pp. 260 y 261). En sentido contrario, *vid.* G. Marenco, «Pour une interprétation traditionnelle de la notion de mesure d'effet équivalent à une restriction quantitative», *Cahiers de droit européen,* 1984, pp. 291-304, que encuentra en toda medida restrictiva una discriminación, negando, en consecuencia, que medidas no discriminatorias puedan estar contempladas en el art. 30 TCE.

(14) *Asunto 67/88: Comisión c. República italiana —aceite de sésamo—, Rec.*, 1990, pp. 4285 y ss.

En cualquier caso, la prohibición de las restricciones cuantitativas a la importación y exportación es derogada cuando concurran algunas de las condiciones del art. 36 TCE. Estas condiciones se refieren a razones de orden público, moralidad (15) y seguridad públicas; protección de la salud y vida de las personas y animales; preservación de los vegetales; protección del patrimonio artístico, histórico o arqueológico o protección de la propiedad industrial y comercial. Estos motivos, que los Estados pueden invocar para, en su caso, restringir la libre circulación de mercancías, constituyen una lista cerrada sin que quepa una interpretación extensiva de los mismos (16). Ello no obsta, sin embargo, para que la prohibición del art. 30 pueda ser excluida igualmente, además de por las exenciones enumeradas, por la necesidad de satisfacer exigencias imperativas, como la defensa de los consumidores y lealtad de las transacciones comerciales, concepto abierto y determinable en cada caso particular. Estos parámetros, que habilitan a excepcionar la prohibición del art. 30, deben estar presididos por los caracteres de proporcionalidad y necesidad, es decir, que la medida restrictiva sea pertinente y adecuada para el fin perseguido y que no exista otra medida alternativa que pueda realizar el mismo objetivo de una forma menos restrictiva para la libre circulación de mercancías (17). En definitiva, el art. 36 es aplicable tanto para las restriccio-

---

(15) Respecto de esta excepción, el TJCE ha afirmado que corresponde, en principio, a cada Estado miembro determinar las exigencias de moralidad pública en su territorio según su propia escala de valores y en la forma que decida, estando habilitado para establecer prohibiciones de importación justificadas por razones de moralidad pública en el conjunto de su territorio nacional, con independencia de su estructura constitucional y de la existencia de diferencias entre las legislaciones de las distintas partes de su geografía (Sent. de 14 de diciembre de 1979, *Asunto 34/79: Regina c. Henn y Darby, Rec.*, 1979, p. 3795). *Vid.* sobre esta Sentencia, E. Vallejo Lobete, «Las restricciones a la libre circulación de mercancías por razones de moralidad pública», *Gaceta Jurídica CEE*, núm. 84, septiembre 1990, pp. 10 y ss.

(16) Sent. TJCE de 25 de enero de 1977, *Asunto 46/76: Bauhuis, Rec.* 1977, p. 5.

(17) *Vid.* las conclusiones del abogado general W. van Gerven, con ocasión de la Sent. TJCE de 27 de noviembre de 1990 ya citada *(Rec.* 1990, pp. 4290 y 4291). Sobre el criterio de proporcionalidad *vid.* también las Sentencias TJCE de 12 de marzo de 1987 *(Asunto 178/84: Comisión c. Alemania —cerveza—, Rec.*, 1987, p. 1227) y de 11 de octubre de 1990 *(Asunto 196/89: Procedimiento penal c. E. Naspoli y G. Crippa, Rec.*, 1990, pp. 3647). En esta última Sentencia el TJCE consideró contrario al art. 30 el hecho de que un Estado miembro (Italia) aplicase una reglamentación nacional imponiendo un límite mínimo de componentes grasos para la comercialización de quesos provenientes de otros Estados miembros. Esta exigencia comportaba en la práctica una prohibición total de ventas de productos fabricados en otros Estados conforme a las prescripciones de éstos y, en modo alguno, ello estaba justificado por exigencias imperativas. Sobre la misma materia el TJCE consideró que la pretendida protección de los consumidores y lealtad de las transacciones podía ser satisfecha a través de un etiquetado adecuado que permitiera decidir libremente al consumidor a la hora de adquirir el

nes a la importación como a la exportación, y asimismo puede ser utilizado para excepcionar restricciones que sean indistintamente aplicables a los productos nacionales e importados o que sean aplicables únicamente a los segundos.

B) Mercancía originaria de la CE y mercancía en libre práctica

Estas directrices de los arts. 30 a 34 TCE se refieren a la mercancía, entendiendo por tal el TJCE «todo bien apreciable en dinero y susceptible de ser objeto de transacciones comerciales» (18). La libertad de intercambios se refiere, pues, a cualquier producto industrial, e incluso agrícola (19), siempre que se halle en alguna de estas dos circunstancias: ser una mercancía originaria de los Estados miembros o puesta en libre práctica en un Estado miembro (20). A partir de estas dos situaciones se genera un régimen de tránsito comunitario previsto

---

producto. Entendió que la medida italiana no era necesaria ni proporcionada y, en consecuencia, constituía una medida de efecto equivalente a una restricción cuantitativa a la importación, prohibida por el art. 30 TCE (*vid.* Sent. de 11 de octubre de 1990 *(Asunto 210/89: Comisión c. República italiana, Rec.,* 1990, pp. 3697 y ss.).

(18) *Vid.* Sent. TJCE de 10 de diciembre de 1968 *(Asunto 7/68: Comisión contra Italia, Rec.,* 1968, pp. 617 y ss., esp. 626. El caso versaba en torno a la Ley italiana de 1 de enero de 1939 sobre protección de objetos de interés histórico o artístico, que contenía numerosas disposiciones sobre la exportación de los mismos. Concretamente, existía una tasa progresiva sobre el valor del objeto en los supuestos de exportaciones permitidas. La Comisión invitó a Italia a suprimir dicha tasa por considerarla contraria al art. 16 TCE. Dicho precepto no se refiere expresamente a la supresión de restricciones cuantitativas, sino de derechos de aduana a la exportación o exenciones de efecto equivalente. El demandado pretendía defender esta medida con base en el art. 36 TCE, pero el TJCE consideró que las excepciones previstas en el precepto se referían únicamente a la prohibición de restricciones y no de exenciones. Mientras los derechos de aduana y las tasas asimiladas afectan directamente a las condiciones económicas de la importación o exportación, las restricciones no comportan una intervención apremiante en la decisión de los operadores económicos. Dada esta diferencia, no es posible aplicar las derogaciones del art. 36 a la exigencia de supresión de exenciones, sino únicamente a la exigencia de supresión de restricciones.

(19) Pero en estos últimos el principio de libre circulación de mercancías sólo juega en defecto de una organización común de mercado, a pesar de que funcionan en gran medida en un régimen de libertad de intercambios (*cf.* M. Ch. Boutard-Labarde, en J. Chauvin y E. Traubert, *Le droit communautaire & international devant le juge du commerce,* París, Edit. de Lépargne, 1989, p. 179.

(20) El art. 9.2 TCE declara que «Las disposiciones de la Sección primera del Capítulo I («Supresión de los derechos de aduana entre los Estados miembros»: arts. 12 y ss.) y las del Capítulo II del presente Título («Prohibición de las restricciones cuantitativas entre los Estados miembros»: arts. 30 y ss.) se aplicarán a los productos originarios de los Estados miembros y a los productos procedentes de terceros países que se encuentren en libre práctica en los Estados miembros.

en el Reglamento del Consejo núm. 222/77 de 13 de diciembre de 1976 (21), cuya finalidad es facilitar el control de los movimientos de mercancías simplificando las formalidades administrativas y garantizando la colaboración entre los Estados miembros. Este régimen es aplicable, en principio, a todos los movimientos de mercancías dentro de la Comunidad y comprende un procedimiento de tránsito comunitario interno, respecto de las mercancías de origen comunitario y las mercancías en libre práctica, y un procedimiento de tránsito externo para el resto de las mercancías que estén sujetas a medidas aduaneras, fiscales o cualquier otra relativa a los intercambios. Debe recordarse asimismo que el ámbito de aplicación del principio de libre circulación de mercancías es el especificado por el art. 227 TCE, de suerte que tal libertad se limita al territorio comunitario en las relaciones entre los Estados miembros (22).

El Reglamento del Consejo 802/68, de 27 de junio de 1967 (23) define la noción de origen de las mercancías a los efectos de la aplicación uniforme de un arancel aduanero común, de las restricciones cuantitativas y de cualquier otra medida tomada por la Comunidad o por los Estados miembros para la importación o exportación de mercancías, así como a los efectos de la adopción y expedición de certificados de garantía. Se consideran mercancías originarias de un Estado miembro, las producidas o fabricadas enteramente en tales Estados y también las transformadas en el interior de la Comunidad. Concretamente, el art. 4 del Reglamento se refiere a las mercancías obtenidas o producidas enteramente en la Comunidad (24). A su vez, el art. 5 esta-

(21) *DOCE,* L 38 de 9 de febrero de 1977. Modificado por Reglamento núm. 3617/82 de 17 de diciembre de 1982 *(ibíd.,* L 382). *Vid.* también el Reglamento núm. 223/77 de 22 de diciembre de 1976 por el que se establecen disposiciones de aplicación y medidas de simplificación del régimen de tránsito comunitario *(ibíd.,* L 38 de 9 de febrero de 1977).

(22) *Cf.* J. Chauvin y E. Trubert, *Le droit communautaire & Internacional..., op. cit.,* p. 188. *Vid.* el Reglamento del Consejo CE 2151/84, de 23 de julio de 1984, relativo al territorio aduanero de la Comunidad *(DOCE,* L 197 de 27 de julio de 1984).

(23) *DOCE,* L 148/1 de 28 de junio de 1968, modificado por Reglamento 1318/71, *DOCE,* L 139 de 25 de junio de 1971. *Vid.* también los Reglamentos 3103/73 de 14 de noviembre de 1973 *(DOCE,* L 315 de 16 de noviembre de 1973) y 553/81 de 12 de febrero de 1981 *(DOCE,* L 59 de 5 de marzo de 1981.

(24) El art. 4 dispone que son mercancías obtenidas o producidas enteramente en un Estado miembro: A) los productos minerales obtenidos del suelo; B) los vegetales recolectados en él; C) los animales vivos nacidos y criados en él; D) los productos procedentes de animales vivos criados en él; E) los productos de caza y pesca practicadas

blece que una mercancía en cuya producción hayan participado dos o más países será originaria de aquél en el que se haya efectuado la última transformación o elaboración substancial (25). Para imputar la localización de estas circunstancias en un determinado Estado, supuestamente comunitario, se requiere, aparte de consistir realmente en una transformación o elaboración substancial, que estén económicamente justificadas, haber sido efectuadas por una empresa debidamente equipada para tal fin y conducir a la elaboración de un producto nuevo o que represente un grado de fabricación importante. Esta última circunstancia definiría la exigencia de substancialidad, entendiendo el TJCE en la Sent. de 26 de enero de 1977 que una transformación o elaboración es substancial sólo cuando el producto resultante presenta unas propiedades y una composición específicas propias, que no poseía antes de dicha transformación o elaboración (26). Según el TJCE, esta transformación o elaboración debe conllevar la fabricación de un producto nuevo o representar un estadio importante de fabricación, por ello, las operaciones relativas a la presentación del producto a los fines

---

en él; F) los productos de pesca marítima y otros productos extraídos del mar por barcos matriculados o registrados en este país y que enarbolen su pabellón; G) las mercancías obtenidas a bordo de buques factoría a partir de los productos mencionados en la letra F) originarios de este país siempre que estos buques estén matriculados o registrados en este país y enarbolen su pabellón; H) los productos extraídos del suelo o subsuelo marino situado fuera de las aguas territoriales, siempre que este país ejerza derechos exclusivos sobre dicho suelo o subsuelo con fines de explotación, I) los desperdicios y residuos procedentes de operaciones de manufactura y los artículos de desuso, a condición de que hayan sido recogidos en este país y sólo puedan servir para la recuperación de materias primas, J) los que se obtengan en este país exclusivamente a partir de mercancías mencionadas en las letras A) a I) o sus derivados, cualquiera que sea el estado en que se encuentren.

(25) Respecto de mercancías no destinadas a fines comerciales, el TJCE declara que el hecho de que un producto haya sido fabricado en un tercer Estado no basta por sí solo para que se produzcan dudas en cuanto a la declaración del viajero afirmando el carácter comunitario. Las dudas de las autoridades aduaneras deben fundarse en datos objetivos que resulten, por ejemplo, de las especiales circunstancias de la importación o de las informaciones recibidas sobre ésta. Por ello, las opiniones subjetivas de un funcionario de aduanas no bastan para exigir al viajero la presentación de un documento de tránsito comunitario (T2 o TS L) (Sent. TJCE de 22 de marzo de 1990, *Asunto 83/89: Procedimiento penal c. Houben, Rec.*, 1990, pp. 1161. *Cf. Gaceta Jurídica CEE*, núm. 84, septiembre 1990, p. 58).

(26) *Asunto 49/76: Uberseehandel c. Handelskammer Hamburg —caseína—, Rec.*, 1977, p. 41. *Vid.* en el mismo sentido la jurisprudencia más reciente representada por la Sent. TJCE de 23 de febrero de 1984 *(Asunto 93/83: Zentralgenossenschaft des Fleischergewerbes c. Hauptzollamt Bochum, Rec.*, 1984, pp. 1095 y ss.). En este caso el TJCE estimó que la circunstancia de que ciertas cantidades del producto (carnes) hubiesen sido deshuesadas, desengrasadas, troceadas, empaquetadas, etc., no le atribuía el origen del país donde habían tenido lugar estas operaciones.

de su utilización, pero que no entrañen una modificación cualitativa importante de sus propiedades, no son susceptibles de determinar el origen de la mercancía (27).

El procedimiento de definición genérica del origen de las mercancías a partir del Reglamento 802/68, se complementa con otras definiciones a través de criterios específicos, como pueden ser las descripciones detalladas de las operaciones de transformación o elaboración que confieren o no el origen de un producto determinado (28) o la realización de acuerdos con determinados países en los que se extiende la libertad de intercambios a las mercancías originarias de estos países, estableciéndose reglas especiales sobre el origen de los productos. Es el caso de los acuerdos con los países de la EFTA, con ciertos países mediterráneos y con los países en vías de desarrollo. Entre estos últimos destaca la serie de Acuerdos entre los países Comunitarios y los países ACP (Africa, Caribe y Pacífico), conocidos como Convenios de Lomé (29). Concretamente, el IV Convenio de Lomé de 15 de diciembre de 1989, en vigor para España desde el 1 de septiembre de 1991 (30), consagra el libre acceso de los productos originarios de

(27) La Sentencia de la caseína destaca la importancia de la definición de una noción común de origen de las mercancías, en tanto que medio indispensable para asegurar la aplicación uniforme de la tarifa aduanera común, de las restricciones cuantitativas y de otras medidas, dirigidas a la importación y exportación, tomadas por las Comunidades o por los Estados miembros. Asimismo, en ella se afirma que la determinación del origen de la mercancía debe fundarse, para responder a las finalidades y exigencias del Reglamento 802/68, sobre una distinción objetiva y real entre producto de base y producto transformado, atendiendo esencialmente a las cualidades materiales específicas de cada uno de estos productos. En este caso concreto se consideró que los diferentes grados de acabado o transformación de un producto base, como la caseína bruta, no debían ser entendidos como una transformación o elaboración en el sentido expresado por el art. 5 del Reglamento, desde el momento que ello tiene por efecto únicamente modificar la consistencia del producto y su presentación para su ulterior utilización, pero no entraña una modificación cualitativa importante del producto de base. Como complemento de esta decisión *vid.* las Sentencias del TJCE de 31 de enero de 1979 *(Asunto 34/78: Yoshida Nederland B. V., Rec.* 1979, pp. 115 y ss. y *Asunto 114/78: Yoshida G.m.b.H., Rec.*, 1979, pp. 151 y ss.). *Vid.* el comentario de J. Boulois y R. M. Chevallier, *Grands arrèts de la Cour de justice des communautés européennes,* t. II, 2.ª ed. París, Dalloz, 1988, pp. 62 y 63.

(28) *Vid.* la lista de estos concretos productos en P. Remits, *1992: L'europe et la libre circulation des marchandises,* París, ed. Performa, 1988, p. 58.

(29) Convenios de 1975, 1979, 1984 *(vid.* K. Simmonds, «The Third Lomé Convention», *C.M.L.Rev.*, vol. 22, núm. 3, 1985, pp. 389 y ss.) y 1989. *Vid.* en general J. Roldán Barbero, *La Comunidad Económica Europea y los Convenios de Lomé: el Stabex,* Universidad de Granada/Junta de Andalucía, 1990.

(30) *DOCE,* L 229 de 17 de agosto de 1991. En este mismo diario *vid.* los Acuerdos internos hechos en Bruselas el 16 de julio de 1990 relativo, uno, a las medidas y procedimientos para la aplicación del IV Convenio ACP-CEE y, otro, a la financiación

los Estados ACP al mercado de la Comunidad, en primer lugar, mediante la admisión a la importación en la Comunidad de los productos originarios de los Estados ACP con exención de derechos de aduana y exacciones equivalentes (art. 168) y, en segundo lugar, mediante la no aplicación por parte de la Comunidad de restricciones cuantitativas ni medidas de efecto equivalente (art. 170). Habida cuenta de las necesidades actuales de su desarrollo, no se exige reciprocidad de modo que los Estados ACP no estarán obligados a suscribir, en lo que se refiere a la importación de productos originarios de la Comunidad, obligaciones que correspondan a los compromisos adoptados por ésta respecto de la importación de los productos originarios de los Estados ACP (31).

Este régimen favorable a los intercambios se completa en el Protocolo núm. 1 relativo a la definición del concepto de «productos originarios» y a los métodos de cooperación administrativa. Su art. 1 considera productos originarios de los Estados comunitarios a los efectos de la aplicación de los preceptos de cooperación comercial del Convenio, aquellos que se hayan obtenido totalmente o se hayan transformado suficientemente en los Estados ACP. En el supuesto de que estas circunstancias se hayan practicado en dos o más Estados ACP, se considerarán como productos originarios de aquél en el que se haya efectuado la última elaboración o transformación, siempre y cuando éstas vayan más allá de las operaciones insuficientes para conferir el carácter de originario (32).

Observamos que la fijación del origen de la mercancía es determinante desde el punto de vista de las restricciones cuantitativas a la im-

---

y gestión de las ayudas de la Comunidad en el marco del mismo Convenio. De conformidad con el art. 360 del Convenio, éste entró en vigor el 1 de septiembre de 1991, dado que en el mes de julio ya habían sido depositados los instrumentos de ratificación de los Estados miembros signatarios y de los dos tercios de los Estados ACP, así como el acta de notificación de celebración por parte de la Comunidad. El Convenio figura en el DOCE en la rúbrica de «Actos cuya publicación no es una condición para su aplicabilidad», no obstante, su publicación aparece en el *BOE* de 10-XII-91, supl. núm. 295.

(31) En cualquier caso, las disposiciones del art. 169 no serán obstáculo para las prohibiciones o restricciones a la importación, exportación o tránsito justificadas por razones de orden público, moralidad y salud públicas, siempre que estas razones no constituyan un medio de discriminación arbitraria ni una restricción encubierta al comercio en general. Por otra parte, el régimen de importación de los productos originarios de los Estados ACP no podrá ser más favorable que el trato aplicado a los intercambios entre los Estados miembros (arts. 170 y 171).

(32) Elaboraciones o transformaciones contenidas en el art. 3.3 del Protocolo.

portación y exportación y medidas de efecto equivalente, así como para atribuir a la mercancía la aplicación uniforme del arancel aduanero común o, en su caso, la supresión de los derechos de aduana o exacciones equivalentes. De todos modos, tal como señala P. Oliver, no debe pensarse que todas las mercancías originarias de la Comunidad se hallan necesariamente en régimen de libre circulación, pues ocurre que cuando éstas son legalmente exportadas desde la Comunidad a terceros Estados dejan de estar en libre circulación en la Comunidad. Por exportación legal se entiende la realizada a través de la presentación en una aduana de las declaraciones de exportación en las condiciones fijadas por la Directiva del Consejo 81/177 de 24 de febrero de 1981, relativa a la armonización de los procedimientos de exportación de mercancías comunitarias (33).

La supresión de los derechos de aduana y de las restricciones cuantitativas a los intercambios no sólo se aplican a los productos originarios de los Estados miembros, sino también a los productos procedentes de terceros países que se encuentren en libre práctica en los Estados miembros. Se considerarán como tal, según el art. 10 TCE, los productos procedentes de terceros países respecto de los cuales se hayan cumplido en el Estado miembro las formalidades de importación y percibido los derechos de aduana y cualesquiera otras exacciones de efecto equivalente exigibles (34), siempre que no se hubieren beneficiado de una devolución total o parcial de los mismos. La asimilación de estas mercancías a las originarias de la Comunidad ha sido declarada de forma concluyente por el TJCE en las Sentencias de 15 de diciembre de 1976 (35) y 11 de junio de 1985, declarando esta última

---

(33) *DOCE*, L 83 de 30 de marzo de 1981.

(34) Las mercancías importadas de un país tercero en la Comunidad son consideradas como en libre práctica cuando las formalidades de importación hayan sido cumplidas y los diferentes derechos pagados, sin que deba distinguirse entre los supuestos de mercancías que circulen en un Estado miembro donde estos extremos hayan sido realizados y los supuestos de mercancías que, después del cumplimiento regular de las formalidades de importación y pago de derechos en un Estado miembro, son importadas en otro Estado miembro (Sent. TJCE de 22 de marzo de 1990, *Asunto 83/89: Procedimiento penal c. V. Houben, Rec.*, 1990, pp. 1161 y ss.).

(35) *Asunto 41/76: Donckerwolke, Rec.*, 1976, pp. 1921 y ss. En ella se afirma que «... en lo que se refiere a la circulación de las mercancías en el interior de la Comunidad los productos en libre práctica quedan definitiva y totalmente asimilados a los productos originarios de los Estados miembros... la eliminación de las restricciones cuantitativas y de todas las medidas de efecto equivalente son aplicables indistintamente a los productos originarios de la Comunidad y a aquéllos que han sido puestos en libre práctica en el interior de uno cualquiera de los Estados miembros, sea cual sea el origen propio de estos productos».

que «una vez que las mercancías han sido regularmente importadas en el Estado miembro de destino, se confunden con los productos que allí se encuentran en libre circulación y deben poder ser introducidas sin obstáculo alguno en cualquier otro Estado miembro, salvo disposición contraria expresa adoptada por una institución competente de la Comunidad» (36). Esta consecuencia se produce, por otra parte, al margen de la reglamentación tarifaria de producto, es decir, alcanza a cualquier mercancía legalmente importada en la Comunidad, y no solamente a los productos especificados en acuerdos convencionales sobre régimen tarifario especial (37).

Esta asimilación de las mercancías originarias de terceros países introducidas en libre práctica en la Comunidad con las mercancías originarias está sujeta a cuatro condiciones. Tres de éstas vienen establecidas en el propio art. 10 TCE y se refieren a que la mercancía haya sido introducida en la Comunidad cumpliendo todas las formalidades de importación establecidas por el Estado miembro de importación, que sean compatibles con el TCE; haber satisfecho los derechos de aduana y exacciones de efecto equivalente; y que no se haya producido una devolución o restitución de estos derechos aduaneros (38). La

(36) *Asunto 288/83: Comisión c. Irlanda, Rec.*, 1985, pp. 1761 y ss. Irlanda prohibía desde la Orden de 5 de marzo de 1981 la importación de patatas producidas en cualquier país o territorio distinto de los Estados miembros, siempre que esta importación no fuese realizada a partir de una licencia librada por el Ministro de Agricultura. La mercancía procedente de Chipre e importada en Países Bajos había sido previamente introducida en Reino Unido, por tanto, puesta en libre práctica en la Comunidad; por esta razón la Comisión denunció la exigencia holandesa de licencia de importación, considerándola contraria a los postulados comunitarios de libre circulación de mercancías.

(37) Caso de ciertos países mediterráneos (Chipre), países de la EFTA, etc. En efecto, la mercancía originaria de Chipre era introducida en Reino Unido bajo un régimen especial de derechos reducidos, derivado del Acuerdo preferencial sobre contingentes tarifarios entre la Comunidad y Chipre *(DOCE,* L 339/19, 1977). Sin embargo, no fue éste un dato determinante a la hora de prohibir el TJCE la actitud de las autoridades holandesas exigiendo licencias de importación. El elemento decisivo fue que el producto se hallaba en libre práctica por haber sido legalmente importado en la Comunidad (Reino Unido), al margen de que esta importación estuviera sometida a un régimen especial o al régimen general tarifario.

(38) *Vid.* la regulación de estas condiciones en las Directivas 79/695 *(DOCE,* L 205, 1979/19); 78/453 *(DOCE,* L 146, 1978/19) y 82/57 *(DOCE,* L 28, 1982/38 modificada por la Directiva 83/371 *(DOCE,* L 204, 1983/63. A partir de estos textos parece derivarse que es suficiente que el deudor garantice adecuadamente el pago de los derechos de aduana, lo que implica la consideración de mercancía en libre práctica una vez que los derechos de aduana han sido devengados, incluso si éstos aún no han sido satisfechos *(cf.* M. Waelbroeck, «Comentary on Articles 30 to 36», *Le droit de la Communauté économique europeénne,* vol. I, Bruselas, 1970, p. 43. *Vid.* estas cuestiones en P. Oliver, *La libre circulación de mercancías..., op. cit.*, p. 30.

otra condición se deriva del art. 113 del TCE y en este sentido el TJCE ha declarado en las Sentencias *Tezi* que «La plena aplicación del principio de libre circulación de mercancías a los productos beneficiados por la libre práctica está ligada a la puesta en práctica de una política comercial común fundada en el art. 111 TCE». Esto implica que la asimilación entre mercancías originarias y mercancías en libre práctica sólo tiene efecto si estas últimas están sometidas a las mismas condiciones de importación, aduaneras y comerciales sea cual sea el Estado en el que haya tenido lugar la puesta en libre práctica (39). La adopción de la política comercial común a la que se refiere el art. 113 TCE (40) es competencia exclusiva de la Comunidad, competencia, por tanto, no concurrente con una competencia de los Estados miembros, pudiendo adoptarse medidas nacionales de política comunitaria únicamente en virtud de una habilitación de la propia Comunidad, en lo que se ha venido denominando teoría de la redelegación (41). No obstante, sobre la base del art. 115 TCE, la Comisión tiene el poder de autorizar a los Estados miembros a tomar, respecto de las mercancías en libre práctica, medidas de protección en las condiciones y modalidades que ella determine, destinadas a paralizar los riesgos de la desviación del tráfico o las dificultades económicas (42). La razón de este precepto es el estado de desarrollo incompleto de la política comercial común del art. 113, lo que hace que se mantengan disparidades de po-

---

(39) *Vid. Asunto 59/84: Tezi Textiel BV c. Comisión,* y *Asunto 242/84: Tezi BV c. Ministerio de Asuntos Económicos, Rec., 1986, pp. 887 y ss. y pp. 933 y ss.*

(40) Es éste un concepto evolutivo y llamado a ampliarse, que no se ciñe exclusivamente a los sectores indicados en el propio art. 113: modificaciones arancelarias, celebración de acuerdos arancelarios y comerciales, y uniformización de las medidas de protección nacional, sino que puede integrar otros sectores que evolucionan en el tiempo y en el espacio en función de las exigencias y según los objetivos propios del desarrollo de la Comunidad *(vid.* A. Mattera, *El mercado único europeo..., op. cit.,* pp. 628-630).

(41) *Vid.* las conclusiones al efecto de los *Asuntos Tezi y Donckerwolcke,* ya citados, y las consideraciones de A. Mattera, *El mercado único europeo..., op. cit.,* pp. 633 y 634.

(42) P. Oliver *(La libre circulación de mercancías..., op. cit.,* pp. 308 y 309) pone como ejemplo de desviación del tráfico el supuesto de que no exista una normativa comunitaria que cree o prohíba las restricciones cuantitativas a la importación de juguetes de madera de un tercer Estado X. Italia ha impuesto un contingente u otra medida de política comercial sobre tal producto. Sin embargo, esta medida está siendo burlada, ya que tales juguetes, puestos en libre práctica en Francia, son, a continuación, importados en Italia desde Francia. Dado que una vez que el producto ha sido puesto en libre práctica en la Comunidad queda asimilado a los productos originarios de los Estados miembros, el Gobierno italiano no puede impedir que su contingente sea vulnerado de este modo si no es recurriendo al art. 115. En cuanto a las dificultades económicas, el autor estima que ha de existir un nexo causal entre éstas y las diferencias entre las medidas nacionales de política comercial que han de ser, en todo caso, compatibles con el TCE.

lítica comercial entre los Estados miembros capaces de provocar las desviaciones y dificultades mencionadas. Por ello, el art. 115 permite hacer frente a tales circunstancias autorizando a los Estados miembros a excepcionar el principio de libre circulación de mercancías respecto de los productos originarios de terceros Estados puestos en libre práctica en la Comunidad.

C) Unión aduanera: supresión de los derechos de aduana y Arancel Aduanero Común

La libre circulación de mercancías precisa, además de la prohibición de restricciones cuantitativas y medidas de efecto equivalente a la importación y exportación, del complemento de la llamada Unión Aduanera. Esta Unión se traduce en tres aspectos: la supresión de los derechos de aduana y exacciones de efecto equivalente, respecto de los intercambios entre Estados miembros; el establecimiento, frente a terceros países, de un Arancel Aduanero Común (AAC) (43) y, la eliminación de cualquier barrera técnica o fiscal que obstaculice la libre circulación de mercancías. A diferencia del GATT (Acuerdo General sobre Aranceles y Comercio), que sólo se refiere a la supresión o unificación «substancial» de los derechos de aduana (44), el TCE asume una configuración amplia de la Unión aduanera, refiriéndose no sólo a derechos de aduana y exacciones en sentido estricto (45), sino también

(43) Se trata de una liberalización total *ad intra* (supresión de derechos de aduana) y de un control comunitario y no nacional *ad extra* a través del AAC o único territorio aduanero frente a las mercancías procedentes de países no comunitarios (*cf.* J. C. Fernández Rozas y S. Sánchez Lorenzo, *Curso de Derecho internacional privado, op. cit.*, p. 229).

(44) Concretamente, el precepto entiende por Unión Aduanera la sustitución de dos o más territorios aduaneros por uno solo, cuando esta sustitución tenga por consecuencia: A) Que los derechos de aduana y las demás reglamentaciones restrictivas se eliminan para lo esencial de los intercambios comerciales entre los territorios constitutivos de la Unión o, por lo menos para lo esencial de los intercambios comerciales de productos originarios de estos territorios; B) Que los derechos de aduanas y las demás reglamentaciones aplicadas por cada uno de los miembros de la Unión en el comercio con territorios no comprendidos en éste sean sustancialmente idénticos.

(45) El carácter amplio del TCE implica la prohibición de las restricciones cuantitativas y los derechos de aduana, así como también de cualquier medida de efecto equivalente a las primeras o cualquier exacción equivalente o barrera a los segundos. Por el contrario, el GATT sólo se refiere a la supresión o unificación de los derechos de aduana, y ello únicamente en lo substancial. Igualmente, el GATT, y de nuevo a diferencia del TCE, sólo afecta a las restricciones cuantitativas a la importación y exportación y no a las medidas de efecto equivalente a dichas restricciones. En concreto, el art. XI del GATT excluye de su ámbito de aplicación las restricciones resultantes, entre otras, de

a cualquier barrera técnica, fiscal o aduanera que dificulte las transacciones. Este fundamento de Unión Aduanera de la Comunidad Europea, recogido en el art. 9.1 TCE, implica para los Estados miembros abstenerse de establecer entre sí nuevos derechos de aduana u otras exacciones y abstenerse de incrementar las que ya estén aplicando en sus relaciones comerciales recíprocas (art. 12 TCE), al tiempo que se prevé la supresión progresiva de los ya existentes en las condiciones previstas en los arts. 14 y 15 del propio Tratado. Su aplicación, al igual que ocurría con la prohibición de las restricciones cuantitativas se extiende tanto a las mercancías originarias de la Comunidad como a las puestas en libre práctica en un Estado miembro. Estas últimas, en tanto que provenientes de un Estado no miembro estarían sometidas al AAC y, una vez introducidas en la Comunidad, estarían exentas de los derechos de aduana.

Partiendo de esta perspectiva amplia, el TJCE define a los derechos de aduana y exacciones de efecto equivalente como todo gravamen pecuniario, cualquiera que sea su designación, forma de aplicación o importe, que sea impuesto unilateralmente sobre las mercancías por mero hecho de cruzar las fronteras (46). Este concepto debe ser precisado en los siguientes puntos: A) Se refiere a cualquier tipo de gravamen pecuniario con ocasión o en relación con la importación, que no sea alguno de los contenidos en el art. 95 TCE, es decir, que no sea un tributo interno. Estos tributos internos son admitidos siempre que afecten por igual a los productos nacionales e importados (47). De hecho, la distinción entre una exacción de efecto equivalente a los derechos de aduana y este tipo de impuestos es que el primero se aplica únicamente a los productos importados, mientras que el último se apli-

---

tasas o imposiciones a la exportación, que, en principio, podrán ser consideradas como una medida de efecto equivalente a restricción cuantitativa *(vid.* en este sentido la Sent. TJCE de 22 de junio de 1989, *Asunto 70/80: Fediol c. Comisión, Gaceta Jurídica CEE,* núm. 76, febrero 1990, p. 41; *Rec.,* 1989, pp. 1781 y ss. *(Vid.* también las conclusiones del abogado general W. van Gerven, *Rec.,* 1989, p. 1815).

(46) *Vid.* entre otras las Sentencias del TJCE de 14 de diciembre de 1972 *(Asunto 29/72: Marimex, Rec.,* 1972, p. 1309), de 9 de noviembre de 1983 *(Asunto 158/82: Comisión c. Dinamarca, ibíd.,* 1983, p. 3573) y de 25 de enero de 1977 *(Asunto 46/76: Bauhuis c. Holanda, ibíd.,* 1977, p. 5).

(47) El art. 95 declara que ningún Estado miembro gravará directa o indirectamente los productos de otros Estados miembros con tributos internos superiores a los que graven los productos internos o que puedan proteger indirectamente otras producciones. Asimismo, el art. 96 prohíbe que los productos exportados a un Estado miembro puedan beneficiarse de devoluciones tributarias internas superiores al importe de los tributos con que hayan sido gravados directa o indirectamente.

ca tanto a los productos importados como a los domésticos (48). B) Esta carga pecuniaria no debe constituir una contraprestación de un servicio prestado al importador o exportador. El pago a título de contraprestación no se entiende como exacción de efecto equivalente siempre que exista una relación de proporcionalidad entre el servicio y el pago y siempre que el servicio reporte una ventaja concreta al importador o exportador. Así pues, como afirma A. Mattera, las cargas pecuniarias exigidas como contrapartida de un servicio prestado sólo se sustraen de la prohibición establecida en los arts. 9, 12 y ss. TCE si se traducen en una ventaja específica e individualmente otorgada a un operador, y no a una colectividad o categoría de operadores (49). C) La carga debe provenir de una imposición estatal («unilateralmente impuesta») y no como resultado de indicaciones, recomendaciones o intereses comunitarios, tal como se deriva del art. 12 TCE al prescribir que «Los Estados se abstendrán de establecer o incrementar derechos de aduana» (50).

Las normas del TCE que prohíben los derechos de aduana y exacciones de efecto equivalente son directamente aplicables en los Estados miembros. En cualquier caso, pueden ser excepcionadas por las autoridades comunitarias autorizando a los Estados para que adopten determinadas medidas de protección. Esta actitud, que se enmarca dentro de los arts. 110 a 116 TCE referidos a la política comer-

---

(48) *Cf.* la Sentencia TJCE de 3 de febrero de 1981 *(Asunto 90/79: Comisión c. Francia —fotocopiadoras—, Rec.*, 1981, p. 283). Francia había introducido un determinado impuesto sobre la venta de fotocopiadoras importadas o producidas en Francia. El TJCE consideró este impuesto compatible con el art. 13 TCE (supresión de los derechos de aduana), ya que formaba parte de un sistema general de imposición tendente a la protección del copyright, debido al incremento del uso de la reprografía en detrimento de los titulares del copyright. El art. 13 prohíbe cualquier derecho recaudado al tiempo de la importación que, naciendo para un producto importado con exclusión del producto nacional similar, deviene en una alteración del precio del producto importado, creando así una exacción de efecto equivalente a los derechos de aduana.

(49) La prestación debe conservar un carácter facultativo, sin que quepa imponerla *(cf.* A. Mattera, *El Mercado Unico Europeo..., op. cit.*, p. 65). *Vid.* en un sentido similar la Sent. TJCE de 25 de enero de 1977 ya citada *(Bauhuis c. Holanda):* «No constituye exacción de efecto equivalente la imposición por un beneficio realizado en favor del exportador, siendo proporcional a dicho beneficio»).

(50) Complementariamente, el art. 110 TCE declara que «Mediante el establecimiento entre sí de una unión aduanera, *los Estados miembros* se proponen contribuir, conforme al interés común, al desarrollo armonioso del comercio mundial, a la supresión progresiva de las restricciones, a los intercambios internacionales y a la reducción de las barreras arancelarias.

cial (51), constituye una competencia exclusiva de la Comunidad, por lo que no es admisible ninguna medida de política comercial de carácter nacional, salvo por habilitación específica hecha por la Comunidad. A partir del art. 115 TCE, la Comisión puede autorizar a los Estados miembros la adopción de medidas de protección cuando la aplicación de medidas comunitarias de carácter comercial provoque dificultades económicas en su territorio (52). Estas medidas nacionales implican una restricción de la libre circulación de mercancías y, como tal, deben estar justificadas por motivos expresamente recogidos en el precepto citado (53) y sometidas a la autorización de la Comisión (54). Así lo estimó el TJCE en la Sent. de 23 de noviembre de 1971 al declarar que la autorización prevista en el art. 115.1 puede comportar derogaciones a las disposiciones combinadas de los arts. 9 (Unión Aduanera) y 30 (prohibición de restricciones cuantitativas), así como una traba a la puesta en práctica de la política comercial común prevista en el art. 113; por ello están sometidas a una interpretación y aplicación estricta (55).

---

(51) Las normas de procedimiento previstas en el art. 115 TCE fijando las modalidades de relación entre la Comisión y los Estados miembros no tienen, en opinión del abogado general del *Asunto Werner Bock c. Comisión,* efecto directo ni engendran derecho para los particulares *(Asunto 62/70,* Sent. de 23 de noviembre de 1971, *Rec.,* 1971, p. 917).

(52) *Cf.* S. Galera Rodrigo, *La Empresa Europea en el Mercado Unico: normas comunes de comercio,* Madrid, Trivium, 1990, p. 27. La autora tipifica estas habilitaciones como obstáculos al perfeccionamiento de la libre circulación, ya que justifican el mantenimiento de las fronteras físicas. En su opinión, «las importaciones de terceros Estados que circulan libremente en la Comunidad, al haber exigido en uno de los Estados miembros los derechos exigibles por razón de tal importación, deberán ser controladas en la Aduana del Estado miembro autorizado a practicar restricciones sobre las mismas, control que asegura la efectividad de dichas restricciones. La aplicación del art. 115 supone la adopción de un tratamiento singular, en el Estado donde son autorizadas, no sólo respecto a mercancías de terceros países que «pretenden» entrar en la Comunidad a través de su territorio, sino también respecto de expediciones procedentes de otros Estados miembros de mercancías, en principio, procedentes de un tercer país, pero que han sido comunitarizadas al haber satisfecho los derechos correspondientes».

(53) Art. 115 TCE: «Con objeto de asegurar que la aplicación de las medidas de política comercial, adoptadas por cualquier Estado miembro de conformidad con el presente Tratado, no sea impedida por desviaciones del tráfico comercial, o cuando diferencias entre estas medidas provoquen dificultades económicas en uno o varios Estados, la Comisión recomendará los métodos para la necesaria colaboración de los demás Estados miembros. Fallando esto, la Comisión autorizará a los Estados miembros para que adopten las medidas de protección necesarias, en las condiciones y modalidades que ella determine».

(54) Sólo en caso de urgencia y durante la vigencia de período transitorio pueden los Estados miembros adoptar directamente las medidas necesarias, notificándolas a los demás Estados miembros, así como a la Comisión, que puede decidir su modificación o supresión (párrafo segundo del art. 115 TCE).

(55) *Asunto 62/70: Werner A. Bock c. Comisión* (ya citado), *Rec.,* 1971, pp. 897 y ss. *(Vid.* el comentario de J. J. Martínez Murillo, «Medidas nacionales de política co-

Al igual que ocurre respecto de las restricciones cuantitativas y medidas de efecto equivalente, las exacciones de efecto equivalente plantean un problema interpretativo en relación con el principio de discriminación. En las restricciones cuantitativas habíamos planteado su independencia respecto de este criterio, de tal modo que, a los efec tos de la aplicación de los arts. 30 y 36 TCE, lo relevante era la existencia de una medida restrictiva, independientemente de que ésta fuese o no discriminatoria. Esto mismo podría predicarse en relación con las exacciones de efecto equivalente, entendiendo, como lo hace A. Mattera que «a la hora de calificar una carga pecuniaria de exacción de efecto equivalente, carecen de valor jurídico el carácter discriminatorio (o protector) de la imposición o su incidencia más o menos restrictiva, actual o potencial, en los intercambios. La simple exigencia de una carga, aunque sea mínima, basta para comprobar la existencia de una violación de los arts. 9 y 12 TCE» (56). El autor fundamenta su posición en la Sent. TJCE de 1 de julio de 1969 en virtud de la cual «Una carga pecuniaria... que grave las mercancías nacionales o extranjeras al paso de frontera... constituye una exacción de efecto equivalente... incluso cuando de ello no se derive ningún efecto discriminatorio o protector o el producto no se encuentre en concurrencia con una producción nacional similar» (57). Sin embargo, en otras ocasiones el TJCE ha mantenido posiciones más matizadas, como es el caso de la Sent. de 14 de diciembre de 1962, que entendió como exacciones de efecto equivalente aquellas imposiciones que gravan específicamente un producto importado «con exclusión de un producto nacional similar... teniendo la misma incidencia que un derecho de aduana so-

---

mercial *versus* libre circulación de mercancías en libre práctica», *Gaceta Jurídica CEE*, núm. 88, diciembre 1990, pp. 3 y ss. Dados los países implicados en este supuesto (Alemania, China y Benelux), el TJCE se refiere a la aplicación de las prohibiciones de restricciones cuantitativas tanto a las mercancías originarias como a las mercancías en libre práctica. Consideró errónea la Decisión de la Comisión de 15 de septiembre de 1970 autorizando a Alemania a adoptar una medida de protección contra las importaciones de champiñones procedentes de China a través de Bélgica. Concretamente, la Comisión había autorizado a la R. F. de Alemania para excluir del tratamiento comunitario al producto procedente de un tercer país, puesto en libre práctica en Benelux. El Tribunal consideró desproporcionada esta medida y trajo a colación el párrafo tercero del art. 115 TCE: «Deberán elegirse con prioridad las medidas que menos perturbaciones causen al funcionamiento del Mercado Común».

(56) *Cf. Mercado Unico Europeo..., op. cit.*, p. 63.

(57) *Asuntos acumulados 2 y 3/69: Social Fonds voor Diamantarbeiders c. Brachfeld y Chougol Diamond Co., Rec.*, 1969, pp. 211 y ss. Según el TJCE cuando el TCE prohíbe los derechos de aduana no distingue entre mercancías que entren o no en concurrencia con los productos del país importador. Igualmente, la abolición de las barreras aduaneras no tiende exclusivamente a eliminar su carácter protector, el TCE, por contra, atribuye a esta eliminación un alcance más general encaminado a asegurar la libre circulación de mercancías *(Rec.*, p. 221).

bre la libre circulación de mercancías» (58). De esta afirmación parece desprenderse que el efecto equivalente al derecho de aduana se limita a los casos en que exista un producto nacional similar, siendo suficiente apreciar la discriminación entre éste y el producto importado para admitir la existencia de una exacción de efecto equivalente. En definitiva, el dato determinante de tal exacción, y, por tanto, de la aplicación de los arts. 9 y 12 TCE sería la discriminación misma. Sin embargo, no creemos que sean éstas las conclusiones que deban derivarse de la aparente contradicción entre las dos sentencias. Si bien la discriminación del producto importado y correlativa protección del producto nacional caracterizan frecuentemente a las exacciones de efecto equivalente, al igual que a las medidas de efecto equivalente a las restricciones cuantitativas, no es ésta una condición indispensable para que podamos referirnos a tales exacciones o restricciones. Evidentemente, el derecho de aduana y exacción equivalente sólo se impone a los productos que pasan la frontera, pero ello no permite distinguir entre cargas que gravan mercancías extranjeras que tienen correspondencia en un producto nacional similar o sustituible y aquellas que lo hacen sobre una mercancía que no encuentra competencia en el mercado nacional. El hecho de que ciertos bienes no sean producidos en un Estado miembro no puede conferir a este Estado la potestad de imponer derechos de importación. La libre circulación de mercancías debe aplicarse de forma general a todos los productos en el interior de la Comunidad. De otro modo, es decir, si no hubiese exacción en el sentido del art. 12 TCE más que cuando ésta implicase efectos proteccionistas o discriminatorios, un gravamen recaído sobre un producto importado que no tuviese equivalente en el Estado de la importación, se encontraría necesariamente fuera del art. 12. Sin embargo, no por ello dejaría de atentar contra el principio de la libre circulación de mercancías; si esta libertad es el criterio a tener en cuenta no cabe otra solución más que considerar irrelevante el que exista o no discriminación (59).

---

(58) *Asuntos 2 y 3/62: Comisión c. Luxemburgo y Reino Unido, Rec.*, 1962, pp. 813 y ss. *Vid.* también la Sent. TJCE de 16 de junio de 1966, *Asuntos 52-55/65: Alemania c. Comisión, Rec.*, 1966, pp. 227 y ss.

(59) *Vid.* estas apreciaciones en las conclusiones del abogado general J. Gand con ocasión de la Sentencia ya citada de 1 de julio de 1969 *(Social Fonds Diamantarbeiders), Rec.*, 1969, pp. 229-233. En éstas se hace referencia a los objetivos previstos en el art. 3 TCE (eliminación de derechos de aduana y restricciones cuantitativas a los intercambios, establecimiento de una tarifa aduanera común y establecimiento de un régimen de competencia no falseada). Para su realización se prescribe la eliminación de los derechos de aduana al margen de la posible concurrencia o no del producto importado con el producto nacional. El objetivo es eliminar los obstáculos a los intercambios y no concretamente eliminar los factores de discriminación o protección. Por ello, la prohibición de los derechos de aduana se extiende no sólo a la importación sino también a la exportación.

La discriminación respecto de mercancías procedentes de otros Estados o la protección respecto de las mercancías nacionales no condiciona a las exacciones de efecto equivalente, sino a las tasas o gravámenes interiores previstos por el art. 95 TCE (Capítulo II TCE: Disposiciones fiscales). Recuérdese que éstos no tienen la consideración de exacción, sino que se integran en el marco general del sistema impositivo de un Estado. En este caso sí que es absolutamente relevante el criterio de discriminación, de hecho el propio precepto impide a los Estados miembros gravar los productos de otros Estados con tributos internos superiores a los que gravan a los productos nacionales similares. En conclusión, la exacción de efecto equivalente es contraria al TCE por el mero hecho de obstaculizar la libre circulación de mercancías. En tanto, las tasas interiores serán ilícitas en la medida que graven más duramente los productos importados que los nacionales, en este caso mediante una política de protección. Por ello, la verdadera dimensión de la discriminación y de la protección se relaciona con el art. 95 (gravámenes interiores) y no con los gravámenes que pueda padecer un producto a su paso por frontera. Son admisibles los gravámenes interiores que recaen sistemáticamente sobre productos nacionales y productos importados según los mismos criterios (60), sin embargo, esta circunstancia de no discriminación no sirve para legitimar una exacción que atente a la libre circulación de mercancías.

En relación particularmente con los gravámenes interiores, resta por determinar cuándo éstos se consideran proteccionistas o discriminatorios; no parece suficiente para lesionar el art. 95 TCE que se detecte una mera diferencia impositiva entre los productos nacionales e importados. De hecho, el TJCE ha afirmado que el Derecho comunitario no restringe la libertad de cada Estado para establecer un sistema de imposición diferenciado para ciertos productos, incluso similares, en función de criterios objetivos, tales como la naturaleza de las materias primas utilizadas o los procedimientos de producción aplicados. Estas diferencias son compatibles con el Derecho comunitario si persiguen objetivos acordes con el TCE y con el Derecho derivado y siempre que sus modalidades no discriminen, directa o indirectamente, a las importaciones de otros Estados miembros o protejan productos nacionales concurrentes (61). Los índices a tener en cuenta para conside-

(60) Sent. TJCE de 14 de diciembre de 1972 *(Asunto 29/72: Marimex, Rec.*, 1972, pp. 1309 y ss. (ya citada).

(61) *Vid.* Sent. TJCE de 4 de marzo de 1986, *Asunto 106/84: Comisión c. Dinamarca, Rec.*, 1986, pp. 833 y ss. y Sent. TJCE de 7 de abril de 1987, *Asunto 196/85: Comisión c. Francia, Rec.* 1987, pp. 1597 y ss. (Esta última admite también estas dife-

rar que la diferencia de gravamen es compatible con el Derecho comunitario son, por tanto, el fundamento objetivo de tal diferencia y la no producción de una discriminación o protección. Este último requisito se entiende satisfecho cuando el consumidor puede eludir el gravamen superior del producto importado simplemente adquiriendo otros productos, ya sean extranjeros o nacionales, sin que ello implique necesariamente un favorecimiento de las mercancías nacionales. Sí habría discriminación o, más propiamente, protección y, en consecuencia, resultaría violado el art. 95 TCE cuando la naturaleza del sistema impositivo diferenciado, que grava más al producto importado, desvíe al consumidor de la adquisición de este producto en provecho de la fabricación nacional. Son ilustrativas en este sentido las conclusiones del abogado general en relación con la Sent. TJCE de 5 de abril de 1990 (62) afirmando que una diferencia fiscal no deviene incompatible con el art. 95 únicamente, porque no haya un producto nacional que reúna las condiciones para establecer una imposición superior, desde el momento que los productos importados no son los únicos que, por definición, hipótesis o naturaleza, pueden cumplir estas condiciones.

El otro aspecto a tener en cuenta en relación con la Unión Aduanera, además de la prohibición de los derechos de aduana, exacciones de efecto equivalente y eliminación de cualquier barrera técnica, fiscal o aduanera, viene dado por el establecimiento de un Arancel Aduanero Común para todos los Estados miembros (63), al que se refieren

rencias si las ventajas fiscales, acordadas bajo formas de exoneraciones o reducciones de derechos, sirven para fines sociales legítimos. En este mismo sentido *vid.* Sent. TJCE de 10 de octubre de 1978, *Asunto 148/77: Hansen & Balle/HZA Flensburg, Rec.*, 1978, p. 1787).

(62) *Asunto 132/88: Comisión c. República Helénica, Rec.*, 1990, pp. 1567 y ss. Se trataba de un sistema de imposición en el que el montante aumentaba progresivamente para los automóviles extranjeros superiores a una determinada cilindrada. No se consideró la discriminación ni la protección desde el momento que el consumidor podía eludir esta tasa superior acudiendo a otra gama de inferior cilindrada y ésta podía encontrarse tanto en automóviles de fabricación extranjera como de fabricación nacional.

(63) Iniciada su adopción a partir de la Decisión del Consejo de 13 de febrero de 1960 *(DOCE*, de 20 de diciembre de 1960). Entre el ingente número de disposiciones relativas al AAC, deben retenerse entre otras el Reglamento del Consejo núm. 950/68, de 28 de junio de 1968, relativo al AAC *(ibíd.*, L 172 de 22 de julio de 1968) y núm. 1224/80 de 28 de mayo de 1980, referente al valor en aduana de las mercancías (valor a considerar para la aplicación del AAC, *ibíd.*, L 136 de 31 de mayo de 1980) y las modificaciones operadas al primero de ellos por los Reglamentos núm. 3331/85 de 5 de diciembre de 1985 *(ibíd.*, L 311 de 6 de noviembre de 1985) y núm. 3618/86 de 24 de noviembre de 1986 *(ibíd.*, L 345 de 8 de diciembre de 1986). También, el Reglamento del Consejo núm. 97/69 de 16 de enero de 1969, relativo a las medidas que se deben adoptar para la aplicación uniforme de la nomenclatura del AAC *(ibíd.*, L 14 de

los arts. 18 y siguientes TCE. El TJCE ha afirmado que la instauración del AAC, junto con una política comercial común respecto de terceros Estados, entra dentro de los fines que el art. 2 TCE asigna a la Comunidad y de las líneas de conducta que el art. 29 fija para la gestión de la Unión aduanera (64). Según el art. 19 TCE, los derechos del AAC se establecerán al nivel de la media aritmética de los derechos aplicados en los territorios aduaneros que comprende la Comunidad (65). Para la introducción progresiva del AAC, los Estados miembros modificarán sus aranceles aplicables a terceros países en la forma prevista en el art. 23 TCE, si bien el art. 24 les faculta a modificar sus derechos de aduana a un ritmo más rápido que el previsto en este artículo, al tiempo que procederán a la aproximación de sus disposiciones legales, reglamentarias y administrativas en materia aduanera, dirigiendo a este fin la Comisión las recomendaciones pertinentes (art. 27).

Este proceso de armonización está sujeto a ciertas flexibilizaciones, otorgando el art. 28 TCE al Consejo la decisión sobre la modificación o suspensión autónoma de los derechos del AAC. Igualmente, el art. 26 faculta a la Comisión para autorizar al Estado miembro que afronte especiales dificultades para que aplace la reducción o el aumento de los derechos de determinadas partidas de su arancel. Asimismo, el art. 25 deja en manos del Consejo la posibilidad de conceder a un Estado miembro contingentes arancelarios libres de derechos o con derechos reducidos, dependiendo las causas para esta concesión de la clasificación arancelaria que corresponda a cada producto (66).

---

21 de enero de 1969). Sobre el TARIC (código general en el que se contienen las disposiciones comunitarias aplicables a las mercancías que entran y circulan por la Comunidad). *Vid.* el Reglamento del Consejo núm. 2658/87 de 23 de julio de 1987 *(ibíd.,* L 256 de 7 de septiembre de 1987).

(64) Art. 3 TCE: «... la acción de la Comunidad llevará consigo... b) el establecimiento de un arancel aduanero común y de una política comercial común respecto de terceros Estados. Art. 29: «En el cumplimiento de las funciones que le son atribuidas... la Comisión se guiará por... a) la necesidad de promover los intercambios comerciales entre los Estados miembros y terceros países». *Vid.* estas referencias en la Sent. TJCE de 6 de diciembre de 1990 *(Asunto 343/89: Max Witzemann, Rec.,* 1990, pp. 4477 y ss.).

(65) Literalmente el precepto se refiere a los «cuatro territorios aduaneros que comprende la Comunidad». Se toma como base para este cálculo de media los derechos aplicables por los Estados el 1 de enero de 1975. A continuación en los arts. 19, 20, 22, 23 y 24 se establecen las modalidades y los plazos para la determinación de los derechos aplicables. *(Vid.* esta cuestión en A. Mattera, *Mercado Unico Europeo..., op. cit.,* p. 360.

(66) Por mayoría cualificada y a propuesta de la Comisión. Los contingentes arancelarios libres o con derechos reducidos se pueden conceder si la Comisión comprueba que la producción de los Estados miembros de determinados productos de las listas B,

Este precepto es un ejemplo de cómo el TCE permite, en el marco general del art. 115, derogaciones a la política comercial común, suprimiendo o reduciendo el arancel exterior común para un Estado miembro que se encuentre en una determinada situación económica (67). En cualquier caso, estas autorizaciones de las autoridades comunitarias deberán ser específicas, dada la competencia exclusiva de la Comunidad a la hora de derogar la política comercial común (68).

2. *Adecuación del sector público a las exigencias comunitarias*

A) Adecuación y supresión de los monopolios nacionales

El sistema institucional de mercado se basa en el principio de libre competencia y competencia leal, al tiempo que la organización de mercado único presupone una libertad de intercambios o libre circulación de mercancías, que implica la supresión de las restricciones cuantitativas a la importación y exportación, así como cualquier medida de efecto equivalente (art. 30 TCE). Uno de los efectos más representativos de esta interrelación de planos libre competencia/libre circulación

C y D (del Anexo I TCEE) es insuficiente para el abastecimiento de un Estado miembro y que tal abastecimiento depende tradicionalmente, en parte considerable, de importaciones procedentes de terceros países. Esta misma posibilidad cabe respecto de productos de la lista E y G cuando un cambio en las fuentes de abastecimiento o un abastecimiento insuficiente en la Comunidad pueda tener consecuencias perjudiciales para las industrias transformadoras del Estado miembro interesado. En este caso es el propio Estado el que insta a la Comisión la reducción o los contingentes arancelarios libres. En cualquiera de los dos supuestos los contingentes autorizados no podrán rebasar los límites más allá de los cuales puedan generarse transferencias de actividades en detrimento de otros Estados miembros. En cuanto a los productos enumerados en el Anexo II TCE, la Comisión podrá autorizar a cualquier Estado miembro para que suspenda, total o parcialmente, la percepción de los derechos aplicables o concederle contingentes arancelarios libres de derechos o con derechos reducidos, siempre que no se produzcan graves perturbaciones en el mercado de esos productos. La Comisión examinará periódicamente los contingentes concedidos (art. 25 TCE).

(67) *Cf.* J. J. Martínez Murillo, «Medidas nacionales de política comercial "versus" libre circulación de mercancías en libre práctica», *loc. cit.*, p. 4.

(68) *Vid.* Sent. TJCE de 15 de diciembre de 1976 *(Asunto 41/76: Doncherwolcke, Rec., 1976, pp. 1921 y ss.):* «El art. 115 TCE prevé la adopción de medidas proteccionistas... que se constituyen como excepciones a los principios generales del TCEE y..., deben ser interpretadas en sentido estricto». La competencia es exclusiva de la Comunidad y, por tanto, no es admisible ninguna medida de política comercial, salvo por habilitación específica de las autoridades comunitarias. *(Vid.* esta Sentencia en H. Rasmussen, *La Constitución de la Comunidad Económica Europea* (resumen de las sentencias más importantes del TJCE) —Trad. de A. Escribano Fernández bajo la supervisión de C. F. Molina del Pozo—, Madrid, Trivium, 1990, p. 150.

de mercancías, es la necesidad, derivada del art. 37 TCE, de suprimir o adecuar los monopolios nacionales. Como es sabido, el sistema de libre competencia se articula o protege a través de dos prohibiciones: la prohibición de acuerdos entre empresas que falseen o puedan falsear la competencia y la prohibición de explotación abusiva de posición dominante. Esta prohibición puede recaer tanto sobre empresas privadas (supuesto típico de aplicación del art. 86 TCE) o sobre empresas públicas, en cuyo caso sería de aplicación lo dispuesto en los arts. 90 y ss. del TCE. Ahora bien, cuando esta posición dominante se genere, no a través de procesos o actitudes propiamente empresariales, sino que tiene una causalidad legal o un fundamento de derecho, estaremos en presencia de un monopolio. Tal como señala G. C. Rodríguez Iglesias, es preciso que la situación de monopolio tenga este fundamento de derecho, ya que los monopolios de hecho no están sometidos al régimen del art. 37 TCE, sino al del art. 86, y, en la medida que se trate de empresas públicas, es decir, sometidas a la influencia de los poderes públicos, al art. 90 TCE (69). Por otra parte, además de tener esta fundamentación jurídica, para que el monopolio entre dentro del ámbito de regulación del TCE debe incidir sobre la libre competencia produciendo una discriminación arbitraria y tener por objeto la transacción de un producto comercial susceptible no sólo de entrar en competencia, sino también de ser objeto de intercambios (70). En definitiva, el art. 37 TCE se enmarca dentro de las reglas aplicables al sector público y se caracteriza por: exigir una fundamentación jurídica de la situación de influencia del sector público, provocar una posición de proteccionismo incompatible con el principio de competencia no falseada y con el principio de no discriminación y, finalmente, incidir en el régimen de intercambios, es decir, en la libre circulación de mercancías.

Sobre la base de estos elementos el art. 37.2 TCE define al monopolio declarando que «Las disposiciones del presente artículo se aplicarán a cualquier organismo que controle, dirija o influya sensible-

---

(69) *Cf.* «Los monopolios de Estado» en *Tratado de Derecho Comunitario Europeo..., op. cit.*, vol. II, pp. 481 y ss., esp. p. 485.

(70) *Vid.* fundamento 11 de la Sent. TJCE de 7 de junio de 1983 (*Asunto 78/82: Comisión c. Italia, Rec.*, 1983, p. 1955). El art. 37, teniendo en cuenta su posición en el TCE, tiende a asegurar el respeto a la regla fundamental de la libre circulación de mercancías en el Mercado Común, en particular a través de la abolición de las restricciones cuantitativas y las medidas de efecto equivalente en los intercambios entre los Estados miembros, así como a mantener las condiciones normales de concurrencia entre estos mismos Estados. *Vid.* la reiteración de esta afirmación en las conclusiones del abogado general, M. G. Tesauro, con ocasión de la Sent. TJCE de 13 de diciembre de 1990 (*Asunto 347/88: Comisión c. República Helénica,* Rec., 1990, p. 4789).

mente en las importaciones o exportaciones de los Estados miembros». Esta relación directa del monopolio nacional con la libre circulación de mercancías en el TCE, hace que queden excluidos del art. 37 los monopolios de servicios, lo cual a su vez plantea la necesidad de deslindar la involucración existente entre las libertades comunitarias. Así procedió el TJCE en la Sent. de 30 de abril de 1974 (71) para concluir señalando que la calificación comercial de los monopolios contemplados en el art. 37 implica que esta disposición sólo afecta a los monopolios nacionales que tienen encomendada la venta de productos, o sea, a los monopolios de productos que pueden ser objeto de transacciones comerciales, con exclusión de los monopolios de servicios (72). Tampoco se aplica a los monopolios de producción, ya que el art. 222 TCE no prejuzga en modo alguno el régimen de propiedad establecido por los Estados miembros, por ello, los Estados miembros son libres de crear o mantener monopolios de

---

(71) *Asunto 155/73: Sacchi, Rec.*, 1974, pp. 409 y ss. La RAI exigía el pago de ciertos derechos exclusivos de emisión por televisión, que la empresa Sacchi no satisfizo. Esta alegó que el derecho exclusivo de la RAI no podía extenderse a las emisiones por cable, dado que ello era contrario a la normativa comunitaria de libre circulación de mercancías. Se planteó cuestión prejudicial ante el TJCE en torno a si esta libertad alcanzaba a los aspectos comerciales de los mensajes televisados y si el monopolio de emisión concedido por el Estado a la RAI era contrario a dicho principio. Si la actividad era considerada como libre prestación de servicios, no venía afectada por el principio de libre circulación de mercancías y el monopolio podía considerarse acorde con el Derecho comunitario. Si, por el contrario, se estimaba como actividad de intercambio de mercancías, estaríamos en presencia de un verdadero monopolio de comercialización restrictivo de los intercambios. El TJCE consideró que, a pesar de que el supuesto se enmarcaba dentro de la libre prestación de servicios, el hecho de impedir la emisión de mensajes publicitarios tenía una clara repercusión en la importación de los soportes materiales utilizados para esta difusión (mercancías). De este modo el derecho de exclusiva detentado por la RAI implicaba indirectamente una restricción cuantitativa a la importación, contraria al art. 30 y al art. 37 TCE (*vid.* sobre esta Sentencia J. C. Fernández Rozas y S. Sánchez Lorenzo, *Curso de Derecho internacional privado, op. cit.*, p. 230). Queda claro a partir de la posición del TJCE que el art. 37 no es aplicable a los monopolios de servicios, planteándose C. Baraud que parece, en cualquier caso, difícil de admitir que, frente a una prohibición completa en materia de creación y extensión de monopolios para el comercio de mercancías, exista una libertad total en el ámbito de los monopolios de servicios. Sugiere el autor la habilitación de un límite a esta supuesta libertad articulado a través de la prohibición de discriminación. (*Cf.* «L'aménagement des monopoles nationaux prévu à l'article 37 du traité CEE à la lumière des récents développments jurisprudentiels», *Rev. trim. dr. européen,* 1979, p. 573).

(72) *Vid.* en el mismo sentido las Sentencias TJCE de 28 de junio de 1983 (*Asunto 271/81: Amélioration de l'évage c. Mialocq, Rec.*, 1983, p. 2057) y *Asunto 161/82: Comisión c. Francia, Rec.*, 1983, p. 2079) en torno al monopolio de inseminación artificial de bovinos. El art. 37 TCE no es aplicable al monopolio de prestación de servicios, siempre y cuando éste no contravenga la libre circulación de mercancías produciendo una discriminación entre los productos importados y los originarios.

producción a través de un régimen público de propiedad de empresas. Cuando nos encontremos ante un monopolio de este tipo no entran en juego las disposiciones del art. 37, lo que no impide que si en dicho monopolio concurre o aparece otro monopolio, este sí de carácter comercial, se aplique el mencionado precepto (73). Por tanto, el monopolio al que hace referencia el art. 37 sería un monopolio comercial, es decir, cualquier organismo —Administración o empresa pública o privada— a través del cual el Estado influya en los intercambios.

En esta línea, el art. 37 TCE se refiere a las medidas estrictas de monopolio comercial e impone dos obligaciones de aplicabilidad directa (74). El párrafo primero sólo parece referirse a una exigencia de adecuación de los monopolios nacionales, y no a una supresión de los mismos. De igual modo que el TCE no prohíbe la posición dominante de una empresa, sino simplemente la explotación abusiva de la misma, el art. 37 tampoco impide la existencia de monopolios nacionales de carácter comercial, sino que exige su adecuación, es decir, que el monopolio no entrañe una discriminación entre los nacionales de los Estados miembros respecto de las condiciones de abastecimiento en el mercado ni tampoco una restricción cuantitativa de los intercambios. Se trata de garantizar la libre circulación de mercancías y no de impedir que los Estados miembros puedan organizar su propio sistema de ventas y distribución, siempre dentro del marco del art. 30 TCE (75). Asimismo, el párrafo segundo del art. 37 insta a los Estados a abste-

(73) *Vid.* la Sent. TJCE de 3 de febrero de 1976 *(Asunto 59/75: Ministerio Público c. Manghera y otros, Rec.* 1976, p. 91) donde se trataba de un monopolio público que afectaba a la vez a la producción y a la importación. En esta situación la Comisión presume que quien detenta un monopolio de producción tenderá a privilegiar la comercialización de sus productos en relación con los productos importados, que serán objetivamente víctimas de una discriminación.

(74) El TJCE ha declarado el carácter definitivo de la prohibición de discriminación a la que, al final del período transitorio, obliga la aplicación del art. 37.1 (Sent. de 17 de febrero de 1976, *Asunto 91/75: Miritz,* Rec., 1976, pp. 217 y ss.). El art. 37 es directamente aplicable; la exclusión de discriminación entre los ciudadanos de los Estados miembros constituye una obligación concreta que no está, por tanto, sometida a ninguna condición ni en sus resultados ni a su ejecución. Otro tanto ocurre respecto al párrafo segundo de este precepto y, en este caso, sin ninguna referencia al período transitorio. Por ello, es posible que los particulares hagan valer sus derechos ante las jurisdicciones estatales *(cf.* G. C. Rodríguez Iglesias, «Los monopolios de Estado», *Tratado de Derecho Comunitario..., op. cit.,* p. 489).

(75) *Vid.* en torno a la no necesidad de supresión de los monopolios nacionales A. Mattera, *El mercado único europeo..., op. cit.,* pp. 79-83. Sobre la exigencia de someter la política de ventas de un monopolio público al principio de libre circulación de mercancías *vid.* la Sentencia TJCE de 13 de marzo de 1979 *(Asunto 91/78: Hansen, Rec.,* 1979, p. 951.

nerse de cualquier nueva medida contraria a los principios en el apartado primero (no discriminación) o que restrinja el alcance de los artículos relativos a la supresión de los derechos de aduana y de las restricciones cuantitativas entre los Estados miembros. Adviértase que esta obligación no se limita a prohibir nuevas medidas específicamente aplicables a los monopolios, sino cualquier medida que, aunque fuera del objeto directo del monopolio, esté vinculada a la existencia de éste e incida en los intercambios comunitarios (76).

Sin perjuicio de que la supresión de las exacciones y medidas de efecto equivalente sea objeto de un tratamiento autónomo, interesa destacar dos apartados de clara relevancia en el enunciado del art. 37: el principio de no discriminación y la prohibición de restricciones cuantitativas a la importación y exportación prevista en el art. 30 TCE.

La discriminación en el abastecimiento del mercado y las restricciones cuantitativas pueden ser dos consecuencias inherentes a los monopolios, esto es, al derecho de exclusiva detentado o concedido por el Estado para la comercialización de determinados productos provenientes de otros Estados. Cabe plantearse, no obstante, hasta qué punto puede influir de cara a la existencia de una discriminación la situación del producto en el Estado importador. Este razonamiento aparece recogido en las conclusiones del abogado general G. Tesauro en el asunto *Comisión c. República Helénica,* cuando afirma que si el aprovisionamiento de un producto por parte de un país depende absolutamente de las importaciones, por no existir producción interna, el hecho de que exista un monopolio de importación no genera una discriminación. En estas circunstancias, el Estado titular del derecho de exclusiva no tiene ningún interés de favorecer o perjudicar al producto importado frente a un producto nacional que no existe. Por ello, no es razonable presumir que el monopolio engendre un obstáculo a las importaciones ni una discriminación ilícita (77). Otra circunstancia a tener en cuenta es la

---

(76) *Vid.* Sent. TJCE de 16 de diciembre de 1970 *(Asunto 13/70: Cinzano, Rec.,* 1970, p. 1095). G. C. Rodríguez Iglesias considera que esta prohibición de nuevas medidas no implica en un sentido abstracto la imposibilidad de crear nuevos monopolios, pues éstos sólo están prohibidos cuando entrañen discriminación o restricciones cuantitativas. Sin embargo, en la práctica es casi impensable el establecimiento de un monopolio que no vaya a originar estas consecuencias. Por ello, en su opinión, «... sólo en la medida en que este establecimiento del nuevo monopolio obedezca a razones de interés público, susceptibles de justificar ciertas restricciones no discriminatorias a la libre circulación de mercancías, cabrá la posibilidad de examinar hasta qué punto su creación puede resultar legítima a la luz del art. 90.2 TCE» *(cf.* «Monopolios de Estado» en *Tratado de derecho comunitario..., op. cit.,* p. 490).

(77) Sent. TJCE de 13 de diciembre de 1990 ya citada (*Rec.*, 1990, p. 4773) referida a la importación de petróleo bruto.

interrelación del art. 37 con las excepciones a la prohibición de restricciones cuantitativas (art. 30) previstas en el art. 36 TCE. En principio, la situación de monopolio es contraria al art. 30, en la medida que es considerada como una medida equivalente a una restricción cuantitativa. Sin embargo, el art. 37 no es identificable con el 30 a los efectos de las excepciones admitidas a las restricciones cuantitativas (art. 36), es decir, el art. 36 establece las excepciones tasadas a la prohibición del 30, pero no al régimen establecido en el art. 37, porque ésta es una norma autónoma y específica para las situaciones de monopolio. No obstante, al igual que ocurre en el ámbito de la discriminación, también en este caso la conclusión puede ser relativizada, llegando a admitirse el monopolio cuando la restricción inherente al mismo puede ser incluida en alguna de las excepciones previstas en el art. 36. Concretamente, la práctica detecta el recurso a la noción de seguridad pública como razón justificativa de una restricción inicialmente prohibida por el art. 30 (78). Así por ejemplo, la Sent. TJCE de 10 de julio de 1984 concluyó que un Estado miembro cuyo abastecimiento de productos petrolíferos dependa totalmente o casi totalmente de las importaciones, puede acudir a razones de seguridad pública, en el sentido del art. 36 TCE, para cubrir o garantizar el aprovisionamiento regular de un determinado producto. Se justificó un monopolio estatal de refinerías pues, de otro modo, éstas no podrían asegurar su actividad, al depender exclusivamente de productos importados (79). Debe recordarse que las excepciones previstas por el art. 36 no deben, en ningún caso, provocar una discriminación arbitraria, lo cual puede ser utilizado en favor de su admisión cuando no exista producto nacional al que favorecer a través de un monopolio, es decir, cuando no pueda producirse discriminación. El problema es que el art. 36 también estipula

---

(78) El art. 36 TCE declara que las disposiciones de los arts. 30-34 (prohibición de restricciones cuantitativas y medidas de efectivo equivalente) «no serán obstáculo para las prohibiciones o restricciones a la importación, tránsito o exportación justificadas por razones de orden público, moralidad y «seguridad públicas...».

(79) *Asunto 72/83: Campus Oil Limited, Rec.*, 1984, p. 2727. Igualmente, en el *Asunto Comisión c. República Helénica,* Grecia argumentaba que su situación geopolítica justificaba el mantener derechos exclusivos de importación para asegurar el aprovisionamiento de petróleo bruto y derivados. Este objetivo no podía conseguirse más que manteniendo las refinerías del sector público en actividad. Por ello era necesario imponer a las sociedades de distribución que se aprovisionasen, siquiera en parte, de estas refinerías hasta el momento en que fuese posible comercializar su producción con precios competitivos. En cualquier caso, el TJCE no consideró probado este extremo, es decir, que de eliminarse el monopolio no sería posible mantener precios competitivos y asegurar la actividad de las refinerías. En consecuencia, rechazó el argumento de seguridad pública y denunció que Grecia estaba incumpliendo las obligaciones que le correspondían en virtud de los arts. 30 y 37 TCE.

que tales excepciones a los arts. 30 a 34 no pueden provocar una restricción encubierta del comercio entre los Estados miembros. Si el efecto de la excepción no puede ser una restricción a los intercambios, es evidente que la excepción no excepciona a la prohibición de restricciones comerciales. De aquí se deriva una conclusión final de independencia entre los arts. 36 y 37; el primero sólo afecta a los arts. 30 y 34, estableciendo excepciones con base en ciertas razones tasadas, pero no al 37.

Así, pues, desde el momento que el art. 36 debe ser interpretado de modo restrictivo, por excepcionar un principio fundamental del TCE (libre circulación de mercancías), su ámbito de aplicación no puede extenderse al art. 37 TCE. A. Mattera afirma que la salvaguardia de las exigencias fundamentales, como las recogidas en el art. 36 (seguridad pública, etc...), entran dentro de las prerrogativas de los Estados miembros y de las competencias que el TCE, en defecto de norma comunitaria en la materia, les reserva. Por ello, el ejercicio de dichas competencias no puede incluirse en la función específica del monopolio comercial, correspondiendo a los Estados y no a las entidades gestoras del monopolio adoptar las disposiciones tendentes a la salvaguardia de las exigencias mencionadas. Estas medidas no se verán afectadas por el art. 37 (monopolio de carácter comercial), sino únicamente por el art. 30 en relación con el 36, por ello no cabría establecer una relación entre el art. 37 y el art. 36 (80). A esta conclusión llegó el TJCE en la Sent. de 20 de febrero de 1979 ante la pretensión de una empresa alemana de importar un licor procedente de Francia, a la cual se oponía el monopolio nacional de alcoholes alemán. La empresa alemana acudió a los Tribunales nacionales, que plantearon recurso prejudicial para determinar si la normativa alemana en la que se amparaba el monopolio era una medida de efecto equivalente a una restricción cuantitativa. El TJCE afirmó que el art. 37 es una disposición específica para los monopolios nacionales de carácter comercial, no aplicable, por tanto, a aquellas disposiciones nacionales que no se refieran al ejercicio por un monopolio público de su función específica, a saber, su derecho de exclusiva, sino que regulan con carácter general la producción y comercialización del producto, con independencia de que éste esté sometido o no al monopolio en cuestión. En estas condiciones, la incidencia de la medida sobre los intercambios debe

(80) *Cf.* A. Mattera, *El mercado único europeo..., op. cit.*, pp. 84 y 85. En este mismo sentido, *vid.* la Sent. TJCE de 13 de marzo de 1979 *(Asunto 119/78: Peureux II, Rec.*, 1979, pp. 975 y ss.): «Las reglas del art. 37 no son aplicables cuando se trata de disposiciones ajenas al ejercicio de la función específica del monopolio».

examinarse exclusivamente a la luz de las exigencias que se derivan del art. 30. A este respecto, estimó que las medidas derivadas del monopolio alemán no se podían justificar en la excepción del art. 36 TCE, pues no protegían el interés general e implicaban, por contra, un obstáculo al comercio intracomunitario (81).

En relación con nuestro país, el art. 48 del Acta de Adhesión impuso, desde el 1 de enero de 1986, la adecuación progresiva de los monopolios nacionales de carácter comercial. Con esta misma inmediatez se imponía la supresión de la totalidad de los derechos exclusivos de exportación, en tanto que los derechos exclusivos de importación, debían hacerlo a más tardar el 31 de diciembre de 1991. El precepto se refiere especialmente al monopolio de petróleos en los siguientes términos: «La adecuación de los productos incluidos en la lista del Anexo VI podrá no afectar al funcionamiento del monopolio español de petróleo respecto de los terceros países. Este monopolio podrá seguir fijando el origen y las condiciones de adquisición de una cuota de las importaciones del petróleo bruto, procedente de terceros países, necesarias para garantizar la seguridad del abastecimiento en el mercado español, respetando las disposiciones del TCEE y, en particular, las relativas a la libre circulación de mercancías contenidas en los arts. 30 y 37 del mismo».

B) Control de determinadas ayudas públicas

El art. 92 del TCE establece que «Salvo que en el presente Tratado se disponga otra cosa, serán incompatibles con el Mercado Común, en la medida que afecten a los intereses comerciales entre los Estados miembros, las ayudas estatales otorgadas por el Estado o mediante fondos estatales bajo cualquier forma, que falseen o amenacen falsear la competencia, favoreciendo a determinadas empresas o producciones». Asimismo, el art. 4 TCECA establece que «Son reconocidas como incompatibles en el Mercado Común del carbón y del acero y, en consecuencia, abolidas y prohibidas... las subvenciones o ayudas

---

(81) *Asunto 120/78: Rewe Zentral AG*, también conocido como *Cassis de Dijon*, *Rec., 1979*, pp. 694 y ss. Esta sentencia se refiere específicamente a la lealtad de las transacciones comerciales y a la defensa de los consumidores, como conceptos configuradores de las exigencias imperativas que, aunque no integrados en el art. 36 TCE, constituyen una justificación para excepcionar la prohibición del art. 30. *Vid.* sobre este asunto S. Pickard, *Iniciación a la política de competencia de la CEE*, Madrid, Cívitas, 1986, pp. 98 y 99.

otorgadas por los Estados o los impuestos especiales fijados por ellos, cualquiera que sea su forma». G. Fernández Farreres destaca el carácter más estricto y radical de este precepto frente al principio prohibitivo mucho más flexible y matizado del art. 92 TCE, lo que ha llevado a las autoridades comunitarias a aminorar las consecuencias que se derivarían de la prohibición absoluta contenida en el art. 4 TCECA, permitiendo, al amparo del art. 67 TCECA, las ayudas que previamente hayan sido autorizadas por la Comisión (82). En el ámbito de la LDC, el art. 19 otorga competencia al TDC, previa solicitud del Ministro de Economía y Hacienda, para examinar las ayudas públicas en relación con sus efectos sobre las condiciones de competencia. A la vista del dictamen del Tribunal, el Ministro podrá proponer a los poderes públicos la supresión o modificación de la ayuda, así como las medidas conducentes al mantenimiento o restablecimiento de la competencia (83). Las autoridades españolas son competentes para aplicar la Ley 16/1989 cuando los efectos de las ayudas se circunscriban al mercado interior y siempre que la aplicación de dicha Ley no se oponga a los objetivos del TCE. El Ministro de Economía y Hacienda tiene un poder de iniciativa y sanción, proponiendo al TDC el examen de las ayudas y decidiendo, a la vista del dictamen del TDC, la supresión o modificación de la ayuda o el establecimiento de las medidas conducentes al mantenimiento o restablecimiento de la competencia (84).

El supuesto debe tratarse de una ayuda pública, es decir, sufragada con fondos públicos (85) y acordada bien directamente por el Estado o

---

(82) *Cf.* «Control de las ayudas financieras nacionales», *Tratado de Derecho comunitario..., op. cit.*, vol. II, pp. 619 y ss., esp. p. 646. Como ejemplo de esta flexibilización *cf.* la Sent. TJCE de 23 de febrero de 1961 *(Asunto 30/59: Gezamenlijke Steenkolenmijnen in Limburg c. Comisión, Rec.*, 1966, pp. 7 y ss.).

(83) F. Díaz Moreno destaca las escasas facultades que se atribuyen al TDC, pues no solamente se ve privado de la facultad de iniciativa en la incoación del expediente, sino que su dictamen no tiene en ningún caso carácter vinculante, incluso en el supuesto de que del mismo se derive que las ayudas concedidas son contrarias a la libre competencia, pues siempre quedará a la facultad discrecional del Ministro el proponer a los poderes públicos concedentes de las ayudas su supresión o modificación. No sólo es precisa la iniciativa del Ministro de Economía y Hacienda, sino que incluso en el supuesto de que ésta se produzca, el TDC tiene poderes potestativos para examinar o no las ayudas otorgadas. Puede suceder que, una vez tomada la iniciativa por el Ministro, el TDC no estime oportuno examinar las ayudas *(cf.* «La regulación de las ayudas de Estado en la Ley de Defensa de la Competencia», *Noticias CEE*, núm. 66, julio de 1990, p. 23).

(84) *Cf.* B. Castell Borras, «La nueva Ley de Defensa de la Competencia y el control de las ayudas estatales», *R.G.D.*, núm. 558, 1991, pp. 1437 y ss., esp. p. 1439.

(85) Requisito indispensable para la configuración de la ayuda es que se sufrague con cargo a fondos públicos, provenientes del Estado o de entes descentralizados. Así,

por los organismos públicos o privados designados para ello (86). Debe dirigirse a una empresa individualizada, ya sea pública o privada, cuyos costes de producción se vean modificados por efecto de dicha ayuda o su posición reforzada de cualquier forma frente a los competidores (87). En el marco del TCE se acoge un concepto de ayuda en sentido amplio, entendiéndose por tal no sólo las prestaciones positivas, como las subvenciones, sino también otras intervenciones que, bajo formas diversas, aligeran las cargas que normalmente recaen sobre el presupuesto de una empresa y que por ello, sin ser subvenciones en el sentido estricto del término, tienen idéntica naturaleza y producen los mismos efectos (88). Además, debe suponer una amenaza o perjuicio de cierta entidad para la competencia, lo cual evidencia que no existe una prohibición genérica de las ayudas, sino sólo de aquéllas que puedan falsear la competencia (89). Por último, debe afectar al comercio entre los Estados miembros, es decir, favorecer a la empresa beneficiaria frente a empresas competidoras de otros Estados miembros. Para valorar este efecto debe tenerse en cuenta no sólo el efecto inmediato de la ayuda, sino también los efectos que previsiblemente pueda llegar a tener en un futuro (competencia potencial).

A la hora de controlar la ayuda pública han de tenerse en cuenta dos datos. De un lado, la necesidad de que las empresas en competición presenten una igualdad de posibilidades en el mercado; de otro, la necesidad de paliar algunas irregularidades del mercado así como satisfacer determinadas necesidades sociales, precisamente a través de la ayuda pública. Con esta perspectiva, el art. 92.1 TCE, tras establecer una regla general prohibitiva en los términos señalados, prevé una se-

---

la Sent. TJCE de 27 de marzo de 1980 *(Asunto 61/79: Dencavit Italiana, Rec.*, 1980, p. 1228) se refiere a «Las decisiones de los Estados miembros por las cuales éstos, para la consecución de los objetivos económicos y sociales que les son propios y en virtud de decisiones unilaterales y autónomas, ponen a disposición de las empresas determinados recursos o les ofrecen ventajas que favorecen la realización de los objetivos económicos y sociales perseguidos».

(86) Sent. TJCE de 30 de enero de 1985, *Asunto 290/83: Comisión c. Francia, Rec.*, 1985, pp. 439 y ss.

(87) *Cf.* B. Castell Borras, «La nueva ley española de Defensa de la Competencia...», *loc. cit.*, p. 1442.

(88) *Vid.* Sent. TJCE de 23 de febrero de 1961, ya citada, y de 2 de julio de 1974 *(Asunto 173/73: Italia c. Comisión, Rec.*, 1974, p. 720): «Modificación unilateral de un cierto elemento de los costes de producción o... ventajas consentidas por las autoridades públicas».

(89) El TCE tiende a evitar las ayudas que puedan favorecer, directa o indirectamente, de forma apreciable a empresas o producciones o amenacen con falsear la competencia *(cf.* Sent. TJCE de 15 de julio de 1964, *Asunto 6/64: Costa Enel, Rec.*, 1964, p. 1141).

rie de derogaciones a esta prohibición en relación con determinadas ayudas sociales, regionales o sectoriales, admitidas para corregir desequilibrios o potenciar industrias que se encuentren en una situación desfavorable. Estas derogaciones pueden tener un carácter inmediato o mediato, según que puedan ser o no denegadas por los órganos comunitarios, concretamente por la Comisión.

Las derogaciones inmediatas se refieren a ayudas que deben ser notificadas a los órganos comunitarios, pero una vez que se realice esta notificación éstos no pueden denegarlas, ya que su autorización deriva automáticamente de la propia previsión del Tratado. Son de tres tipos: en primer lugar, las ayudas de carácter social concedidas a los consumidores individuales, siempre que no entrañen una discriminación en función del origen de los productos, esto es, siempre que no impongan al consumidor la adquisición de un bien en una determinada empresa. En segundo lugar, las ayudas destinadas a reparar los perjuicios causados por desastres naturales o por otros acontecimientos excepcionales. Debe tratarse de emergencias o catástrofes naturales, no incluyéndose entre éstas los acontecimientos extraordinarios de tipo económico, cuya derogación no actúa automáticamente una vez notificadas, sino que además están sujetas a valoración y autorización por los órganos comunitarios. Finalmente, las ayudas concedidas para favorecer la economía de regiones de la R. F. de Alemania afectadas por la división de Alemania, en la medida que sean necesarias para compensar las desventajas económicas que resulten de esta división. Actualmente este tipo de ayudas ha perdido su justificación, debiendo replantearse esta cuestión para las que tengan que concederse a partir del proceso de unificación (90).

Las derogaciones de carácter mediato están previstas en el TCE, pero su admisión depende de que sean autorizadas, por tanto, son derogaciones facultativas. Estas se concretan en cuatro tipos de ayudas: A) Las destinadas a favorecer el desarrollo económico de regiones con un nivel de vida anormalmente bajo o en grave situación de desempleo. Ejemplo de este supuesto lo constituye, por lo que a España se refiere, el Protocolo núm. 12 incluido en el Acta de Adhesión (91),

---

(90) *Cf.* J. Rodríguez-Arana Muñoz y M. J. Sarmiento Acosta, «Las subvenciones de los Estados a las empresas en el marco comunitario», *Noticias CEE*, núm. 71, diciembre 1990, 69.

(91) «Las altas partes contratantes convienen en recomendar a las instituciones de la Comunidad la aplicación de todos los mecanismos y procedimientos previstos en la normativa comunitaria, procediendo en especial al empleo adecuado de los recursos co-

donde se reconoce que, «En caso de aplicar los arts. 92 y 93 TCE, deberán tenerse en cuenta los objetivos de expansión económica y de elevación del nivel de vida de la población de las zonas y regiones menos desarrolladas de España». La situación ha de ser observada en relación con el ámbito europeo y no exclusivamente con el ámbito nacional del concreto país en el que se produzca; B) Las dirigidas a fomentar proyectos de interés común europeo o destinadas a remediar una grave perturbación económica de un Estado miembro. Obsérvese de nuevo cómo la ayuda por perturbación económica está sujeta a autorización, en tanto que la perturbación natural sólo requiere notificación; C) Las destinadas al desarrollo de determinadas actividades o regiones económicas (ayudas sectoriales). En este caso, y a diferencia del anterior, se exige que no alteren las condiciones de los intercambios de un modo contrario al interés común. Así pues, entre las ayudas por causas económicas pueden distinguirse dos supuestos. Cuando se trate de regiones deprimidas o exista grave perturbación económica (aun cuando en este caso no se trate de una zona deprimida) se requiere autorización. Sin embargo, cuando simplemente se pretenda el desarrollo de zonas económicas que no estén necesariamente deprimidas ni hayan sufrido una grave perturbación económica, además de la autorización se precisa que no altere el interés común; D) Por último, las «demás categorías de ayudas» que determine el Consejo por decisión de la mayoría cualificada, a propuesta de la Comisión. Este supuesto se refiere, no a una ayuda concreta, sino a categorías de ayudas, pues para autorizar una ayuda concreta y excepcional a petición de un Estado se requiere unanimidad del Consejo (art. 93.2 TCE) (92).

Al margen de las diferencias que se detectan en estos dos grandes sectores de ayudas en relación con la necesidad o no de autorización, todas ellas están supeditadas al requisito de notificación por parte del Estado que pretende concederla, tanto para su creación como para su modificación. Existe actualmente un flujo importante de notificaciones, lo que refleja una tendencia inequívoca de los Estados a la concesión de ayudas, sobre todo a partir de las crisis económicas de finales

munitarios destinados a la consecución de los objetivos de la Comunidad». (*Vid.* M. Desantes Real bajo la dirección de J. D. González Campos en *Comunidades Europeas. Textos Básicos,* Madrid, Tecnos, 1987, p. 1150).

(92) *Vid.* las consideraciones de A. Bercovitz, «Normas sobre la competencia en el Tratado CEE», *Tratado de Derecho comunitario europeo. Estudio sistemático desde el Derecho español,* vol. II, Madrid, Cívitas, 1986, pp. 466 y ss.; G. Fernández Ferreres, «El Derecho comunitario y el régimen de las ayudas financieras nacionales a la actividad económica», *Derecho español y Derecho comunitario,* Secretariado de Publicaciones de la Universidad de Zaragoza, 1987, pp. 377 y ss.

de los años setenta. Las autoridades comunitarias verifican la oportunidad de las ayudas no sólo en función de la empresa, sector, región o Estado implicados, sino básicamente desde la perspectiva del contexto comunitario. Normalmente, la autorización de las ayudas que la requieran se limita al contenido y tiempo estrictamente necesarios para la consecución de los objetivos previstos.

Este procedimiento de control seguido por la Comisión se matiza en el art. 93 según se trate de ayudas ya existentes o de nuevas ayudas. Las primeras son examinadas permanentemente por la Comisión, que propone a los Estados miembros las medidas apropiadas para el buen funcionamiento del Mercado Común. Si a través de este examen se detectase alguna incompatibilidad o abuso, la Comisión insta al Estado para su supresión o modificación en un plazo fijado. En el caso de que aquél no cumpla con esta petición, la Comisión o cualquier Estado miembro podrá recurrir directamente ante el TJCE para hacer efectiva la obligación de modificación o supresión (93). Respecto de las nuevas ayudas, el art. 93.3 impone a los Estados la obligación de informar de las mismas a la Comisión, al igual que ocurre con la modificación de las ayudas ya existentes, quedando en suspenso el proyecto de ayuda en tanto la Comisión decida. El plazo de reflexión es de dos meses y su transcurso habilita al Estado, según A. Bercovitz, para poner en práctica la ayuda. Si la decisión es negativa y, no obstante, el Estado sigue adelante con la ayuda, la Comisión o cualquier Estado afectado puede recurrir al TJCE. Durante la tramitación de este procedimiento, el Estado interesado puede solicitar al Consejo que declare la compatibilidad de la ayuda por circunstancias excepcionales, acuerdo que debe tomarse por unanimidad. Esta circunstancia suspende la tramitación ante la Comisión hasta que el Consejo se pronuncie (94). En cualquier caso, contra la decisión de la Comisión que declare una ayuda incompatible con el Mercado Común, así como contra aquélla que la autorice, los Estados miembros, las instituciones comunitarias, los

(93) El procedimiento normal para que el TJCE declare que un Estado ha incumplido las obligaciones que le incumben en virtud de los Tratados es el recurso de incumplimiento, regulado en los arts. 169 y 170 TCE, 141 y 142 TCEEA y 88 y 89 TCECA (*cf.* esta cuestión en R. Silva de Lapuerta, «Procedimiento en materia de ayudas públicas», *Noticias CEE*, núm. 66, julio 1990, pp. 51 y ss., esp. p. 54.

(94) *Cf.* A. Bercovitz, «Normas sobre competencia en el Tratado de la CEE», *Tratado de Derecho comunitario europeo..., op. cit.*, pp. 481 y ss.

destinatarios de la ayuda o quienes se vean afectados directa e individualmente por la decisión pueden interponer recurso de anulación ante el TJCE (95).

C) Sumisión de la empresa pública a las normas de competencia y control de las concesiones de fondos estatales

El Derecho de la competencia en el sector público presenta, además del control de las ayudas estatales, otros cauces para proteger el interés comunitario frente a la acción intervencionista del Estado en los procesos comerciales. Por lo que respecta al Derecho comunitario en relación ya con la empresa pública, han de retenerse tres extremos: una actitud permisiva con la empresa pública, el sometimiento de la misma a las normas de competencia en las mismas condiciones que la empresa privada y el control de las medidas estatales en sus relaciones con la empresa. Efectivamente, el art. 222 TCE respeta el régimen de propiedad empresarial de los Estados miembros y no se opone al sistema de nacionalizaciones, por ser éste un extremo sometido a la soberanía estatal y no limitado por el Derecho comunitario. No obstante lo anterior, la normativa comunitaria exige que la acción del Estado y de la propia empresa pública se adecue a las normas de competencia previstas en los arts. 85, 86 y 92 TCE. Ahora bien, dado el alto grado de intervencionismo estatal que se detecta en este tipo de empresa, el TCE establece una disposición especial dirigida al Estado para que se abstenga de entorpecer el respeto por las normas de competencia. Así, el art. 90, establece que «los Estados no adoptarán ni mantendrán, respecto de las empresas públicas o de las empresas a las que reconozcan derechos especiales o exclusivos, ninguna medida contraria a las normas del presente Tratado, especialmente las previstas en los arts. 7 (no discriminación por razón de nacionalidad) y 85 a 94, ambos inclusive».

No es ésta una norma específica de competencia para la empresa pública, pues como tal actúan los arts. 85 y 86. Simplemente se dirige al Estado para que su intervención, aunque posible en los términos de

---

(95) *Cf.* R. Silva de Lapuerta, «Procedimiento en materia de ayudas públicas», *loc. cit.*, pp. 58 y 59. No obstante debe recordarse la asunción de este recurso por parte del Tribunal de Primera Instancia de las Comunidades Europeas, a partir del art. 3 C) de la Decisión del Consejo de 24 de octubre de 1988. (*DOCE*, L 319 de 25 de noviembre de 1988). Así será en la medida que las ayudas estatales pueden considerarse una actividad atentatoria a la libre competencia (*vid.* remisión al capítulo I).

la legislación interna, potencie y respete la sumisión de la empresa pública a las normas de competencia; de ello resulta que los arts. 85 y 86 se aplicarían a la empresa pública, en tanto que el art. 90 lo sería al Estado. En este punto adquiere significativa importancia la incidencia real que pueda tener la intervención estatal sobre la restricción de la competencia, pues, a pesar de que la normativa de competencia se refiere al comportamiento de las empresas y no a las medidas legislativas o reglamentarias de los Estados, no es menos cierto que el Tratado impone a éstos que se abstengan de adoptar o mantener en vigor medidas que puedan eliminar la eficacia de aquélla. Así se refleja en la Sent. TJCE de 1 de octubre de 1987 *(Asunto 311/85: Vereniging)* respecto de los acuerdos restrictivos de competencia llevados a cabo por agentes de viaje y tour-operators sobre fijación de precios. Esta práctica se encontraba directamente amparada por la normativa belga en la materia, entendiendo el Tribunal que el hecho de que un Estado imponga mediante una disposición legislativa o reglamentaria estas condiciones, que afectan al comercio entre los Estados miembros, es incompatible con el art. 85 del TCE (96).

En definitiva, las medidas estatales pueden capacitar, posibilitar y, en ocasiones, imponer violaciones a las normas de competencia. Es preciso entonces determinar la responsabilidad de la empresa en estos casos, distinguiendo, como lo hace H. Papaconstantinou, según que su conducta sea el resultado de una presión del Estado, de un mero estímulo o el resultado inevitable de una imposición estatal. Cuando el obstáculo a la competencia sea directa o indirectamente imputable a la medida estatal, la empresa estará exonerada de responsabilidad, dado que el Estado impone o presiona una determinada actitud empresarial.

---

(96) *Vid. La Ley, Com. Eur.*, núm. 327, 1988-2, p. 71. El TJCE concluyó que «... el hecho de que un Estado miembro imponga, mediante disposiciones legislativas o reglamentarias, a los agentes de viaje establecidos por los tour-operators, de que prohíban a estos mismos agentes que repartan con los clientes las comisiones percibidas por la venta de los viajes o que concedan descuentos, así como el de considerar que tales actuaciones sean constitutivas de competencia desleal, es incompatible con las obligaciones que para los Estados miembros se derivan del art. 5 del TCE en relación con la letra F del art. 3 y con el art. 85 del mismo TCE, en la medida en que la disposición de que se trate tenga por objeto o como efecto el reforzamiento de los efectos de acuerdos contrarios al citado art. 85. Con un criterio similar la Sent. TJCE de 30 de enero de 1985 *(Asunto 123/83: BNI du coñac c. Clair, Rec.*, 1985, pp. 391 y ss.) declaró que un acuerdo concluido por dos grupos de operadores económicos debía ser considerado como un acuerdo entre empresas en el sentido del art. 85 del TCEE, incluso si tales grupos se reúnen en torno a un organismo de Derecho público.

Por el contrario, los obstáculos directamente imputables a la empresa, es decir, cuando el Estado simplemente permita esta actitud pero no la exija serán responsabilidad de la empresa (97).

Las medidas estatales a que hace referencia el art. 90 deben ir dirigidas a una empresa pública, entendiendo por tal aquella empresa sobre la cual los poderes públicos pueden ejercer una influencia dominante, ya sea sobre la propiedad, la participación financiera o las reglas que la regulan. Asimismo, el párrafo segundo del art. 90 establece una excepción al párrafo primero cuya apreciación queda a merced de la Comisión. Esta excepción supone que las empresas encargadas de la gestión de servicios de interés económico general o que tengan el carácter de monopolio fiscal se someten a las normas de competencia siempre que la aplicación de éstas no impida, de hecho o de derecho, el cumplimiento de la misión específica a ellas confiada. En todo caso, el desarrollo de los intercambios no deberá quedar afectado de forma contraria a los intereses de la Comunidad. En estos supuestos el efecto de las normas de competencia se flexibiliza en la medida necesaria para el cumplimiento de la misión específica, pero siempre con el límite general de que los intercambios no se alteren desfavorablemente al interés de la Comunidad.

Finalmente, el art. 90.3 habilita a la Comisión para velar por la aplicación de las disposiciones del precepto y, cuando fuera necesario, dirigir a los Estados miembros Directivas o Decisiones apropiadas. También puede solicitar informes puntuales sobre la dinámica de las relaciones financieras existentes entre el Estado y la empresa. En este punto es de destacar la Directiva de la Comisión 80/723 sobre transparencia de las relaciones financieras entre los Estados miembros y la empresa pública de 25 de junio de 1980, posteriormente modificada por la Directiva del Consejo 85/413 de 24 de julio de 1985 (98). La

---

(97) *Cf.* H. Papaconstantinou, *Free Trade and Competition in the EEC. Law, Policy and Practice,* Londres/N. York, Routledge, 1988.

(98) *Vid.* Directiva 80/723 en *DOCE,* L 195 de 29 de julio de 1980, p. 35 y Directiva 85/413 en *ibíd.,* L, 229 de 28 de agosto de 1985, p. 20. En estas Directivas destaca, según R. Silva de la Puerta, la adopción de una definición más amplia de empresa pública que la que se basa en la forma jurídica, poniendo el acento en los medios de control. Concretamente, se refieren a «toda empresa sobre la que los poderes públicos puedan ejercer directa o indirectamente una influencia dominante, debido a la propiedad, la participación funcional o las reglas que la regulen» *(cf.* «El Derecho de la competencia. Las uniones y asociaciones de empresas. Las prácticas concertadas. Abuso de posesión. Las ayudas estatales. Las empresas públicas y los monopolios estatales», *R.C.D.I.,* vol. LXII, núm. 572, 1986, pp. 93 y ss., esp. pp.p 133 y 134). La modificación introducida

justificación de estas Directivas viene dada desde el momento en que para aplicar las normas del Tratado a la empresa pública se precisa con carácter prioritario de esta transparencia, correspondiendo a los Estados la obligación de promoverla y garantizarla, especialmente en lo que se refiere a la disposición y utilización de fondos públicos concedidos a la empresa pública. También corresponde a los Estados, como señala G. Rueda Escardó, definir las relaciones financieras cuya transparencia debe quedar garantizada, tales como la compensación de las pérdidas de explotación, la concesión de ventajas financieras en forma de no percepción de beneficios y de no recuperación de créditos, de renuncia a una remuneración normal de los fondos públicos comprometidos, etc. (99). según la interpretación dada por el TJCE (Sentencia de 16 de junio de 1987, *Asunto 118/85: Comisión c. Italia),* el objetivo esencial de la Directiva 80/723 es promover la aplicación eficaz a las empresas públicas de los arts. 92 y 93 del TCE sobre ayudas del Estado. La transparencia debe permitir que se diferencie claramente el papel del Estado como poder público y como propietario, a tal objeto no importa si el Estado ejerce la actividad económica a través de entidades distintas, sobre las que pueda ejercer una influencia dominante, o las que ejerce directamente a través de un órgano que forme parte de la Administración del Estado. En definitiva, la existencia o no de una personalidad jurídica distinta a la del Estado atribuida por el Derecho nacional es irrelevante para decidir si un órgano puede considerarse como una empresa pública con arreglo a la Directiva. Por ello, el hecho de que un órgano que ejerce una actividad económica de carácter industrial o comercial esté integrado en la Administración del Estado, con el que se confunde en una misma persona jurídica, no impide la existencia de relaciones entre el Estado y el órgano. Así es desde el momento en que el Estado, a través de asignaciones de fondos presupuestarios, puede influir en la gestión económica de la empresa compensando pérdidas, otorgando nuevos fondos y, en suma, permitiendo que esta empresa prosiga una explotación fuera de las reglas de una

---

en 1985 tiene por objeto someter a la obligación de transparencia a las empresas públicas de los sectores que la Directiva anterior había excluido de su campo de aplicación: agua, energía, correos y telecomunicaciones y transporte *(cf.* B. Castell Borres, «La nueva ley española de Defensa de la Competencia», *loc. cit.,* p. 1442). La transparencia afecta a todas las modalidades de puesta a disposición de los recursos públicos, cualquiera que sea la forma en que se haga, tanto las transferencias directas como las indirectas que provengan de otras empresas públicas o instituciones financieras *(cf.* B. Goldman y A. Lyon Caen, *Derecho comercial..., op. cit.,* pp. 672 y 673).

(99) *Cf.* G. de Rueda Escardó, «Empresa pública», *Comentarios a la legislación comunitaria,* t. I. Derecho de la competencia, Madrid, Edersa, pp. 962 y 963.

gestión comercial normal, lo cual sería contrario a la Directiva (100). La Directiva encomienda a los Estados garantizar la transparencia del flujo de los fondos públicos hacia empresas públicas y el uso que se haga de los mismos. Para ello, deben facilitar dicha información así como la información básica requerida, especialmente los objetivos perseguidos. La transparencia debe extenderse a todos los fondos públicos y específicamente a: compensación de pérdidas de explotación; provisiones de capital; subvenciones no reembolsables o préstamos en condiciones privilegiadas; concesión de ventajas financieras en forma de no percepción de beneficios o de no recuperación de créditos; renuncia a una remuneración normal de los fondos públicos utilizados, y compensación de cargas financieras impuestas por las autoridades públicas.

En cualquier caso, la propia Comisión ha reconocido que se precisa una mayor transparencia y profundización en la normativa correspondiente, puesto que muchas empresas no están suficientemente reguladas por las normas sobre ayudas estatales. En muchos casos sólo se incluyen en estas normas las ayudas en forma de aportaciones de capital y no cualquier otra forma de financiación pública. Además, en general, estas normas sólo se han aplicado a las empresas públicas con pérdidas y, finalmente, muchas de ellas han sido concedidas fuera de los regímenes de ayuda aprobados y sin previa notificación a la Comisión. Por ello, la Comisión ha dirigido una Comunicación a los Estados miembros en relación con las ayudas a las empresas públicas en el sector de la fabricación tendente a examinar la Directiva 80/723 y a aplicar el principio de transparencia a todo tipo de financiación pública y a todas las empresas en cualquier situación (101). La comunica-

(100) La Sent. TJCE de 16 de junio de 1987 *(Recopilación de la Jurisprudencia del Tribunal,* 1987-6, pp. 2599 y ss. y *La Ley, Com. Eur.*, 1988-1, núm. 269, p. 87) se ocupó de un asunto en el que la República italiana se había negado a transmitir las informaciones respecto de la Administrazione dei Monopoli dei Stato. Esta empresa estaba considerada como una dependencia del Ministerio de Hacienda, sin embargo esto fue irrelevante para la calificación de empresa pública con arreglo a la Directiva 80/723. Dado que, según el art. 2 de la Directiva, AAMS debía entenderse como una empresa pública, la República italiana había incumplido las obligaciones que le incumbían en virtud de la Directiva, al denegar aquella información a la Comisión.

(101) *Vid.* Introducción de la Comunicación de la Comisión a los Estados miembros sobre aplicación de los arts. 92 y 93 del TCE y del art. 5 de la Directiva 80/723 de la Comisión a las empresas públicas del sector de fabricación *(Gaceta Jurídica CEE,* núm. 68, B 67, octubre 1991, pp. 71 y ss. y *DOCE,* C, 273 de 18 de octubre de 1991, p. 2). Esta comunicación se limita al sector de fabricación, pero ello no excluye que la Comisión adopte el mismo enfoque en otros casos o sectores cuando considere fundamental determinar si existen elementos de ayuda. Tras un período inicial de cinco años,

ción parte de que los objetivos y funciones no comerciales de la empresa pública (bienes sociales) tienen un coste a cargo del Estado, bien en forma de previsión de fondos o de reducción de tipos de rendimiento de capital invertido. Estas ayudas para la prestación de servicios públicos puede falsear la competencia, por ello, a menos que sean de aplicación algunas de las excepciones del TCE, las empresas públicas estarán sujetas a las normas de competencia por el hecho de la imposición de esos objetivos no comerciales. Para garantizar el respeto a la neutralidad entre empresa pública y privada, la ayuda debe evaluarse como la diferencia entre las condiciones de la aportación de fondos públicos por parte del Estado a la empresa pública y las condiciones que un inversor privado, que actuara en las condiciones normales de economía de mercado, aceptaría para realizar la misma operación respecto a una empresa privada semejante. El sistema de información propuesto consiste en una verificación *a posteriori* de los flujos financieros entre autoridades y empresas públicas, tal como dispone la Directiva. Tales informes no se utilizarán para controlar de antemano dichos flujos ni sustituirán a la obligación de notificar las ayudas a tenor de lo dispuesto en el art. 93.3 TCE (102).

3. *Compensación de las prácticas de dumping*

A) Derechos antidumping y compensatorios frente a la competencia desleal de terceros Estados

En términos generales, las prácticas de dumping consisten en vender productos en mercados extranjeros a un precio inferior a su valor normal (103). A nivel de codificación internacional, el art. VI

---

la Comisión precederá a una revisión de la aplicación de la política descrita en la Comunicación, pudiendo proponer, previa consulta a los Estados miembros, las modificaciones que considere apropiadas con respecto al funcionamiento del sistema en vigor.

(102) En aplicación del art. 5 de la Directiva 80/723 (deber de información por parte de los Estados), la Comisión considera imprescindible que dichos Estados le remitan informes anuales sobre intervenciones estatales en las empresas públicas. En torno a la necesidad de verificación por la Comisión y el principio de no discriminación entre la empresa pública y privada, *vid.* L. Brittan, «La política en materia de ayudas públicas y las empresas públicas: ¿El campo de actuación estatal tiene límites? (trad. L. I. Silva de Lapuerta), *Noticias CEE*, núm. 70, noviembre 1990, pp. 11 y ss.).

(103) En cualquier caso pueden distinguirse dos tipos de dumping: el de precios, aplicando a la exportación precios inferiores a los que obren en el mercado interior para un producto similar, y el de coste, vendiendo el producto en el mercado extranjero a un precio inferior al coste de producción.

del GATT (104) y posterior Código antidumping (105) tratan de armonizar las legislaciones nacionales en la materia y evitar que las acciones antidumping previstas en éstas degeneren en instrumentos proteccionistas o medidas abusivas, injustificadas y discriminatorias. Este control se lleva a cabo mediante la intervención del Comité de prácticas antidumping, encargado de examinar si las legislaciones nacionales de las partes signatarias son conformes a las reglas del Código, limitando los vestigios proteccionistas o recursos abusivos a los procedimientos antidumping.

Las acciones antidumping no son patrimonio exclusivo de ciertas legislaciones estatales proteccionistas, sino que también son practicadas, y en consecuencia reprimido el dumping, por las instituciones comunitarias en defensa de las empresas instaladas en la Comunidad (106). En este ámbito pueden distinguirse dos situaciones. Una de ellas es el mal llamado dumping intracomunitario, es decir, la competencia desleal practicada entre empresas comunitarias, y otro el dumping proveniente de fuera de la Comunidad, esto es, la competencia desleal de un tercer Estado que vende en la Comunidad a precios inferiores a los que practica para un producto similar en su Estado de origen o exportación. La existencia de dumping intracomunitario se circunscribe únicamente al período transitorio o a los períodos transi-

(104) Acuerdo General sobre Tarifas Aduaneras y Comercio, concluido en Ginebra el 30 de octubre de 1947 a iniciativa del Consejo Económico y Social de Naciones Unidas. El antecedente inmediato del GATT fue el ITO (Organización Internacional del Comercio), más conocido como «Carta de La Habana». En torno al GATT, *vid.* entre otros, G. Venturini, «Sulla diretta applicabilità delle norme del GATT», *Riv. dir. int.*, 1983, pp. 784 y ss.; O. Long, *Law and its Limitations in the GATT Multilateral Trade System*, Dordrecht, Boston, Lancaster, 1985.

(105) El primer *Código antidumping* surgió en la Ronda Kennedy (1967) y fue revisado en 1979 en las negociaciones de la Ronda de Tokio (Th. Flory, «Les accords du Tokio Round du GATT et la réforme des procédures de règlament des différends dans le système commercial intéretatique», *Rev. gen. dr. int.*, 1982, pp. 235 y ss.) entrando en vigor el 1 de enero de 1980 como «Acuerdo sobre la aplicación del art. VI del GATT» *(vid.* D. Carrau, Th. Flory y P. Juillard, *Droit international économique*, 3.ª edición, París, L.G.D.J., 1990, pp. 95-100). Actualmente se encuentra en trámite de revisión en el seno de las negociaciones de la Ronda de Uruguay, debido a la presión de ciertos países que como Corea y Japón, son destinatarios habituales de las medidas antidumping y que reclaman la introducción de garantías sobre las pruebas de dumping y del perjuicio ocasionado por éstas *(cf.* Th. Flory, «Le code anti-dumping du GATT», *D.P.C.I.*, núm. 1, vol. 17, 1991 (L'anti-dumping I), pp. 6 y ss., esp. 6, 7 y 16. *Vid.* también M. M. Kostecki, «Le système anti-dumping et L'Uruguay Round», *ibíd.*, núm. 2, vol. 17, 1991, pp. 206 y ss.). En la misma Ronda de Tokio surgió el «Acuerdo sobre la interpretación y aplicación de los arts. VI, XVI y XXIII del GATT» o *Código sobre las subvenciones y medidas compensatorias*.

(106) *Vid.* arts. 91 y 113 TCE y art. 74 TCECA.

torios resultantes de la adhesión de nuevos Estados (107). Así se especifica en el art. 91 TCE (108), ya que se entiende que fuera de estos períodos transitorios el dumping no es posible dentro de la Comunidad (109). De todos modos, sí es posible que un acuerdo sobre precios a la exportación entre empresas de Estados comunitarios puede falsear la competencia entre los miembros del grupo que lo han adoptado. Ya hemos visto cómo en la medida que ello repercuta en el mercado intracomunitario puede ser prohibido a través del art. 85.1; sería, pues, una sanción establecida a partir de las normas de libre competencia (110). Debido a esta circunstancia hemos tratado esta cuestión en el marco de la competencia leal del capítulo primero, relacionándolo con la libre competencia, la libre circulación de mercancías y las exigencias imperativas del comercio intracomunitario.

Cuando el dumping proceda de fuera de la Comunidad, la sanción ya no se articula a través de las normas de libre competencia sino a través de la defensa de la política comercial común (art. 113 TCE) frente a las acciones perjudiciales de países ajenos a la Comunidad. En

(107) El art. 380 del Acta de Adhesión de España reconoce la posibilidad de prácticas dumping hasta la expiración del período de aplicación de cada una de las medidas transitorias definitivas. En estos casos, si «La Comisión... comprobare la existencia de prácticas de dumping entre la Comunidad en su composición actual y los nuevos Estados miembros, o entre los nuevos Estados miembros dirigirá recomendaciones... para poner fin a las mismas. En caso de que continúen... autorizará al Estado o Estados miembros perjudicados para que adopten medidas de protección en las condiciones y modalidades que ella determine. Las medidas protectoras adoptadas antes de la adhesión por la Comunidad contra España y Portugal en virtud de las normas del TCE y CECA y por los nuevos Estados miembros contra los antiguos seguirá en vigor provisionalmente. Sin embargo, el acta obliga a los nuevos Estados miembros a examinar de nuevo las medidas adoptadas para determinar si deberían ser revocadas o enmendadas (*cf.* M. Desantes, S. Pickard y L. Williams, *España y Portugal en las Comunidades Europeas. El Tratado de adhesión y los intercambios comerciales,* 2.ª ed. revisada, 1987, p. 101.

(108) El precepto se ubica en la sección II TCE (prácticas de dumping) y se refiere a los poderes de la Comisión para dirigir recomendaciones o permitir que los Estados miembros tomen medidas de protección contra las prácticas de dumping detectadas «dentro del mercado común» y «durante el período transitorio».

(109) La única excepción a esta inexistencia de dumping comunitario se contiene en el art. 46 TCE para los productos agrícolas no cubiertos por una organización común de mercado, que sean importados desde otro Estado miembro. Cuando esta importación pueda afectar a la situación de competitividad en el Estado miembro exportador, la Comisión fijará el importe de un gravamen compensatorio a la entrada de este producto. *Vid.* esta cuestión en Ch. Bellamy y G. Child, *Common Market Law of Competition,* 3.ª ed., Londres, Sweet & Maxwell, 1987, p. 609.

(110) *Vid.* A. Santa María, «La disciplina del dumping e delle sovvenzioni nel quadro della politica commerciale delle Comunità», *Diritto del Commercio Internazionale,* núm. 1, 1987, pp. 59 y ss., esp. 64.

este precepto se prevén dos situaciones, una propiamente de dumping, en la que un tercer Estado exporta un producto a la Comunidad a un precio inferior a su valor normal («precio de dumping»). La otra, referida a las subvenciones concedidas en el país de origen o exportación a la fabricación, producción o transporte de cualquier producto despachado a libre práctica a la Comunidad. En ambos supuestos ya no estamos ante un acuerdo de precios que puede falsear la competencia, sino ante una competencia desleal de países ajenos a la Comunidad que origina un «perjuicio » a las empresas comunitarias: por ello no se plantea la aplicación del art. 85.1, sino que es necesario compensar o contrarrestar esta situación aplicando al producto importado los llamados derechos antidumping (en el caso de dumping) o derechos compensatorios (en el caso de subvenciones). Ambas modalidades se recogen en el art. 113 TCE, como medidas de salvaguarda de la política comercial común, y en particular en el Reglamento del Consejo núm. 2423/88 de 11 de julio de 1988, relativo a la defensa contra las importaciones que sean objeto de dumping o de subvenciones por parte de países no miembros de la Comunidad (111). Respecto de las importaciones procedentes de países no miembros de la CECA debe mencionarse la regulación de los arts. 74 a 86 TCECA y de la Decisión de la Comisión 2424/88 de 29 de julio (112).

El dumping se considerará cuando el precio del producto de exportación a la Comunidad sea inferior al valor normal de un producto similar. A efectos del Reglamento se considera «valor normal»: A) El precio de un producto similar destinado al consumo en el país de origen o exportación, siempre que este precio no sea inferior al coste de producción; B) Si no se realizan ventas en el país de origen, se estará al precio de un producto similar en un tercer país al que se exporte o bien al valor calculado obtenido mediante la adición del coste de producción y de un margen razonable de beneficios (113). Cualquier persona que actúe en nombre de un sector económico de la Comunidad y se considere lesionado o amenazado por estas importaciones puede

---

(111) *DOCE,* L 209/1 de 2 de agosto de 1988. Este Reglamento sustituye al núm. 2176/84, a su vez modificado por el núm. 1761/87 (*DOCE,* L 201 de 30 de julio de 1984, p. 1, y *DOCE,* L 167 de 26 de junio de 1987, p. 9, respectivamente). Tales Reglamentos regulan conjuntamente las importaciones objeto de dumping o de subvenciones.

(112) *DOCE,* L 209/18 de 2 de agosto de 1988.

(113) En el caso de importaciones procedentes de países que no tengan economía de mercado el valor normal se determinará sobre la base del precio real de venta o el valor calculado de un producto similar en un tercer país de economía de mercado. Cuando ni los precios ni el valor calculado proporcionen una base adecuada se estará al precio realmente pagado o por pagar en la Comunidad por un producto similar.

formular queja por escrito a la Comisión o a un Estado miembro que la remita a ésta (114). Para evitar que se cause un perjuicio durante el procedimiento, la Comisión suele establecer un derecho antidumping o compensatorio provisional, en cuyo caso el despacho a libre práctica en la Comunidad de los productos de que se trate quedará subordinado al depósito de una garantía por el importe del derecho provisional. Cuando en la comprobación definitiva de los hechos se aprecia un dumping o subvención, así como el perjuicio directamente derivado de estas prácticas, el Consejo, a propuesta de la Comisión, fijará un derecho antidumping o compensatorio definitivo. Este se establecerá mediante reglamento, indicando el importe y el tipo de derecho establecido, el producto afectado, el país de origen o exportación y los motivos en que se base (115).

El Código antidumping del GATT sólo se aplica al dumping resultante de la exportación de un producto fabricado y acabado fuera del país de importación. Ello ha provocado que muchos países exportadores recurriesen a la exportación de piezas sueltas necesarias para la fabricación del producto que posteriormente son montadas en el Estado de importación (técnica de «usines tournevis»), lo que les permite escapar de la reglamentación antidumping. Por contra, la regulación comunitaria contenida en el art. 13.10 del Reglamento 2423/88 (no así en la Decisión CECA 2424/88) permite la imposición de derechos antidumping definitivos a los productos comercializados en la Comunidad tras haber sido montados o producidos en la Comunidad (116) siempre que: A) Exista una relación o asociación entre la empresa que

(114) Aunque no se haya formulado ninguna queja, los Estados miembros que posean pruebas suficientes sobre el dumping o subvención y el consiguiente perjuicio pueden dirigirse directamente a la Comisión.

(115) Los reglamentos que fijan estos derechos pueden ser reconsiderados total o parcialmente a instancia de un Estado miembro, parte interesada o de la propia Comisión, siempre que haya transcurrido un año desde la conclusión de la investigación. Su plazo de caducidad es de cinco años, a partir de la fecha en que hayan entrado en vigor, hubiesen sido modificados por última vez o hubiesen sido confirmados (arts. 14 y 15 Reglamento 2423/88).

(116) Esta contradicción entre la regulación del GATT y la regulación comunitaria ha sido puesta de manifiesto por el Informe del Grupo especial del GATT y adoptado por el Consejo del GATT el 16 de mayo de 1990 (solicitado a instancias de Japón en el marco de conversaciones bilaterales con la Comunidad). Esta cuestión ha vuelto a plantearse en el seno de las negociaciones de la Ronda de Uruguay (*vid.* Th. Flory, «La réglamentation communautaire "tournevis", le problème de l'anticontournement en le droit du GATT», *D.P.C.I.*, núm. 2, vol. 17, 1991 (Anti-dumping II), pp. 198 y ss., esp. 199, 202 y 203; *íd.*, *ibíd.*, núm. 1, vol. 17, p. 16).

procede a la fabricación o montaje y la empresa exportadora (117); B) La operación de montaje o producción por la empresa haya empezado o haya aumentado substancialmente después de la apertura de la investigación antidumping ; C) El valor de las piezas o materiales utilizados en la operación de montaje o producción originarios del país de exportación sobrepase el valor de todas las demás piezas, por lo menos en un 50 por 100. El art. 13.10,2 prevé que, además de estas circunstancias, las autoridades comunitarias deben tener en cuenta las circunstancias propias del caso, en particular los costos variables que entrañan las operaciones de montaje o producción, así como la investigación y desarrollo realizados y la tecnología aplicada en la Comunidad (118).

B) Necesidad de un perjuicio y protección de los «intereses comunitarios»

Para someter un producto a derechos antidumping o compensatorios se precisa que efectivamente tal producto sea objeto de dumping o subvención y que su despacho a libre práctica a la Comunidad genere un perjuicio a los intereses comunitarios, es decir, que las importaciones objeto de dumping o subvenciones causen o amenacen causar (119) un perjuicio importante a un determinado sector económico establecido en la Comunidad o retrasen sensiblemente el establecimiento del mismo.

La exigencia de este perjuicio tiene relevancia desde tres puntos de vista: en primer lugar y obviamente es un requisito indispensable para declarar las medidas compensatorias. En este sentido, la influencia del dumping de precios no debe ser confundida con otros

(117) Esta asociación se presume si la empresa comunitaria que realiza el montaje es filial de la empresa extranjera, pero el hecho de que no lo sea no es suficiente para entender que no están asociadas (*vid.* posición de la Comisión en el asunto de las balanzas electrónicas procedentes de Japón, *DOCE,* L 101, de 20 de abril de 1988, p. 1). Basta que existan vínculos de capital o relaciones económicas y comerciales estrechas (caso de Olivetti y Canon en el asunto de las fotocopiadoras de papel ordinario, *DOCE,* L 284 de 19 de octubre de 1988, p. 60).

(118) *Vid.* estas condiciones en J. F. Bellis, «Le règlament tournevis et son application», *D.P.C.I.*, núm. 1, vol. 17, 1991 (L'antidumping I), pp. 59 y ss., esp. 63-70.

(119) Unicamente se determinará que existe una amenaza de perjuicio cuando una situación concreta pueda transformarse en un perjuicio real, en atención a la capacidad exportadora del país de origen, la tasa de crecimiento de las exportaciones objeto de dumping o subvenciones y la naturaleza de cualquier subvención y los efectos que de ella puedan derivarse para el comercio.

factores de desorganización de la industria comunitaria, por lo que debe existir una causalidad entre dumping y perjuicio, de modo que el dumping sólo se sanciona cuando sea la causa exclusiva de las dificultades de la industria comunitaria (120). El examen del perjuicio deberá incluir factores tales como el incremento significativo de las importaciones objeto de dumping o subvenciones, la subvaloración significativa del precio en relación con el precio de un producto similar y los efectos que de ello resulten sobre el sector económico afectado. Además, la necesidad de un «perjuicio» incide en determinados apartados procesales, ya que configura la legitimación tanto para solicitar la medida compensatoria mediante queja a la Comisión como para solicitar su anulación ante el TJCE a partir del art. 173.2 TCE. Finalmente, el modo en que se configura este perjuicio y los intereses que pretenden protegerse compensándolo plantea la cuestión de la ubicación de las medidas antidumping en el marco institucional de defensa de la competencia y las relaciones existentes entre ambos extremos.

Refiriéndonos a la dimensión procesal del perjuicio, debe recordarse que el art. 5.1 únicamente permite formular queja a la persona que, actuando en nombre de un sector económico de la Comunidad, se considere lesionada o amenazada por importaciones objeto de dumping o subvenciones. Asimismo, los derechos antidumping provisionales fijados por la Comisión y los definitivos fijados por el Consejo pueden ser recurridos ante el TJCE (121) en las condiciones del art. 173, no sólo por el destinatario sino también por cualquier persona afectada de un modo directo e individual. La afectación directa quiere decir que el acto no debe depender para sus efectos del poder discrecional de terceros. La afectación individual ha sido interpretado por el TJCE en los asuntos *Plaumann y Piraiki-Patriaki* en el sentido de que «los sujetos distintos de los destinatarios sólo son afectados individualmente si la decisión les afecta en razón de cualidades que les son particulares o situaciones de hecho que les caracterizan frente a otra persona y que les individualiza de una manera análoga a los destinata-

(120) *Cf.* P. Daillier, «La règlamentation communautaire antidumping. Aspects materiéls», *D.P.C.I.*, núm. 1, vol. 17, 1991, pp. 17 y ss., esp. pp. 31-33.

(121) El art. 3 C de la Decisión del Consejo de 24 de octubre de 1988, por la que se crea el TPICE, declara que el Consejo volverá a examinar, después de dos años del funcionamiento del TJCE, la propuesta de atribuir a este Tribunal la competencia para conocer de los recursos interpuestos contra... una institución de las Comunidades por personas físicas o jurídicas en virtud del párrafo segundo del art. 173 y del párrafo tercero del art. 175 TCE y que se refieran a medidas de protección comercial con arreglo al art. 113 de este Tratado en caso de dumping o subvenciones.

rios» (122). Así entendido, la legitimación para entablar recurso podría resultar relativamente amplia, sin embargo, también ha entendido el TJCE que esta afectación directa e individual corresponde a los productores/los exportadores y a sus filiales comunitarias, es decir, al importador asociado. De ello resulta que el importador independiente no puede plantear recurso ante el TJCE, porque el Reglamento, en el sentido del art. 189.2 TCE, no le concierne individualmente. Unicamente podría entablar recurso ante la jurisdicción nacional que le corresponda (123). Esta posibilidad es relativamente ficticia, porque una jurisdicción nacional no puede declarar la invalidez de un Reglamento comunitario, dada la competencia exclusiva del TJCE. Simplemente podría adoptar medidas provisionales limitadas al Estado miembro en cuestión, con lo cual el importador se vería obligado a pleitear en diferentes Estados (124).

Finalmente, las medidas antidumping pueden resultar controvertidas a la luz de la normativa de libre competencia y de defensa de los consumidores. Obsérvese que el dato decisivo para adoptar estas medidas es la existencia de un perjuicio, y no estrictamente el falseamiento de la competencia (125). Son medidas destinadas a proteger los intereses comerciales de la Comunidad y, si bien es verdad que como tales medidas no tienen por qué ser incompatibles con la libre competencia, lo cierto es que en muchas ocasiones son el mero reflejo de un proteccionismo comunitario ajeno al sistema institucional de libre

---

(122) *Vid.* Sent. TJCE de 17 de enero de 1985 *(Asunto 11/82: Piraiki-Patriaki c. Comisión, Rec.,* 1985, pp. 240 y ss.) y Sent. TJCE de 15 de julio de 1963 *(Asunto 35/62 Plaumann, Rec.,* 1963, p. 197).

(123) Sent. TJCE 6 de octubre de 1982 *(Asunto 307/81: Alusuisse Italia SDA, Rec.,* 1982, p. 3464) y Sent. de 21 de febrero de 1984 *(Asuntos 239 y 275/82: Allied Corp. c. Comisión, Rec.,* 1984, p. 1005). Según esta última Sentencia, es suficiente que el exportador/productor y sus filiales estén identificados o mencionados en el Reglamento o haber sido afectados por el procedimiento administrativo para que puedan recurrir a partir del art. 173.2. Sin embargo, no estima asociado al agente de importación.

(124) *Cf.* esta crítica en O. W. Brouwer y F. Carlin, «Qualité pour agir dans les procédures anti-dumping après l'ârret Extremet», *D.P.C.I.,* núm. 2, vol. 17, 1991, pp. 243 y ss., esp. p. 261.

(125) No obstante, A. Santa María establece una clara relación entre las prácticas de dumping y las prácticas discriminatorias prohibidas por los arts. 85 y 86 TCE, en la medida que implican una discriminación en materia de precios. Asimismo, se plantea la violación conjunta de estos preceptos y de la normativa antidumping cuando la práctica de dumping tenga como base un acuerdo sobre fijación directa o indirecta de precios *(cf.* «La disciplina del dumping e delle sovvenzioni nel quadro... *loc. cit.,* pp. 93 y 95.

competencia (126). En esta línea no han faltado opiniones, como la de D. Schroeder, que ven en las medidas antidumping un proteccionismo comunitario en ocasiones contradictorio con la libre competencia, contradicción que se manifiesta sobre todo en la fase de procedimiento. Por ejemplo, el autor se refiere el art. 5 del Reglamento 2423/88, que legitima a cualquier persona perjudicada o amenazada por importaciones bajo dumping o subvención a presentar queja a la Comisión, pero siempre con la condición de que *actúe en nombre de un sector económico de la Comunidad.* Esta exigencia implica que la Comunidad permite a las industrias comunitarias discutir su situación y decidir si están de acuerdo en la presentación de la queja, sin que sea necesario que la Comisión consulte individualmente a cada una de ellas. Esto, según el autor, es una invitación para conductas que podrían estar prohibidas por el art. 85.1 desde el momento que implican un intercambio de información sobre precios o datos de las empresas (127). Otro tanto puede ocurrir cuando en la fase de investigación la Comisión permite a las partes reunirse para confrontar sus tesis (art. 7.6 Reglamento 2423/88) (128). Lo cierto es que, al margen de que exista o no contradicción entre la defensa de la libre competencia y las medidas antidumping, lo que sí parece evidente es que, cuanto menos, no existe una correlación directa entre una y otra institución. Las prácticas de dumping y las subvenciones que generen un perjuicio real a una industria comunitaria pueden ser compensados al margen de que falseen o no la competencia (129), del mismo modo que un acto con-

---

(126) Según C. Bellamy y G. Child, las medidas antidumping sólo pueden ser impuestas en interés de la Comunidad. Ello implica la necesidad de equilibrar los intereses de la industria comunitaria frente al consumidor y al importador del producto. No obstante, entiende que las consideraciones de libre competencia pueden ser tomadas en consideración a la hora de adoptar un derecho antidumping o compensatorio *(Common Market Law of Competition..., op. cit.,* p. 606).

(127) La Decisión de la Comisión de 23 de diciembre de 1977 *(Asunto IV/29.176: Pergamino de papel, DOCE,* L 70/54/78) consideró contrario al art. 85.1, sin posibilidad de exención por el art. 85.3, el intercambio recíproco de informaciones estadísticas que implique la transmisión al competidor de datos individualizados por empresas. El intercambio de información únicamente es válido cuando se realice sin identificar a las empresas afectadas *(vid.* el comentario de R. C. Pellicer Zamora en *Comentarios a la legislación comunitaria,* t. I: Derecho de la competencia, pp. 259-260).

(128) *Cf.* D. Schroeder, «Anti-trust Law Implications of EEC Anti-dumping Proceedings», *Rebels Z.,* núm. 3, 1991, pp. 540-550, esp. pp. 541-544.

(129) D. Schroeder ofrece un ejemplo claro de esta posibilidad: el exportador cuyo mercado de origen mantiene precios más altos para un producto que los practicados en la Comunidad, se ve obligado a bajar este nivel de precios si quiere que el producto sea competitivo en el mercado comunitario, lo cual sería perfectamente compatible con la normativa de defensa de la competencia. Sin embargo, puede provocar una medida antidumping porque el precio de exportación es más bajo que el «valor normal», entendiendo por tal el precio en el mercado de origen. Ello sería una actitud puramente proteccionista *(ibíd.,* p. 545).

trario a la libre competencia es sancionado por los arts. 85 y 86 TCE sin necesidad de que venga motivado por un dumping o una subvención de un tercer Estado.

Esta misma independencia parece predicarse respecto de la defensa de los intereses del consumidor. La propuesta de un derecho antidumping para eliminar un perjuicio a la industria comunitaria provocado por la competencia desleal de un tercer Estado puede, por lo menos a corto plazo, provocar un efecto perjudicial en los consumidores desde el momento que va a incrementar los precios al consumo. Así, ante la imposición de un derecho antidumping provisional a la importación de cassettes originarios de Japón, Corea y Hong-Kong, la Unión Europea de Consumidores argumentó que ello elevaba el nivel de precios y reducía su capacidad de elección. Sin embargo, la Comisión entendió que «las medidas antidumping mantienen a la empresa comunitaria y preservan la elección de los consumidores», del mismo modo que en otra ocasión entendió que «los bajos precios para los consumidores resultantes del dumping, dado que son el resultado de una práctica desleal, no pueden justificar un interés comunitario». Por tanto, o se presume una identificación intereses comunitarios/intereses de los consumidores o éstos últimos ceden ante los primeros (130).

En definitiva, los derechos antidumping y compensatorios se relacionan con varios elementos que configuran el sistema de mercado comunitario. En primer lugar conectan claramente con la dimensión comunitaria de la competencia desleal, concretamente la practicada por un tercer Estado a través de la concesión de subvenciones o la fijación de precios a la exportación no considerados normales (131). Asimismo, se relacionan con la materia de ayudas públicas. Es frecuente que el exportador pueda practicar un precio dumping debido a que su Estado potencia, a través de subvenciones, la exportación del producto hacia la Comunidad. En este caso, la Comunidad podría aplicar derechos compensatorios en atención a la subvención o derechos antidumping en atención al dumping (nunca ambos conjuntamente). Si aplicase de-

---

(130) *Vid.* las Decisiones de la Comisión de 21 de diciembre de 1990 (Asunto antidumping provisional sobre alpargatas procedentes de China, *C.M.L. Reports,* vol. 61-1 de 7 de mayo de 1991, pp. 40 y ss.) y de 5 de noviembre de 1990 (antidumping sobre cassettes, *ibíd.,* vol. 61-3 de 21 de mayo de 1991, pp. 138 y ss.).

(131) Concretamente el dumping está considerado como una práctica desleal en el comercio entre la Comunidad y terceros países, contra la cual pueden aplicarse medidas protectoras cuando se pruebe la existencia de un perjuicio material a una empresa de la Comunidad *(cf.* M. Desantes, S. Pickard y L. Williams, *España y Portugal en las Comunidades Europeas, op. cit.,* p. 100).

rechos compensatorios estaríamos ante una forma de reprimir una determinada forma de ayuda concedida por un Estado no miembro. Así, mientras el art. 92 TCE prohíbe o, en cualquier caso, controla cualquier tipo de ayuda estatal de un Estado miembro lesiva para la competencia, los derechos compensatorios «compensarían» el perjuicio creado por una determinada forma de ayuda estatal (subvenciones) concedida por un país ajeno a la Comunidad. Por último, los derechos antidumping, aunque independientes, complementan a la política aduanera comunitaria: además de los derechos de aduana, tributos y otros gravámenes normalmente exigibles a la importación, el producto puede ser gravado con derechos antidumping o derechos compensatorios cuando tal importación implique un precio dumping o se trate de compensar cualquier subvención en el país de origen o de exportación.

II. RESTRICCIONES A LA LIBERTAD DE INTERCAMBIOS DERIVADAS DE LA PROPIEDAD INDUSTRIAL

1. *Configuración de la propiedad industrial*

A) Contenido real de los derechos de exclusiva: patentes, marcas y denominaciones de origen

Los derechos de exclusiva o de propiedad industrial otorgan a su titular una propiedad inmaterial que se traduce en la facultad de impedir que un tercero comercialice la mercancía protegida sin su consentimiento. Esta sería la dimensión real del derecho de exclusiva, cuyas prerrogativas pueden ser cedidas o concedidas por el titular a otra persona. Esta transferencia se estipula normalmente a través de una cláusula contractual y representa por ello la dimensión contractual del derecho de exclusiva, en tanto que objeto de transacción. Tanto una como otra dimensión afectan directamente, pero de forma limitada, a la libre circulación de mercancías; el propio TCE (art. 36) permite que esta libertad sea restringida a partir de la protección que las legislaciones nacionales y el mismo Derecho comunitario conceden a la propiedad industrial. En la reglamentación del contenido y forma de concesión de los derechos de exclusiva confluyen básicamente tres tipos de reglamentaciones con distinto ámbito y alcance: el Derecho unionista, los Derechos estatales y el Derecho comunitario o europeo, amén de otros eventuales Convenios y de las propias normas sobre determinación de la ley aplicable. A continuación vamos a exponer muy someramente la configuración de algunos de los derechos de exclusiva más representativos, como es el caso de las patentes, marcas y denominaciones de origen, especialmente en el ámbito del Derecho estatal español y del Derecho unionista. El tratamiento del Derecho comunitario, será objeto de un apartado autónomo referido al proceso de unificación, sin perjuicio de que realicemos algunas alusiones puntuales.

La patente se regula en la Ley 11/1986 de 23 de marzo y Reglamento de ejecución contenido en el R. Decreto 2245/1986 de 10 de octubre (132), textos que sustituyen a la regulación contenida en el EPI y que responden a las exigencias comunitarias (133). Confiere al titular un derecho a impedir que otros exploten la invención patentada durante un plazo de tiempo (en principio veinte años) (134) y prevé dos procedimientos de obtención de patente, uno con examen previo y otro normal (135). El procedimiento normal se inicia con la solicitud referida a una sola invención o grupo de invenciones que, una vez admitida, se somete a examen de los requisitos de fondo y forma. Puede declararse la suspensión del expediente cuando se adviertan fallos susceptibles de ser subsanados en un plazo de tiempo o bien la denegación absoluta si la solicitud se refiere a objetos no patentables. En ausencia de vicios que impidan la concesión, el interesado debe solicitar un informe sobre el estado de la técnica en el que se aprecia la nove-

(132) *BOE* 26-III-86 y 31-X-86; corrección de errores en *BOE*, 9-XII-86. En virtud de estos textos se han derogado los Títulos I (disposiciones generales), II, IV, VII (patentes), capítulo 2.° del Título XII (disposiciones relativas al nomenclátor) y Título IX (jurisdicción, competencia y procedimientos de patente, modelos de utilidad y otras modalidades conexas, que quedan incluidas en la LP).

(133) El art. 42 del Acta de Adhesión declara que las restricciones cuantitativas a la importación y exportación, así como cualquier medida de efecto equivalente «serán suprimidas el 1 de enero de 1986», permitiéndose, no obstante, que España continuase manteniendo hasta determinadas fechas restricciones cuantitativas para ciertos productos (art. 43). Paralelamente, el Protocolo núm. 8 establecía la obligación de adaptar la legislación española sobre patentes al nivel de protección alcanzado dentro de la Comunidad, así como la imposición de adherirse a los Convenios europeos sobre patentes (*vid. Comunidad Europea. Textos básicos, op. cit.*, p. 1138).

(134) La protección de las invenciones también puede llevarse a cabo a través de los llamados certificados de protección de modelos de utilidad, referidos a actividades inventivas, que consisten en dar a un objeto una determinada configuración, estructura o constitución de la que resulta alguna ventaja para su uso o fabricación. Su duración es menor que la de la patente (diez años), debido a que requieren solamente una novedad relativa o nacional y un grado de actividad inventiva menor que el de las patentes de invención.

(135) En el primero, una vez publicado el Informe sobre el estado de la técnica, cualquier interesado podrá oponerse a la concesión de patente alegando motivos tales como la falta de novedad o de actividad inventiva. No podrá alegarse, sin embargo, que el peticionario carece de derecho para solicitar la patente, lo cual deberá hacerse valer ante los tribunales ordinarios. Se refiere a supuestos en los que el Gobierno va fijando, mediante Real Decreto y en atención a las prioridades tecnológicas e industriales del Estado, los sectores de la técnica en los que las solicitudes de patente de invención quedan sometidas a procedimientos de concesión con examen previo.

dad y cualidades inventivas del producto y que está abierto a las observaciones razonadas y demostradas de terceros; a continuación la solicitud se publica en el *Boletín de la Propiedad Industrial*. La concesión se hará sin perjuicio de terceros y sin garantías por parte del Estado en cuanto a la validez y utilidad del objeto sobre el que recae. Cualquier interesado estará legitimado para recurrirla, de acuerdo con lo dispuesto en la Ley reguladora de la jurisdicción contencioso-administrativa, sin que para ello sea necesario que previamente hubiera presentado observaciones al informe sobre el estado de la técnica.

Debido a la territorialidad del régimen establecido en la LP, la concesión de la patente se basa exclusivamente en la ley del Estado que la concede y sólo en éste resulta efectiva. Como alternativa a esta característica, ciertos Convenios de ámbito comunitario tienen la virtud de ampliar el número de protecciones nacionales que puedan recaer sobre una patente cuya solicitud o depósito se haya efectuado a través de los procedimientos previstos en los mismos. Por su parte, el Derecho unionista, concretamente el CUP de 20 de marzo de 1883 (136) garantiza un derecho de *prioridad* para el depositante que haya efectuado la solicitud de patente en algún Estado de la Unión, si bien paralelamente el principio de *independencia* supone que la patente solicitada en un país de la Unión no se verá afectada por las obtenidas para la misma invención en otros países (137). Además de estos principios, el CUP recoge ciertas normas materiales mínimas que deben ser aplicadas a cualquier beneficiario de este Convenio (principio de *trato mínimo).* Aparte de estas normas mínimas, el contenido y efectos de los derechos de exclusiva se regirán por las legislaciones estatales, que deben ser aplicadas sin discriminación de nacionalidad a todos los beneficiarios del CUP (principio de *trato nacional).*

En el ámbito europeo destacan el Convenio de Munich sobre patente europea de 5 de octubre de 1973, que da efectividad en varios o en todos los Estados parte a la patente solicitada ante la Oficina Europea de Patentes, y el Convenio de Luxemburgo sobre patente comuni-

(136) Convenio de la Unión de París para la protección de la propiedad industrial de 20 de marzo de 1883, revisado en Bruselas el 20 de marzo de 1900, en Washington el 12 de junio de 1911, en La Haya el 6 de noviembre de 1925, en Londres el 2 de junio de 1934, en Lisboa el 31 de octubre de 1958 y en Estocolmo el 17 de julio de 1967. Ratificado por España el 13 de diciembre de 1971 *(BOE*, 1-II-74).

(137) Por tanto, la concesión de una patente en un Estado no implica un derecho de concesión en otro país, del mismo modo que su anulación en el primero tampoco supone lo propio en otro Estado *(cf.* A. Remiro Brotons, «Art. 10.4», *Comentarios al Código civil y Compilaciones forales,* t. I, Jaén, Edersa, 1978, pp. 253 y ss., esp. p. 279.

taria de 15 de diciembre de 1975, que no llegó a entrar en vigor (138). El 15 de diciembre de 1989 se adoptó igualmente en Luxemburgo un nuevo Acuerdo sobre patente comunitaria (139). Esta patente producirá los mismos efectos en el conjunto de los territorios a los que se aplique el nuevo Acuerdo, al tiempo que sólo podrá ser concedida, extinguida, anulada o transferida en el conjunto de esos territorios. Ello no obstante, no afectará al Derecho de los Estados contratantes para conceder patentes nacionales de ámbito nacional.

Como complemento de esta regulación en materia de patentes deben señalarse determinados Convenios relativos a la clasificación, solicitud, procedimiento y cooperación en materia de patentes: Arreglo de Estrasburgo sobre clasificación internacional de patentes, de 24 de marzo de 1971 (140); Convenio Europeo, hecho en París el 11 de diciembre de 1953, sobre formalidades prescritas para la solicitud de patente (141); Tratado de Budapest y Reglamento sobre reconocimiento internacional de microorganismos a los fines del procedimiento en materia de patentes, 28 de abril de 1977 (142), y el Tratado de Washington sobre cooperación en materia de patentes, de 19 de junio de 1970. Este último tiende a la cooperación en la presentación, búsqueda y examen de las solicitudes de protección de las invenciones, así como a la prestación de servicios técnicos especiales. Para ello, los Estados parte se constituyen en Unión Internacional de Cooperación en materia de patentes. Las solicitudes internacionales presentadas de acuerdo con este Tratado podrán ser objeto de procedimiento ante la Oficina Europea de Patentes, con aplicación supletoria del Convenio de Munich de 1973, en cuyo caso se entenderá que se trata de solicitud de patente europea (143).

---

(138) Recuérdese la obligación de adhesión a este Convenio impuesta por el Protocolo núm. 8 al Acta de Adhesión de 12 de junio de 1985 *(BOE,* 30-IX-86), aspecto actualmente superado a partir del nuevo Acuerdo de patente comunitaria de 1989. En torno al Convenio de 1975, *vid.* F. Panel, *La protection des inventions en droit européen des brevets,* París, Lib. Techniques, 1977; F. Savignon, «La Convention de Luxembourg: traités fondamentaux», *D.P.C.I.,* t. III, 1977, pp. 35 y ss.; B. Schwab, «La Convention de Luxembourg: clauses économiques», *ibíd.,* pp. 45 y ss.

(139) *DOCE,* L 401, 30-XII-89. *Vid.* M. V. Cuartero Rubio, «Un nuevo impulso del Derecho convencional de la Comunidad europea: el Acuerdo sobre patentes comunitarias», *La Ley, Supl. Com. Eur.,* de 30 de mayo de 1991, pp. 1 y ss.

(140) *BOE,* 1-I-76.

(141) *BOE,* 23-XII-69. Debe tenerse en cuenta en esta materia que España es parte del Convento de Munich de 1973 sobre concesión de patentes europeas.

(142) *BOE,* 13-IV-81 y corrección de errores en *BOE,* 3-VI-81.

(143) Recuérdese el procedimiento de concesión de patentes europeas establecido por el Convenio de Munich de 1973. El Tratado de Cooperación *(BOE,* 7-XI-89) fue

Por lo que respecta a las marcas y nombre comercial, la Ley 32/1988 de 10 de noviembre (144) se orienta a la protección del consumidor, la aproximación de la realidad al registro y el acercamiento de los principios de Derecho europeo y comunitario (145). Por su parte, el nombre comercial se entiende como un verdadero signo distintivo de la empresa, por ello ya no se exige su coincidencia con el nombre del empresario, sirviendo cualquier signo para identificar a la persona en el ejercicio de la actividad empresarial. Este nombre comercial será protegido conforme a lo establecido en el art. 8 del CUP siempre que el titular demuestre que lo ha usado en España. El procedimiento de adquisición del derecho de marca se inicia con la solicitud en el Registro de la Propiedad Industrial referido a una sola clase de productos o servicios del nomenclátor internacional establecido en el Arreglo de Niza de 15 de junio de 1957 (146). En este momento nace un derecho de *prioridad* que se produce igualmente cuando la solicitud se plantea en algunos de los países del CUP o de un tercer país que reconozca a las solicitudes presentadas en España un mismo derecho de prioridad con efectos equivalentes a los previstos en el CUP (147). En el Derecho unionista, el arreglo de Madrid

enmendado en octubre de 1979 y modificado el 3 de febrero de 1984. *Vid.* también su Reglamento de ejecución adoptado el 19 de junio de 1970, con una última modificación del 1 de octubre de 1985 y en vigor desde el 1 de enero de 1986.

(144) Esta Ley ha derogado en lo que a marcas, nombre comercial y rótulos de establecimiento se refiere los Títulos I, II y V, dejando a salvo las Disposiciones transitorias primera, segunda y cuarta del EPI relativas a los expedientes en tramitación, que podrán acogerse a los beneficios de dicho Estatuto. Otro tanto resulta para los Títulos IV (películas cinematográficas), VII (falsas indicaciones de procedencia, crédito y reputación industrial) y Título X de la Ley de 1902 en lo relativo a la competencia ilícita. Con carácter complementario, ha de señalarse la regulación contenida en la Ley 26/1984 de 19 de julio para la defensa de los consumidores y usuarios, donde se recoge entre otros un derecho a la información que indirectamente puede enlazar con aspectos marginales de las denominaciones de origen y procedencia.

(145) Por ello, aun cuando se recoge una protección excepcional del simple usuario, la nueva Ley prevé la adquisición del derecho de marca a través del Registro (por períodos de diez años renovables indefinidamente) al tiempo que impone su uso obligatorio y efectivo, produciéndose en caso contrario su caducidad. La inscripción confiere al titular un derecho a impedir que se utilice una marca idéntica o semejante y también que los comerciantes o distribuidores la supriman sin su consentimiento.

(146) Relativo a la clasificación internacional de productos y servicios para el registro de marcas, revisado en Estocolmo el 14 de julio de 1967 y en Ginebra el 13 de mayo de 1977 *(BOE*, 16-III-78).

(147) En los dos meses siguientes a la publicación de la solicitud podrá oponerse a la misma cualquier perjudicado, publicándose a continuación en el BOPI la denegación o concesión del registro de la marca. Una vez registrada, el titular puede ejercitar las acciones civiles o penales que correspondan, dirigidas a la cesación de los actos atentatorios a su derecho y a la indemnización de daños y perjuicios *(vid.* para las acciones pe-

de 14 de abril de 1891 sobre registro internacional de marcas (148) establece la posibilidad de reconocer la marca internacional. Los nacionales de cada Estado contratante pueden obtener en todos los demás Estados parte en este Arreglo la protección de sus marcas registradas en el país de origen, siempre que el depósito se hubiera efectuado en la Oficina Internacional de la Propiedad Intelectual (149). La nueva Ley española actualiza este régimen de protección internacional posibilitando que el registro internacional realizado al amparo de este texto extienda sus efectos en España cuando así lo solicite el titular. No obstante, esta protección puede ser denegada en España conforme al art. 5 del Arreglo. De hecho, el precepto prevé que en los países cuya legislación lo autorice, la Administración podrá no conceder la protección de marca en su territorio, siempre que ello se haga conforme a las condiciones establecidas en el CUP para la protección de la marca en los registros nacionales (150).

Respecto a las indicaciones de procedencia u origen de los productos, las primeras se refieren a la indicación del lugar de producción, elaboración o fabricación de un producto en sentido estricto, en tanto que las segundas muestran una indicación de procedencia cualificada, que no se limita a una localización geográfica, sino también a otras dimensiones cualitativas del producto que puedan derivarse de esta localización (151). Se encuentran reguladas en el Derecho estatal y en el Derecho unionista. Concretamente, la LM se refiere a ella bajo la de-

---

nales la reforma del C. P. operada por la Ley orgánica 6/1987 de 11 de noviembre: arts. 534 y ss.). Esta inscripción se halla sujeta a cancelación en tres supuestos: nulidad de la marca declarada por sentencia firme por contravenir su esencia como signo distintivo de productos y servicios (arts. 1 y 11 LM); renuncia del titular de la marca siempre que consienta igualmente el titular de los eventuales derechos reales, embargos o licencias que puedan afectar a la marca, y caducidad de la misma por no uso o falta de pago en tiempo oportuno (art. 7 LM).

(148) Revisado en Estocolmo el 14 de julio de 1967 y ratificado por España en 1979 *(BOE*, 20-VI-79).

(149) Como país de origen se entiende aquel país de la Unión donde el depositante tenga establecimiento industrial o comercial efectivo. En su defecto se retiene el país de su domicilio personal y, en defecto de ambos, el país de la nacionalidad cuando el interesado sea nacional de un Estado unionista.

(150) Esta facultad denegatoria debe ser notificada motivadamente a la Oficina Internacional de Marcas, disponiendo el interesado de los mismos medios de recurso que tendría si la marca hubiera sido depositada directamente por él en el país donde la protección es denegada.

(151) *Cf.* A. Remiro Brotons, «Art. 10.4», *Comentarios al Código civil y Compilaciones forales..., op. cit.*, pp. 285 y 286. *Vid.* en general sobre estas materias. C. F. Fernández Novoa, *La protección internacional de las denominaciones geográficas de los productos,* Madrid, Tecnos, 1970.

nominación de «marcas de garantía» (152), cuya solicitud deberá incluir un reglamento de uso indicativo de la calidad, componentes y origen del producto, así como las medidas de control que el titular se compromete a implantar y las sanciones adecuadas en caso de incumplimiento. Este reglamento debe someterse al informe del órgano administrativo competente en atención a la naturaleza de los productos a que se refiera la marca, informe que en el supuesto de ser desfavorable implicaría la denegación de solicitud de registro. Este tipo de marca está sujeta, al igual que la marca en general, a una obligación de uso efectivo y real, produciéndose, de otro modo, su caducidad y la imposibilidad de un nuevo registro durante el plazo de tres años. En el momento de su inscripción debe especificarse la cualidad de «marca de garantía», pues en otro caso se incurriría en la prohibición del art. 11 LM (153).

Su regulación en el Derecho unionista se contiene en el Arreglo de Madrid de 14 de abril de 1891 (154), revisado en Lisboa el 31 de octubre de 1958, y en el Acta de Estocolmo modificativa del CUP de 14 de julio de 1967 relativas a la represión de las indicaciones de procedencia falsas o engañosas. Concretamente, el art. 1 del Arreglo de Madrid estipula una serie de medidas administrativas cuando se produzca una indicación de procedencia falsa de uno de los países de la Unión. La más relevante consiste en el embargo del producto en cada uno de estos países donde se pretenda su introducción, que será llevado a cabo por la administración de aduanas, advirtiendo al interesado para permitirle regularizar este embargo provisional. En cualquier caso, si la legislación nacional no admitiese tal embargo se procederá a la prohibición de importación y si ninguna de estas medidas son permitidas se actuará conforme a las previstas en la legislación estatal para supuestos semejantes de ámbito nacional. Si en último término estas

---

(152) Quedan exeptuadas de dicha Ley la regulación específica sobre productos vinícolas y alcohólicos contenida en la Ley 25/1970 de 2 de diciembre. La regulación de la LM intenta dar respuesta a las demandas de instrumentos que sirvan para garantizar a los consumidores la calidad, origen y otras características de los productos o servicios en el mercado. Para ello se certifica que tales productos responden a determinadas cualidades y que han sido producidos o distribuidos por personas debidamente autorizadas y bajo el control del titular de la marca (*vid.* Preámbulo de la LM).

(153) No pueden ser inscritas como marcas en general las indicaciones que sirvan para designar en el comercio la especie, calidad y procedencia geográfica de un producto. Para no incurrir en esta prohibición es preciso señalar que se trata de una marca de garantía, modalidad que, por lógica, no está ni puede estar condicionada por tal limitación, ya que precisamente se trata de registrar los aspectos mencionados.

(154) *BOE*, 20-VI-79.

sanciones no tuvieran una aplicación específica para estos supuestos, se estará a las tipificadas para las marcas y nombres comerciales (155).

B) Aspectos obligacionales de los derechos de exclusiva: licencias, franquicias y know-how

La propiedad industrial, hasta aquí analizada en su perspectiva estática de titularidad de un derecho de exclusiva, puede estar afectada por una dimensión contractual, cuya finalidad sea la transmisión del derecho mismo (cesión) o simplemente de su disfrute y ejercicio, total o parcial (concesión, licencia, etc.) a una persona distinta del titular, que va a encargarse de su explotación. Estos contratos reciben la denominación genérica de transferencia de tecnología y se refieren a la transmisión del conjunto de procedimientos fundados sobre conocimientos científicos normalmente empleados en los procesos productivos (156). Las figuras más usuales son la cesión, la concesión de licencia, la comunicación de know-how y la franquicia, recayendo indistintamente las dos primeras sobre derechos de marca o patente.

La cesión y la concesión de licencias tienden a la explotación del derecho por una persona distinta del titular, sin embargo, la primera implica una transferencia de propiedad, en tanto que la segunda simplemente una concesión de ejercicio (157). El Ordenamiento español

---

(155) Recuérdese en este punto que la LM tipifica el ejercicio de acciones civiles o penales, con indemnización de daños y perjuicios por las pérdidas y las ganancias dejadas de obtener.

(156) J. Schapira define la transferencia de tecnología como todo el entramado de contratos, dotado cada uno de condiciones de validez y régimen propio, cuyo efecto principal o secundario consiste en favorecer la transmisión y explotación por un tercero de la tecnología detentada por otra persona, el titular del derecho de propiedad industrial. *(Cf.* «Les contrats internationaux de transfert technologique», *Journ. dr. int.*, 1978, pp. 5 y ss., esp. 23). Esta transferencia puede recaer sobre un derecho de patente o marca, si bien esta última suele mostrarse integrada en el marco de una transferencia distinta, como pueda ser la de patente, franquicia o know-how. Precisamente el know-how aparece normalmente como una transferencia complementaria a la de otros derechos de propiedad industrial, es decir, transmisión del ejercicio de un derecho de exclusiva junto con los conocimientos técnicos apropiados para su explotación.

(157) Así, el cesionario usa y hace fructificar la cosa a título de propietario en virtud de un derecho directo sobre el bien, mientras que el concesionario o licenciatario practica esta misma actividad a título de detentador en virtud de un derecho personal. No obstante, no han faltado posiciones, mayoritariamente provenientes de la doctrina alemana e italiana, que han otorgado una naturaleza real a la licencia cuando ésta sea exclusiva, ya que el monopolio de explotación que detenta el licenciatario en este caso

otorga una naturaleza obligacional a la licencia de tal modo que el licenciatario ostenta, de acuerdo con J. Massaguer, la legitimación para ejercitar una acción protectora del Derecho de propiedad industrial, pero nunca es titular de esta acción, a diferencia de lo que ocurre en los supuestos de cesión en los que el cesionario adquiere un derecho automático y completo sobre el derecho de exclusiva, convirtiéndose no sólo en titular de este derecho, sino también en titular de las acciones para su defensa. El contrato de licencia no implica una división de titularidad ni una facultad de exclusión, sino simplemente una autorización para explotar y una sustitución eventual del titular por el licenciatario a efectos de legitimación activa (158).

El licenciatario está obligado al pago de una renta por la disposición del derecho; a no ceder la licencia a terceros o conceder sublicen-

la asemeja a un derecho real *(vid.* R. Bruchhausen en Benkard, *Patentgesetz und Gebrauchmustergesetz* (6.ª ed., 1973) continuado por W. Ballhaus, R. Bruchhuausen, R. Rogge y E. Ullmann, 7.ª ed., Munich, Beck'sche, 1981, núm. marg. 53 y ss., pp. 501-503 y A. Frignani, «Les contrats de licences en Italie à la lumière de la reforma de la Loi sur les brevets», *La Propriété Industrielle,* 1981, p. 294). Por el contrario, cuando no se trate de una licencia exclusiva y el concedente conserve el derecho de uso para acordar licencias con otros concesionarios o licenciatarios, decae esta semejanza con un derecho real, y en último término con la cesión *(cf.* M. Diener, *Contrats internationaux de proprieté industrielle,* París, Litec, 1986, p. 168.

(158) En consecuencia, cuando el licenciatario ejercita la facultad de exclusión frente a importaciones de productos protegidos está ocupando la posición del titular, por ello no puede impedir actuaciones distintas de las que podría hacerlo el licenciante ni accionar contra éste por razón de agotamiento del derecho de exclusiva. Debido a esta misma posición, el licenciatario no podrá excluir la comercialización del producto por el licenciante alegando el agotamiento del derecho, esto es, su decaimiento debido a la comercialización del producto por el titular o pesona autorizada *(cf.* J. Massaguer, *Mercado común y patente nacional,* Barcelona, Bosch, 1989, pp. 366 y 367). Por ello, según el autor, el ejercicio de la facultad de exclusión conferida por una patente, realizada por el licenciatario para impedir importaciones de productos ya comercializados en otro Estado (miembro) por el titular o con su consentimiento, debe merecer el mismo enjuiciamiento que el ejercicio de esta facultad en tales circunstancias por el propio titular cedente. También en el entorno comunitario, titular y licenciatario observan una misma posición, por lo tanto, la del segundo no es autónoma y por la misma razón no le corresponde una facultad de exclusión que pueda oponer ante el titular. Así puede desprenderse de las consideraciones vertidas por el TJCE en la Sent. de 20 de enero de 1981 *(Asunto 55 y 57/80: Musik Vertrieib Membran c. GEMA, Rec.,* 1981, pp. 649 y ss.), en la que expresamente se afirmó la identidad de situación de titular/licenciante y licenciatario por lo que afecta al agotamiento comunitario, de forma que el licenciatario no puede oponerse a la importación de productos comercializados por el titular o con su consentimiento en otro Estado miembro. Cabe señalar la posible confrontación de esta jurisprudencia con las previsiones de determinados Estados parte que, como ya ha sido señalado respecto de Italia y la R. F. de Alemania, otorgan una calificación de derecho real a la licencia exclusiva, de suerte que el licenciatario exclusivo de una patente alemana o italiana sería titular de un derecho que podría hacer valer frente a todos, incluido el licenciante.

cias, salvo pacto en contrario, y a llevar a cabo los actos que integren la explotación del derecho. A no ser que se disponga de otro modo, la licencia no se presume exclusiva, pudiendo el licenciante conceder licencias a otras personas y explotar por sí mismo la invención. En otro caso, es decir, habiéndose pactado una licencia exclusiva, ésta impide el otorgamiento de sucesivas licencias y el licenciante únicamente podrá explotar la invención si en el contrato se hubiera reservado expresamente tal facultad. Además de estas licencias contractuales, existen las licencias obligatorias, que se producen cuando el titular no cumple con su obligación de explotación del derecho, salvo que este titular hubiese realizado un ofrecimiento de licencia de pleno derecho, esto es, una declaración de disposición para que la invención pueda ser utilizada por cualquier interesado. Si esta declaración de licencia de pleno derecho no concurre y pasa el plazo para iniciar la explotación (cuatro años desde la solicitud del derecho o tres desde su concesión) cualquier persona podrá solicitar la concesión de licencia obligatoria. Así será si en el momento de la solicitud y salvo excusa legítima no se haya iniciado la explotación o los preparatorios serios para la misma, o cuando tal explotación haya sido interrumpida durante más de tres años (art. 87 en relación con 86, 83 y 81 de la LP) (159).

Además de la cesión o licencia de patentes y marcas, que trasladan la actividad de explotación a otra persona distinta del titular, existen otras figuras de contratación basadas en la idea de colaboración en la comercialización y distribución del producto. Es el caso de la franquicia, en la que el franquiciador y el franquiciado tienen un mismo interés en la promoción de los signos distintivos del franquiciador (160).

---

(159) Así será si en el momento de la solicitud y salvo excusa legítima, no se haya iniciado la explotación o los preparatorios serios para la misma o cuando tal explotación haya sido interrumpida durante más de tres años (art. 87 en relación con 86, 83 y 81 de la L.P.). Según el Acuerdo de Luxemburgo de 15 de diciembre de 1989 (arts. 39 y ss.) la licencia de derecho se produce mediante la presentación de una declaración escrita en la Oficina Europea de Patentes autorizando a cualquier interesado para que utilice la invención, de acuerdo con la regla décima del Reglamento de ejecución del Convenio. La licencia obligatoria puede derivarse de la insuficiencia o falta de explotación siempre que se trate de una licencia concedida en interés público. En otro caso, este tipo de licencia no será apreciable cuando el producto se comercialice en otro Estado contratante distinto al de la patente y al de la fabricación, excepto cuando el Estado signatario efectúe reserva a esta disposición.

(160) *Vid.* J. Guyénot, «La franchise commerciale. Etude comparée des sistèmes de distribution interentreprises constitutifs de groupements de concessionaires», *Rev. trim. dr. comm.*, núm. 28, 1973, p. 172. En torno a la franquicia, *vid.* también Ph. Bessis, Le contrat de franchisage, París, L.G.D.J. (Droit des affaires), 1990 y la obra de varios autores coordinada por L. Pivoltti/R. Pozzana, *I contratti di franchising. Organizzazione e controllo di rete*, Milán, EGEA/Giuffrè, 1990.

El franquiciado es plenamente responsable de su gestión explotando el negocio por cuenta propia. Implica una transferencia adicional de saber hacer, es decir, el franquiciador debe proceder necesariamente a una licencia de derecho de propiedad industrial (marca o fórmula comercial) que permita al franquiciado utilizar sus signos distintivos, así como la transmisión de un know-how (161).

Precisamente como complemento de cualquier tipo de transferencia, aparece el llamado contrato de comunicación de know-how, por el que se pone a disposición de un tercero una serie de conocimientos técnicos cuya virtualidad puede ser limitada en el tiempo y en el espacio. El art. 4 del Reglamento 17/62 de 6 de febrero lo define como «un contrato para la transmisión o cesión de uso de procedimientos de fabricación o de conocimientos para el empleo o aplicación de técnicas empresariales». El know-how es, pues, una información secreta y no patentada destinada a la fabricación o comercialización de un producto, a la cual se le asigna un valor económico que es necesario satisfacer cuando tales conocimientos son objeto de licencia o transmisión. Aparece regulado en el art. 76 LP, sin perjuicio de las remisiones que deban efectuarse al R. Decreto 1750/1987 de 18 de diciembre, por el que se liberaliza la transferencia de tecnología y la prestación de asistencia técnica extranjera a empresas españolas, cuando la comunicación de conocimientos secretos no patentados aplicables a la actividad productiva se realice por un no residente a un residente (162). En la L P la comunicación de know-how viene tipificada como un negocio jurídico ligado a la transmisión de la patente, de tal modo que quien la transmita o licencie está obligado a poner a disposición del adquirente los conocimientos técnicos que posea y que resulten necesarios para explotar adecuadamente la invención. Igualmente, el adquirente o licenciatario a quien se comunique un conocimiento secreto debe evitar

---

(161) El TJCE en la Sentencia de 28 de enero de 1986 *(Asunto 161/84: Pronuptia, Rec.* 1986, pp. 353 y ss.) distingue entre *contratos atípicos de franquicia de servicios,* por los que el cesionario ofrece sus servicios utilizando el rótulo y nombre comercial e incluso la marca del cedente, de conformidad con las directrices de este último; *contratos atípicos de franquicia de producción,* en los que el cesionario fabrica directamente, según las indicaciones del cedente y vende los productos con la marca de éste y, por último, los *contratos atípicos de franquicia de distribución,* en virtud de los cuales el cesionario se limita a vender determinados productos en un establecimiento que tiene el rótulo del cedente.

(162) *BOE*, 13-I-88. Concretamente, en virtud de su art. 1 quedan sujetos a este R. Decreto de liberalización de la transferencia de tecnología y de la prestación de asistencia técnica a empresas españolas «las transacciones en virtud de las cuales un no residente cede a un residente el derecho de propiedad, explotación o utilización... de conocimientos secretos no patentados aplicables a la actividad productiva».

su divulgación. La importancia de esta disposición se observa desde el momento que el mantenimiento de este carácter secreto es al mismo tiempo un presupuesto necesario para que su propietario pueda transmitirlo a otras empresas y un requisito previo para la explotación del know-how (163). El know-how puede aparecer como un contrato puro o como una adición en un contrato de licencia. De hecho, es muy frecuente, tal y como se prevé en el Derecho español, que el know-how acompañe a una licencia de patente para hacer viable la explotación de la invención. En este caso lo principal no sería el know-how, sino la propia patente, a cuyo régimen se vincula el primero.

Estas figuras contractuales sobre derechos de exclusiva presentan tres niveles de regulación: regulación de la relación contractual a partir de la normativa contenida en la LP, LM o Derecho Convencional, someramente analizada en las líneas precedentes; la normativa sobre control estatal de las importaciones de tecnología, contenida en el R. Decreto 1750/1987 de 18 de diciembre (164) y, finalmente, el control realizado a partir de la normativa comunitaria de libre competencia (165), normalmente contenida en Reglamentos de exención por categoría.

Efectivamente, la validez de estos acuerdos de transferencia se halla amparada por diversos Reglamentos de exención por categoría, operativos en el marco del art. 85.3 TCE (166). No obstante, el propio

(163) *Cf.* J. Massaguer Fuentes, «La aplicación del Derecho de la competencia de la CEE al contrato de comunicación de know-how», *La Ley: Com. eur.*, núm. 3, 1986, pp. 54 y ss., esp. p. 59.

(164) Por el que se liberalizan las transferencias y las prestaciones de asistencia técnica a empresas españolas (*BOE*, 13-I-88). Alcanza a los supuestos en que un no residente cede a un residente conocimientos secretos no patentados aplicables a la actividad productiva, siempre que ello exija pagos superiores a diez millones al año. Las transacciones quedan sujetas a la verificación por parte de la Administración. Esta verificación debe solicitarla la empresa española receptora de la tecnología a la Dirección General de Transacciones Exteriores, que dará traslado de la solicitud a la D. G. de Innovación Industrial y Tecnología del Ministerio de Industria y Energía. También debe estarse a lo previsto en la normativa sobre inversiones extranjeras (Resolución de la DGTE de 12 de febrero de 1988 sobre pagos al extranjero por adquisición de tecnología y asistencia técnica extranjeras).

(165) La DGIIT del Ministerio de Industria y Energía remite a la DGDC las solicitudes en las que se aprecien cláusulas presuntamente contrarias a la legislación española o comunitaria de libre competencia.

(166) Sobre este control llevado a cabo por la Comisión *cf.* B. Jadaud y R. Plaisant, *Droit du commerce international,* 3.ª ed., París, Dalloz, 1987, p. 29, que también hace referencia a la elaboración por parte de la UNCTAD de un Código internacional de conducta para las operaciones de transferencia que, a pesar de carecer de fuerza obliga-

Derecho comunitario limita su efectividad cuando puedan contrariar a la normativa de libre competencia. Así, por ejemplo, el Reglamento 2349/84, sobre exención de determinadas categorías de acuerdos de *licencia de patentes* considera que una licencia exclusiva, inicialmente amparada por la exención del art. 85.3 TCE, es contraria a las normas de libre competencia cuando se aprecian comportamientos tendentes a impedir importaciones. En la misma línea, el TJCE afirmó en el asunto *Grundig-Costen* que la distribución exclusiva acordada por las partes provocaba una protección territorial absoluta incompatible con las normas de competencia del TCE, desde el momento en que el acuerdo estaba destinado a convertir a Costen en el único concesionario de productos Grundig en Francia (167). Igualmente, el Reglamento 4087/88 de 30 de noviembre de 1988 relativo a la aplicación del art. 85.3 TCE a la categoría de acuerdos de *franquicia* (168), delimita las clases de franquicia (169) y prohíbe absolutamente el reparto de mer-

---

toria, constituye un modelo para los Estados y las empresas a la hora de redactar estos contratos. Su finalidad es permitir un máximo de libertad al beneficiario de la transmisión, pero siempre bajo la supervisión de las leyes represoras de las prácticas restrictivas de la competencia.

(167) Sent. de 13 de julio de 1966 (*Asunto 56-58/64: Costen-Grundig, Rec.*, 1966, pp. 429 y ss.). Grundig había registrado en Francia a nombre de Costen la marca GINT —Grundig International—. Gracias a esta marca Costen podía efectuar una protección territorial absoluta, ya que las exportaciones y reexportaciones estaban prohibidas tanto para Costen como para cualquier comprador de Grundig. Mediante el compromiso asumido por Grundig se impedía la venta en Francia a otros compradores que no fuesen Costen. El compromiso se concretaba en la prohibición de exportar impuesta a todos los compradores de productos Grundig, con lo cual ninguno de estos compradores establecidos fuera de Francia podía vender los productos en Francia. La exclusividad de compra de Costen, unida a la prohibición de exportación y reexportación, tenía como consecuencia un aislamiento del mercado francés, imposibilitando toda importación paralela. Del mismo modo se decanta la Sent. TJCE de 8 de junio de 1982 (*Asunto 258/78: Nungesser c. Comisión —Semillas de Maíz—, Rec.*, 1982, pp. 2015 y ss.).

(168) *DOCE*, L 359/46, 1988. *Vid.* J. E. de Cockborne, «La franquicia y las normas de la CEE sobre competencia: decisiones recientes y el nuevo reglamento de exención por categoría», *Noticias CEE*, núm. 62, 1990, pp. 43 y ss.

(169) Distingue entre una franquicia de distribución, en la que el franquiciado vende «productos» con el nombre comercial del franquiciador, y una franquicia de prestación de servicios, en la que el franquiciado presta un «servicio» con el nombre comercial del franquiciador. La primera puede consistir en una franquicia de distribución del producto con la marca del franquiciador o fabricante (franquicia de fabricante) o en una franquicia de explotación de un método comercial o know-how, vendiéndose en ésta no sólo el producto de una misma marca sino también cualquier marca que cumpla las condiciones fijadas por el franquiciador (franquicia de distribuidor). El Reglamento no se refiere a las franquicias de producción que, sin embargo, son recogidas y definidas en el Asunto *Pronuptia* como aquéllas en virtud de las cuales el concesionario o franquiciado «fabrica directamente», según las indicaciones del concedente, productos que vende con la marca de éste. (Sobre este tipo de franquicia, *vid.* J. Segrera Rull, *Comercio en la CEE y estrategias empresariales*, Barcelona, Bosch, 1989, p. 74.)

cado, la limitación indebida de la elección por el franquiciado de los proveedores o clientes, el límite de uso de know-how y la prohibición de impugnar la validez de los derechos de propiedad industrial que formen parte de la franquicia. Según el art. 5 del Reglamento, estos puntos entran dentro de la prohibición del art. 85.1 TCE e imposibilitan cualquier tipo de exención. Existen otras cláusulas que, aunque restrictivas, están favorecidas por exención por categoría, según lo dispuesto en el art. 2 del Reglamento (170).

En el contrato de know-how caben tres posibilidades de exención. Puede quedar sometido a la exención prevista para la licencia de patente en el Reglamento 2349/84, cuando se trate de licencias mixtas de patentes y know-how en las que el acuerdo de patente resulte esencial. Si la licencia de know-how se acompaña de una licencia de marca u otros signos distintivos y obliga al licenciante a asistir técnicamente al licenciado, estaremos ante un acuerdo de franquicia; por tanto, la exención vendrá dada por el Reglamento 4087/88 (171). Finalmente, se aplicará a las licencias puras de know-how la reglamentación específica contenida en el Reglamento 556/89 de 1 de abril de 1989. No obstante, este Reglamento puede ser aplicado también a otros supuestos mixtos como son: A) Licencias de patente y know-how en las que la patente no sea necesaria para la explotación de la tecnología objeto de acuerdo (supuesto no contemplado dentro de las exenciones relativas a la licencia de patentes); B) Casos en que, siendo necesaria esta patente, su ámbito se refiera a territorios en los que no exista patente o en los que ésta haya dejado de estar en vigor; C) Licencias de know-how que incluyan cláusulas complementarias relativas a marcas, siempre que la propia licencia de marca no sea el objeto principal del acuerdo (172).

---

(170) Estas cláusulas son: A) La cláusula de exclusiva, por la que el franquiciador renuncia a explotar la franquicia en el territorio concedido y se compromete a no concederla a un tercero; B) Posibilidad de que el franquiciador deniegue al franquiciado la instalación de un segundo establecimiento y de que supervise y apruebe las condiciones del establecimiento; C) Obligar al franquiciado a vender sólo a los usuarios finales o a otros franquiciados o distribuidores autorizados; D) Cláusula de no competencia en la franquicia de fabricante, prohibiendo al franquiciado fabricar, vender o utilizar productos competidores con los del franquiciador; E) Posibilidad de que el franquiciador fije condiciones de calidad, dejando libertad al franquiciado para aprovisionarse donde desee de los productos que cumplan estas condiciones; E) Facultad de recomendación de precios, siempre que no exista práctica concertada sobre los mismos.

(171) *Cf.* J. Segrera Rull, *op. cit.*, p. 64.

(172) *Cf.* J. Segrera Rull, *op. cit.*, p. 64 al señalar cómo el R. 556/89 rige para la licencia de know-how y para otras categorías combinadas con licencia de patentes o marcas que no puedan acogerse a otros Reglamentos de exención. Así, respecto de las licencias mixtas de patente y know-how en las que las patentes resultan necesarias para

C) Incidencia del Derecho unionista en el Derecho autónomo

Como ha podido observarse, los derechos de exclusiva, normalmente concedidos y normados por los ordenamientos nacionales, son también parcialmente regulados por Derecho convencional uniforme, concretamente por el Derecho Unionista. Su regulación se bifurca, pues, en tres planos con distinto ámbito y similares perspectivas o finalidades: el Derecho nacional, en tanto que creación del legislador estatal, el Derecho interno de fuente convencional, básicamente constituido por el llamado Derecho unionista y, finalmente, el Derecho europeo y comunitario, inspirado en el TCE y contenido en Tratados internacionales y en otros exponentes del Derecho comunitario derivado. Dada la correlación existente entre el Derecho estatal y el Derecho unionista, éstos serán tratados conjuntamente al hilo de la exposición de los principales contenidos de la propiedad industrial.

Dentro del Derecho de origen convencional, el Derecho unionista se articula a través de una serie de normas materiales que constituyen una clara expresión de Derecho uniforme y que básicamente se contienen en el CUP de 1883 para la propiedad industrial y en el CUB de 1886 para la propiedad intelectual. Ambas Uniones se fundieron a través del Convenio de 14 de julio de 1967 por el que se estableció la OMPI, con sede en Ginebra, y cuya finalidad es fomentar la cooperación entre las Uniones de París y Berna y entre los Estados y Organizaciones internacionales para lograr una protección de la propiedad intelectual de amplio alcance. Como derivación del CUP de 1883 se han sucedido numerosas actas de modificación hasta llegar a la vigente de Estocolmo de 14 de julio de 1967. Estas actas se aplican solamente a

la explotación de la tecnología existía una laguna en el Reglamento de licencia de patentes, dado que éste exige la existencia de patentes en vigor en el territorio cubierto por el acuerdo. Cuando ésta no existiera era preciso recurrir a la notificación individual, sin embargo el Reglamento 556/89 prevé que estos acuerdos puedan acogerse para todo su ámbito territorial a una exención por categoría. A su vez, en relación con las licencias de know-how que incluyan cláusulas complementarias relativas a marcas, el autor distingue dos supuestos: A) cuando el know-how sea comercial y en el acuerdo existan, además de la licencia de marcas, otra serie de cláusulas propias de las redes de venta, nos hallaremos más bien ante un acuerdo de franquicia para el que es de aplicación otro Reglamento de exención (Reglamento 4087/88); B) en cambio, cuando el know-how sea técnico y el licenciatario sea más un productor que aplica un proceso de fabricación que un comerciante que explota un método de ventas, sí que, aunque haya combinación de licencia de know-how y de marcas, no estaremos dentro del ámbito del Reglamento de franquicia, sino en el de know-how. Son los acuerdos que el TJCE en el asunto *Pronuptia* denomina franquicias de producción, pero que en la práctica son excluidas por la Comisión de la regulación propia de los acuerdos de franquicia (*cf.* pp. 65 y 66).

las relaciones entre los Estados que voluntariamente hayan ratificado cada una de ellas, circunstancia que, según A. Remiro Brotons, genera para cada Estado la posibilidad de maniobrar el régimen aplicable a sus relaciones con otros Estados (173).

Entre las características del Derecho unionista debe mencionarse el hecho de que no sustituye a las legislaciones de los Estados contratantes, porque su regulación material se limita a unos mínimos; no obstante, este trato mínimo no puede ser descartado por los Estados, salvo para mejorarlo, ni siquiera por invocación del principio de asimilación o trato nacional. En lo no previsto por estas normas mínimas comunes se genera una asimilación al nacional, de modo que los beneficiarios del Derecho unionista tendrán el mismo trato que el dispensado a sus nacionales en el país cuya protección se solicita. Ello implica que «los nacionales de cada uno de los países de la Unión gozarán en todos los demás países de las ventajas que las leyes nacionales conceden a sus nacionales teniendo, por consiguiente, la misma protección que éstos y las mismas acciones legales contra cualquier ataque que afecte a sus derechos» (174). Además de la asimilación y trato mínimo, el Derecho unionista adopta la independencia como norma en materia de obtención y protección de los derechos de exclusiva; concretamente en el caso de las patentes el art. 4 bis del CUP declara que aquellas que hayan sido solicitadas en distintos países de la Unión por

(173) El autor expone cómo el sistema de revisiones periódicas adoptado por el CUP y por los Arreglos particulares supone que las relaciones entre dos países miembros de la Unión van a regirse por la última acta común a ambos. En el supuesto de que no la haya —lo cual sucederá en las relaciones entre un país externo a la Unión que se adhiera a la última acta en vigor, pero no a las anteriores y los miembros de la Unión obligados por éstas, pero todavía no por la última— se admitirá la aplicación por cada cual del acta de revisión más reciente en que sea parte *(cf.* «Art. 10.4», *Comentarios al Código civil y Compilaciones forales, op. cit.,* pp. 276 y 277).

(174) Así se advierte en la *Sent. T. S. de 24 de febrero de 1989 (Aranzadi, R. J.,* núm. 1397, 1989), que confirmó la Sentencia de instancia (Audiencia Territorial de Barcelona de 11 de junio de 1987). En ella se argumenta en torno al trato nacional ante la alegación de una de las partes de que la decisión recurrida otorgaba en España a los extranjeros, usuarios extrarregistrales de nombres comerciales, derechos que no se concedían a los españoles. El T. S. rechazó esta alegación afirmando que «no es que la sentencia recurrida otorgue más derechos a los extranjeros, sino que conforme al art. 8 del CUP los equipara a los españoles que, al ser potestativo el registro del nombre comercial, lo hubieren registrado, puesto que... se protege el derecho tal cual si se hallara efectivamente inscrito, en acatamiento de la normativa unionista, por todo ello al no haberse infringido los invocados preceptos el motivo ha de ser desestimado». Sobre la sustituibilidad del Derecho nacional por el unionista, *vid. Sent. T. S. de 31 de enero de 1990 (Aranzadi, R. J.,* núm. 645, 1990).

nacionales de la de la Unión serán independientes de las obtenidas para la misma invención en otros Estados, ya sean o no parte de la Unión.

Por tanto, en el Derecho unionista deben distinguirse claramente dos elementos: el depósito o registro del derecho y los efectos o contenido del mismo. En virtud del art. 4 del CUP, el depósito de cualquier derecho (patente de invención, marca de fábrica o comercio, modelo de utilidad o industrial y dibujos industriales) en un *Estado parte* de la Unión implica automáticamente un derecho de *prioridad.* Además, en el caso concreto del derecho de marca, el Arreglo de Madrid de 14 de abril de 1891 faculta a los nacionales de los Estados contratantes a que puedan obtener en todos los demás Estados parte la *protección* de sus marcas registradas en el país de origen, siempre que el depósito se hubiera efectuado en la *O.I.P.I.* Sin embargo, el contenido y efectos del derecho de exclusiva se somete al Derecho nacional del cual el interesado sea beneficiario en virtud de las concretas normas aplicables (LP, LM, etc.). Residualmente, pero de forma prioritaria, la normativa unionista regulará el contenido y efectos mínimos del derecho con primacía sobre el Derecho estatal siempre que el interesado sea beneficiario del CUP. Finalmente, la elección entre los distintos Derechos estatales llamados a regular el contenido y efectos de un derecho de exclusiva dependerá de lo dispuesto en las normas de Derecho aplicable del foro encargado de conocer.

En conclusión, el Derecho unionista se aplica directamente a las relaciones entre Estados contratantes del CUP, pero únicamente en lo referido a un trato mínimo y al criterio de asimilación, quedando sometido el régimen jurídico del derecho de exclusiva en cuestión a la legislación del país donde se solicite la protección. De aquí se deriva una aplicación prioritaria de las normas de mínimos del Derecho unionista, que serían inatacables y, por tanto, de aplicación aunque la normativa nacional correspondiente no hiciese previsión de un contenido similar o lo hiciese de forma contradictoria. Así se refleja en la Sent. TS (Sala 3.ª) de 10 de mayo de 1990 cuando se refiere a la aplicación preferente del CUP sobre la legislación material autónoma en caso de conflicto o contradicción (175). Otro tanto ocurre con el

(175) *Aranzadi, R. J.*, núm. 4542. El T. S. deriva esta primacía de los arts. 96-1 de la C. E. y el párrafo final del art. 10.4 del C.c. («... sin perjuicio de lo establecido por los Convenios y Tratados de los que España sea parte»). Por ello aplicó a una sociedad norteamericana el art. 5-a-2 y 3 del CUP, que establece que «... la caducidad de la patente no podrá ser prevista sino para el caso en que la concesión de licencias obligato-

criterio de asimilación, que supone la aplicación indiscriminada de un Derecho interno respecto de los extranjeros que sean beneficiarios del mismo, según lo previsto en el Derecho unionista y en el propio Derecho nacional. En segundo lugar, y sin perjuicio de la aplicación de los tratados bilaterales existentes en materias específicas, se aplicará la ley estatal. Como veremos más adelante, dicha ley estatal puede presentar tres formas de aplicación: incondicional, a título de ley más favorable o a título de reciprocidad.

En el Ordenamiento español coexisten normas materiales junto con una regulación conflictual contenida en el art. 10.4 C.c. Por el momento haremos alusión a las primeras, esto es, a las concretas normas que rigen la creación y ejercicio de los derechos de propiedad industrial. Esta normativa se recogía originariamente en la LPI de 16 de mayo de 1902. Entre los años 1929 y 1939 se gestó el EPI, que aglutinaba en una misma normativa la legislación sobre patentes, marcas, nombre comercial y otras manifestaciones particulares de la propiedad industrial, como podía ser la competencia desleal. Su elaboración culminó en la R. Orden de 30 de abril de 1930, por la que se dispuso la publicación del texto refundido y revisado del R. Decreto de 26 de julio de 1929 sobre propiedad industrial. En la actualidad el EPI se ha visto afectado por sucesivas derogaciones a medida que sus contenidos específicos han sido objeto de nuevas regulaciones. La necesidad de esta reforma ha venido impuesta por dos elementos, uno de naturaleza normativa y otro de carácter marcadamente económico, aunque no por ello carente igualmente de implicaciones normativas. En primer lugar, debe tenerse en cuenta el fenómeno de la europeización de la propiedad industrial en España, fundamentalmente a raíz de la adhesión a la Comunidad Europea, que originó la necesidad de acoplar los nuevos principios de libre circulación de mercancías y de procurar una protección de la mercancía más acorde con las nuevas realidades liberalizadoras y unificadoras del mercado. Además, el cambio de las estructuras tecnológicas españolas y el desarrollo de la industria y la economía han generado nuevas exigencias, a las que ya no respondía adecuadamente el EPI de 1929. En este marco de reforma de la propiedad industrial se ha pasado de una regulación unitaria a otra

rias no hubiere bastado para prevenir los abusos que podrían resultar del ejercicio del derecho exclusivo conferido por la patente, por falta de explotación... regulación totalmente distinta a la contenida en el EPI de 26 de julio de 1929, que no prevé la concesión por el Registro de licencias obligatorias de explotación en favor de persona distinta del titular registral, sino únicamente licencias contractuales basadas en un contrato entre el titular registral y el tercero que hubiera formulado la petición en el Registro».

fraccionada, tal como puede observarse a través del análisis de tres exponentes claves de la propiedad industrial como son la patente, marca y denominaciones de procedencia y origen.

D) Proceso de unificación en el marco comunitario

Además del Derecho unionista y del Derecho nacional existe un tercer bloque normativo compuesto por Derecho europeo y comunitario, que no va a impedir la vigencia del Derecho unionista en los Estados comunitarios que sean al mismo tiempo miembros de la Unión de París. De hecho, las Comunidades participan en los trabajos de la OMPI tratando de integrar sus avances dentro del marco del Derecho comunitario. La normativa contenida en los textos comunitarios, ya sean Tratados, Reglamentos o Directivas es de aplicación directa por los tribunales nacionales, desde el momento que la adhesión a los Tratados fundacionales comporta la aceptación de sus desarrollos normativos como un bloque único. En cualquier caso, es ilustrativo señalar el especial mantenimiento de los Derechos estatales, ya sea para la concesión de un derecho de exclusiva con efectos limitados al territorio nacional, ya sea para concretar las remisiones que algunos textos realizan a aquéllos a la hora de configurar una patente o marca de alcance comunitario. Precisamente estas remisiones han sido las promotoras de la necesidad de su adaptación a la normativa comunitaria; tal como se observa en la imposición del Protocolo núm. 8 al Acta de Adhesión de modificar la legislación española a través de la LP y LM.

Esta vigencia paralela del Derecho comunitario, del Derecho convencional uniforme y de los Derechos nacionales autónomos obliga a determinar el ámbito de aplicación del primero de estos ordenamientos, lo cual depende básicamente de que la solicitud de depósito o registro se haya llevado a cabo de acuerdo con lo previsto en la propia normativa comunitaria o europea. Las disposiciones contenidas en el Convenio de Munich de 1973 sobre patente europea prevé un tipo de solicitud ante la Oficina Europea de Patentes que implica la «existencia efectiva» de la patente en todos los Estados miembros del Convenio, al igual que ocurre en el derecho de marcas cuando tal solicitud se realiza ante la Oficina Comunitaria de Marcas. Una vez concedido el derecho, su régimen jurídico se regirá por la propia normativa comunitaria, o por un Derecho estatal si el interesado así lo declara. En el supuesto de que resulte aplicable algún texto comunitario, como es el caso del Acuerdo de Luxemburgo de 1989, existirá un sometimiento a la normativa comunitaria, no sólo a las disposiciones concretas allí donde existan, sino también a los principios y libertades contenidas en el TCE, que actuarían como límites a las facultades de exclusividad concedidas por los Derechos nacionales o por el propio Derecho derivado comunitario. En definitiva, a la hora de determinar las relaciones entre el Derecho nacional y el Derecho comunitario debe partirse de dos datos previos: la subsistencia residual de las normativas nacionales, limitadas por el Derecho comunitario, y la necesidad de adaptar en todo el territorio comunitario el grado de protección ofrecido por los Derechos nacionales a la propiedad industrial. Los arts. 30 y 36 TCE prohíben las restricciones cuantitativas de los intercambios y las medidas de efecto equivalente, sin que ello sea obstáculo para la subsistencia de tales medidas cuando tengan por finalidad la «protección de la propiedad industrial». Por tanto, el Derecho comunitario permite la «existencia de las propiedades especiales» previstas en las legislaciones nacionales, no obstante su «ejercicio» está limitado por el propio Derecho comunitario (176). Tales límites se concretan en tres principios de claro arraigo comunitario: no discriminación, libre circulación de mercancías y no falseamiento de la libre competencia en el Mercado Común. Los preceptos del TCE que se refieran a estos principios son de aplicación directa y, consecuentemente, limitan las facultades otorgadas por los Derechos nacionales (177).

---

(176) *Vid.* entre otros el *asunto Costen-Grundig,* denegando el ejercicio de un derecho de exclusiva por ser contrario a los arts. 85 y 86 TCE y producir una división del mercado. Reflejada esta competencia nacional para crear propiedades industriales, cabe plantearse, como lo hace A. Bercovitz, si cualquier derecho de exclusiva otorgado por una legislación nacional ha de ser considerado como propiedad industrial a los efectos del art. 36 TCE, es decir, como modalidad válida para prohibir o restringir la libre circulación de mercancías. El autor excluye esta posibilidad, ya que «... si los Estados miembros pudieran crear a su arbitrio derechos de comercialización exclusiva y éstos se considerasen automáticamente como supuestos de propiedad industrial, perdería su sentido el contenido del art. 36 TCE» *(cf.* esta afirmación del autor al hilo de la posición mantenida por H. Ullrich («Intellectual Property in the EE.UU», *Competition Law in Western Europe and the USA,* Managing Editors Kluwer-Deventer-Verlag-Frankfurt A. M., 1977, p. 520/1) en «Propiedad industrial e intelectual», *Tratado de Derecho Comunitario, op. cit., p. 526).* De no ser así la libre circulación de mercancías quedaría supeditada al arbitrio de los Estados miembros; por ello para que un derecho de exclusiva pueda considerarse incluido en el art. 36 TCE debe reunir, a juicio del autor, dos requisitos: que se trate de un derecho cuyas características sean similares a las de los derechos de propiedad industrial en sentido estricto ya existentes y que tal derecho no constituya un medio de discriminación arbitraria entre productos nacionales y extranjeros (art. 36 en relación con los párrafos primero y segundo del art. 37 TCE) *(ibíd.,* pp. 526-529).

(177) Así se pronunció el TJCE en la Sent. de 22 de marzo de 1977 (*Asunto 74/76: Ianelli-Volpi, Rec.,* 1977, pp. 557 y ss.) al declarar que la prohibición de restricciones cuantitativas y medidas de efecto equivalente es imperativa y no necesita para su aplicación ninguna intervención posterior de los Estados miembros o instituciones comuni-

Esta tendencia a la unificación comunitaria del régimen jurídico de los derechos de propiedad industrial, afecta tanto al derecho de marca como al derecho de patente. En relación con la primera, destaca la Directiva del Consejo 89/104 de 21 de diciembre de 1988, sobre marcas registradas (178), que persigue la armonización parcial de los Derechos nacionales de marcas en aquellos aspectos en los que las disparidades nacionales puedan obstaculizar tanto la libre circulación de mercancías como la libre prestación de servicios o falsear las condiciones de competencia en el Mercado Común. La labor armonizadora de esta norma comunitaria es materialmente limitada, ya que no se refiere a sectores tan importantes como el registro, la legitimación para solicitar el registro, la transmisión de la marca, licencia, renovación, efectos de caducidad o nulidad, etc. Además, aun en los aspectos regulados, numerosas disposiciones comunitarias son facultativas para los Estados (179). También se encuentra en avanzado estado de elaboración el Proyecto de Reglamento de marca comunitaria de 26 de mayo de 1987 (180), tendente al establecimiento de un mismo régimen de marcas para todos los Estados miembros a través de su solicitud ante la Oficina Comunitaria de Marcas. El Reglamento deberá permitir al titular de la marca comunitaria comercializar sus productos en toda la Comunidad y beneficiarse de reglas únicas de protección (181). Sin

tarias. Este efecto puede ser invocado por un particular tanto frente al Estado (efecto vertical) como frente a otro particular (efecto horizontal: art. 85 TCE). *Vid.* sobre esta cuestión J. V. Louis, «La competencia de la Comunidad en materia de política comercial», *R.I.E.*, 1977-I, pp. 7 y ss.

(178) *DOCE,* L 40 de 11 de febrero de 1989, p. 1. *Vid.* las consideraciones de A. Mattera, *Mercado Unico Europeo, sus reglas, su funcionamiento..., op. cit.*, p. 471; Comisión de las Comunidades Europeas, «Las patentes, las marcas y los derechos de autor en la Comunidad Europea», *Documentos Europeos,* 17/89, diciembre 1989, pp. 7 y 8; J. Derruppé, «Droits de proprieté industrielle», *Derecho comunitario privado,* VIII Cursos de verano en San Sebastián/I Cursos europeos, Servicio Editorial Universidad del País Vasco, 1990, pp. 108-110.

(179) *Cf.* estas afirmaciones en A. Casado Cerviño, «Incidencia en el Derecho español de los tratados y normas internacionales sobre propiedad industrial», *La Ley,* 16 de abril de 1991, pp. 1 y ss., esp. p. 5.

(180) *Vid.* la propuesta del Consejo del Reglamento sobre marca comunitaria: *DOCE,* C 351 de 31 de diciembre de 1980, p. 5 y modificación en *DOCE,* C 230 de 31 de agosto de 1984, p. 1.

(181) El régimen único de la marca comunitaria alcanzará, según F. K. Beier, a las empresas de terceros Estados que pueden recurrir a marcas internacionales de conformidad con el Arreglo de Madrid relativo al registro internacional de marcas. Además, la vinculación entre las marcas internacionales y la comunitaria, prevista en el Protocolo de Madrid de 27 de junio de 1989 sobre el Arreglo de Madrid, permitirá conseguir mediante un registro internacional una marca comunitaria para la totalidad del territorio comunitario también para aquellos países que no son parte del arreglo de Madrid (*cf.* «Propiedad industrial y libre circulación de mercancías en el mercado interior y en el comercio con terceros Estados», *loc. cit.*, pp. 4512 y 4513.

embargo, las legislaciones nacionales seguirán coexistiendo con el Reglamento, para lo cual deben suprimirse las posibles divergencias entre una y otra normativa. Esto es precisamente lo que pretende y lleva a cabo la Directiva de 1988, que se aplica a todas las categorías de marcas registradas reconocidas por las legislaciones nacionales y a las marcas que son objeto de un registro internacional que surte efectos en un Estado miembro.

En cualquier caso, dentro de este proceso de armonización, es la impronta del Acuerdo sobre patente comunitaria de 15 de diciembre de 1989 (182) la que permite reproducir un esquema de análisis en torno al alcance que pueda tener la territorialidad de la protección y el particular enfoque de las cuestiones de competencia judicial. Con anterioridad a este Acuerdo, el Convenio sobre patente europea de 1973, al que España se adhirió por Instrumento de 10 de julio de 1973, se limitaba a establecer un procedimiento único de concesión, que protegía al titular en todos los Estados contratantes, en términos similares a cómo lo haría una patente nacional. El depósito realizado conforme a este Tratado implicaba la protección de la patente en cada Estado parte conforme a la legislación nacional aplicable, es decir, la ley del lugar de protección resultante de la localización de la lesión en un determinado país. El Convenio simplemente unificaba el procedimiento de concesión, extendiendo sus efectos a varios Estados pero sin sustituir al Derecho nacional, ya que los efectos derivados de la patente, una vez concedida en estos términos, quedaban sometidos al Derecho nacional. De hecho, su art. 2 declaraba que «En cada uno de los Estados contratantes para los que es concedida, la patente europea tiene los mismos efectos y es sometida al mismo régimen que una patente nacional en dicho Estado...». Conforme a ello, existían dos procedimientos de obtención de patente con efectos en España: la realizada conforme a la LP (Registro de la Propiedad Industrial) con una eficacia limitada al territorio español y la llevada a cabo de acuerdo al Convenio (Oficina Europea de Patentes), teniendo esta última efectos en otros Estados parte. Así pues, la pretensión de efectividad fuera del territorio nacional de un depósito de patente realizado en España pasaba por la utilización del mencionado Convenio, sin perjuicio de que la pa-

(182) Acuerdo 89/695 del Consejo sobre patentes comunitarias. Este Acuerdo adjunta el anterior Convenio de Luxemburgo sobre patente comunitaria de 1975, al cual sustituye. Para un análisis detallado del Acuerdo, y en particular las razones funcionales para sostener su exclusión del art. 220 TCEE, *vid.* M. V. Cuartero Rubio, «Un nuevo impulso del Derecho convencional de la Comunidad Europea: el Acuerdo sobre patentes comunitarias», *La Ley Com. Eur.*, 30 de mayo 1991, pp. 1 y ss. esp. pp. 3 y 5.

tente se rigiese en sus efectos por la legislación nacional, esto es, para España por la ley española (183). A partir del Acuerdo de Luxemburgo de 1989, esta situación de territorialidad nacional encuentra su alternativa en un régimen jurídico de territorialidad comunitaria de la patente comunitaria, aspecto que analizaremos en las líneas siguientes.

2. *Determinación de la protección otorgada por los derechos de exclusiva*

A) Derecho aplicable y territorialidad de la protección

La decantación del ordenamiento finalmente aplicable a la protección de los derechos de exclusiva pasa por la utilización de la norma de D.I.Pr. en cuestión. En relación con el sistema español, el art. 10.4 del C.c. declara que «Los derechos de propiedad intelectual e industrial se protegerán dentro del territorio español, de acuerdo a la ley española, sin perjuicio de lo establecido por los Convenios y Tratados en los que España sea parte». En este precepto destacan, amén de una clara remisión al Derecho convencional (184), tres notas: la autolimitación del ámbito de aplicación de la ley española; el carácter territorial, disponiéndose la protección de los derechos de propiedad industrial en España conforme a la ley española; y, aunque no expresamente recogida, la necesidad de acudir a normas materiales que especifiquen la concreta aplicación de dicha ley española.

La posición territorialista tendente a la aplicación de la ley del lugar de protección ha sustituido a la teoría unitaria y universalista mantenida entre otros por A. Pillet, que, con la intención de proteger derechos adquiridos, localizaba el derecho de propiedad industrial en su

(183) *Cf.* A. Bercovitz, «Propiedad industrial o intelectual», *Tratado de Derecho Comunitario Europeo, op. cit.*, 608.

(184) Destaca en este precepto la remisión al Derecho convencional internacional, invocando directamente a los tratados señalados en el momento de referirnos a la regulación de la propiedad industrial, principalmente de ámbito unionista y comunitario. Su transcendencia se cifra principalmente en el establecimiento de disposiciones uniformes, de mayor o menor contenido específico, y que, en términos generales, no imposibilitan el recurso a las normas de fuente estatal. Su válida celebración (arts. 93 y 94 de la C. E.) y posterior publicación en el *BOE* implica su conversión en Derecho interno, con la peculiaridad de que sus disposiciones no pueden ser derogadas, modificadas o suspendidas más que en la forma prevista en el propio Tratado o de acuerdo con las normas generales de Derecho internacional (art. 96 de la C. E. en relación con el art. 1.5 del C.c.).

país de origen (185), con el problema adicional de determinar cual fuese este país (lugar de creación, lugar de depósito, lugar de uso, etcétera). La primera observación que puede hacerse a esta teoría es que los derechos de exclusiva carecen de una localización real o física, debiendo hablarse únicamente de una localización legal. Esta localización legal desemboca en una perspectiva territorialista que hace impropio referirse a la teoría de los derechos adquiridos, ya que para reclamar la protección en un país conforme a su propia ley este país ha debido ser el concedente del derecho. No se reconoce nada proveniente de otro Estado (país de origen en la concepción de A. Pillet), simplemente se protege un derecho en el Estado donde pueda invocarse, es decir, en el Estado en el que existe y ha sido lesionado. De esta suerte, la legislación o Estado protector y la legislación o Estado concedente coinciden. Ello implica que no existe protección allí donde no existe el derecho porque en estas circunstancias tampoco podría hablarse de una hipotética lesión del mismo (186). Conviene matizar que cuando hablamos de Estado protector lo hacemos en términos de Derecho aplicable y no de competencia judicial, es decir, nos referimos al Ordenamiento estatal que va a dispensar una protección por haber con-

---

(185) *Vid.* A. Pillet y Chabaud, *Le régimen international de la proprieté industrielle,* París, 1911. E. Bartin criticó esta posición aportando soluciones diferenciadas en función del derecho de exclusiva implicado. Como punto de partida señalaba que en las patentes, diseños y modelos industriales se protege una novedad, mientras que en las marcas y nombre comercial se protege una calidad o reputación. En este último caso el monopolio no tiene por objeto el producto vendido, sino solamente la presunción de su calidad fundada sobre una presunción de origen. Por ello, su régimen jurídico dependía, según el autor, de una localización fáctica distinta para ambas categorías de monopolios. En la patente el monopolio de explotación que resulta se funda en una concesión estatal que no puede extenderse sobre el territorio de otro Estado, salvo a través de una concesión nueva. Para los diseños, modelos y marcas se produce el mismo planteamiento debido a la necesidad de depósito, que podría condicionar parcialmente la extensión del monopolio fuera de las fronteras del Estado donde ha tenido lugar el depósito inicial. Para los signos distintivos puede acogerse la ley del primer depósito o registro o la ley del primer uso si éste ha creado el derecho, pero si no puede escogerse con certidumbre el acto de uso parece natural localizar el signo distintivo en el lugar donde se encuentre el establecimiento que permita individualizar (nombre comercial) o reconocer (marca) el producto. *Vid.* esta construcción en E. Bartin, «La localisation territoriale des monopoles intellectuelles (proprieté litteraire et artistique, proprieté industrielle)», *Journ. dr. int.,* vol. 61, 1934, pp. 781 y ss., esp. pp. 807 y 808; *íd., Principes de droit international privé,* t. III. París, Domat-Mostchrestein, 1934, pp. 78 y ss.; J. Derruppé, «Proprieté industrielle», *Encyclopedie Dalloz dr. int.,* t. II, 1969, p. 668.

(186) *Cf.* M. Virgós Soriano, «Las cosas y derechos reales», *Derecho internacional privado. Parte especial,* 4.ª ed. revisada, Madrid, CESSJ, Ramón Carande, 1991, p. 383; *íd.,* «Art. 10.4», *Comentario del Código Civil,* t. I (dirigido por C. Paz-Ares Rodríguez, R. Bercovitz, L. Díez-Picazo y Ponce de León y P. Salvador Coderch), Madrid, M. de Justicia, 1991, pp. 113 y ss.

cedido el derecho y haber sido éste lesionado en su territorio. Cuestión aparte y que será tratada más adelante, es que, en estas mismas circunstancias, conozca un tribunal correspondiente al mismo ordenamiento protector u otro distinto. En definitiva, lo hasta aquí planteado no es una supuesta correlación entre el foro y la ley del lugar de protección, sino simplemente la correlación que se produce entre dicha ley en relación con el lugar donde se ha cometido la infracción y donde existe el derecho.

Esta perspectiva territorialista de la protección se mantiene en el ámbito del Derecho unionista, pues lo único que se desprende de éste es una asimilación al nacional de determinados extranjeros a la hora de ser protegidos por la legislación estatal, así como un derecho de prioridad resultante del depósito en un país unionista. En el marco europeo, el Convenio de Munich tampoco obvia a las legislaciones nacionales, limitándose a tipificar un procedimiento de solicitud ante la OEP, que tiene por efecto obligar a los Estados parte a proteger en su territorio el derecho de exclusiva y ampliar el círculo de personas beneficiarias, que de este modo «tienen *de iure* un haz de derechos nacionales» (187). Sin embargo, en el ámbito comunitario el Acuerdo de 15 de diciembre de 1989 sí altera el régimen de territorialidad, pues la protección ya no será la derivada de una legislación nacional, sino la prevista en el propio Acuerdo.

Entre las circunstancias de aplicación del art. 10.4 del C.c. se mencionaba la necesidad de acudir a normas materiales que delimiten el ámbito de aplicación de la ley española dispuesta por el precepto. En efecto, el art. 10.4 se limita a declarar la aplicación de la ley española cuando ésta sea la ley del lugar de protección en los términos señalados anteriormente, debiendo ser determinado el ámbito personal de dicha ley a través de las disposiciones contenidas en el Derecho material estatal. En este sentido, la LP y la LM consideran beneficiarios de las mismas, sin ningún tipo de condición, a las personas naturales o jurídicas que sean nacionales españolas, a las extranjeras con residencia habitual o establecimiento comercial o industrial efectivo y real en España y a aquellas que gocen de los beneficios del CUP. Estas personas están asimiladas al nacional de forma *incondicional,* en tanto que las no comprendidas en estos supuestos sólo podrán acogerse a la legislación estatal española cuando el Estado del que sean nacionales permita a los españoles la obtención de títulos equivalentes, es decir, están asi-

(187) *Cf.* M. Virgós Soriano, «Las cosas y derechos reales», *op. cit.*, p. 381.

miladas bajo condición de *reciprocidad.* Correlativamente, los españoles y los extranjeros que sean nacionales de un país de la Unión, o que sin serlo residan o tengan establecimiento comercial o industrial efectivo y real en alguno de los países de la Unión, podrán invocar el beneficio de elección de las disposiciones del CUP que les sean más favorables que las correspondientes a la LM o LP. Esta posibilidad de opción en el régimen de protección aplicable encuentra su justificación en el hecho de que estas mismas personas son las beneficiarias del CUP, por ello el legislador español les reconoce el derecho a someterse no a la ley estatal, sino a la normativa unionista más favorable.

De todo ello resulta que la ley española afecta por igual en sus aspectos beneficiosos a los españoles, a los nacionales de un país unionista, a los residentes o con establecimiento en España y a los residentes o con establecimiento en un país de la Unión, y ello directamente, sin ninguna condición de reciprocidad de derechos equivalentes. Decimos que afecta en sus aspectos beneficiosos porque estas personas pueden elegir entre la legislación material española y el Derecho unionista, no siendo previsible que se acojan a la primera cuando ésta sea menos conveniente a sus intereses. Sin embargo, se exige reciprocidad para beneficiarse de la ley española a los extranjeros que no sean nacionales ni residentes ni tengan establecimiento comercial o industrial efectivo y real en un país unionista. Se trata, por otra parte, de una reciprocidad material dirigida al concreto derecho en cuestión, pues se hace referencia a la «obtención de títulos equivalentes»; de tal modo que no es suficiente la mera ausencia de una discriminación formal, a diferencia de lo que ocurre en algunos preceptos rectores de la propiedad intelectual (188). Se aplicará la ley española a título de ley de protección, pero ello únicamente cuando en el país de la nacionalidad de estas personas se otorgue a los españoles títulos equivalentes de pro-

(188) *Vid.* el planteamiento de J. D. González Campos y M. Guzmán Zapater en torno a los arts. 145.2 *in fine* y 147.2 *in fine* de la LPI, que se refieren genéricamente a la protección basada en la reciprocidad sin aludir al reconocimiento de un derecho equivalente, a diferencia de lo previsto en el art. 145.2 que sí consagra un criterio de reciprocidad material. A pesar de ello, los autores mantienen la exigencia de reciprocidad material, ya que «si se habla de equiparación entre nacionales españoles y nacionales del Estado extranjero, ello implica implícitamente una asimilación en cuanto al goce de los derechos que *ratione materiae* se regulan en los arts. 145 a 147. Además, «si la cláusula se ha repetido en cada uno de estos preceptos, ello indica su conexión directa con los derechos en cada uno de ellos regulados» («Libro IV: Ambito de aplicación de la Ley» en *Comentarios a la Ley de Propiedad Intelectual* (coordinados por R. Bercovitz), Madrid, Tecnos, 1989, p. 1867).

piedad industrial. En estos casos, además de estar condicionada la aplicación de la ley española, es obvio que no podrá mantenerse el derecho de elección de la legislación unionista, porque estas personas no son beneficiarias del CUP. A partir de estas circunstancias se observa cómo la delimitación del ámbito de aplicación de la ley española preceptuada por el art. 10.4 del C.c. depende de lo previsto en la legislación material española, en relación con el Derecho unionista. Esta misma conclusión puede ser predicada en el ámbito de la propiedad intelectual, donde también el art. 10.4 del C.c. establece la protección de la ley española para los derechos de propiedad intelectual dentro del territorio español. Esta norma debe igualmente ser completada con una determinación de los hechos a los que afecta (189) y quienes sean los beneficiarios de la ley española, esto es, el ámbito de aplicación material y personal de la ley española que debe aplicarse en España para proteger derechos de propiedad intelectual lesionados en España (190).

El art. 10.4 va a regir, en palabras de M. Virgós Soriano, todos los aspectos de la protección de los derechos de propiedad industrial y, en combinación con las leyes especiales, su nacimiento, modificación, transmisión o extinción, así como su régimen jurídico y efectos. Respecto de la transmisión sólo cubre los aspectos reales, no así los obligacionales (191); por tanto, el precepto regula la protección del derecho en sí mismo considerado, excluyéndose los actos de negociación

---

(189) Derecho moral de autor, derechos de explotación sobre la obra (ya sea general o de obras audiovisuales) y derechos de reproducción, distribución, comunicación pública y transformación y, finalmente, otros derechos relativos a derechos patrimoniales compensatorios.

(190) Los arts. 145 y ss. de la LPI otorgan la protección de la ley española a los españoles y a los extranjeros con residencia habitual en España. También a los extranjeros no residentes siempre que publiquen su obra por primera vez en España o dentro de los treinta días siguientes a que lo hayan hecho en otro país. No obstante, en este último supuesto el alcance de la ley española podrá ser restringido por el Gobierno para los no residentes nacionales de países que no protejan suficientemente las obras de autores españoles en supuestos análogos. En todo caso, los extranjeros tendrán la protección que les corresponda en virtud de tratados internacionales en los que España sea parte y, en su defecto, estarán equiparados a los autores españoles cuando éstos lo estén a los nacionales en el país respectivo. En definitiva, los españoles y los extranjeros residentes reciben la protección de la LPI por las lesiones producidas en territorio español. Si éstas se producen en el extranjero se acudirá a los tribunales del país del ilícito, aunque si, en último término, conociera de ello un tribunal español se aplicará la ley del país cuya protección es reclamada. Los extranjeros no residentes pueden acogerse a la reciprocidad siempre que la obra se publique en España simultánea o sucesivamente (treinta días); en caso contrario, la ley española no será de aplicación.

(191) *Cf.* M. Virgós Soriano, «Las cosas y derechos reales», *op. cit.*, pp. 384 y 385.

sobre este derecho, tales como las licencias. Aunque estos acuerdos tengan por objeto la transmisión del derecho, son actos contractuales; en consecuencia, la determinación del Derecho aplicable debe hacerse en el marco de las obligaciones contractuales. Su validez quedará regida en cuanto al fondo por la ley contractual y en cuanto a la forma por la regla *locus,* limitada esta última por las excepciones de publicidad y orden público impuestas por la ley del país de protección (192). Respecto de la ley contractual, los sistemas basados en la teoría de la prestación característica, como el Convenio de Roma de 1980 sobre ley aplicable a las obligaciones contractuales, proponen, en defecto de elección, la ley de la residencia habitual del concedente. De forma más matizada, M. Diener se inclina por la ley de la residencia habitual o sede social de la parte que muestre un interés preponderante en el acuerdo. Normalmente dicha parte será el concedente, salvo en los supuestos de franquicia en la que el interés se centra en el mercado donde el franquiciado difunde la franquicia. Así, en defecto de autonomía de la voluntad, hay una tendencia a la ley de la residencia del concedente, pero ésta se rompe en la franquicia, ya que el interés se materializa en el franquiciado, en tanto que persona encargada de difundir los signos distintivos del franquiciador (193).

B) Competencia judicial y correlación *forum-ius*

En los supuestos en los que la propiedad industrial está afectada por algún elemento de extranjería se produce, como en cualquier otra relación con estas características, un planteamiento en el que confluyen una dimensión de Derecho aplicable y de autoridad competente. Tal planteamiento comprende los siguientes aspectos, por lo que a la propiedad industrial se refiere: A) Alcance de las normas de competencia judicial; B) Carácter territorial de la protección dispensada por

---

(192) En esta misma línea J. Derruppé ya afirmaba que otros aspectos distintos de los reales relacionados con el derecho de exclusiva podían quedar sometidos a leyes diferentes a la del lugar de protección. Así la regla *locus regit actum* determinaría la forma de los actos de cesión o concesión de derechos de propiedad industrial, excepción hecha de las medidas de publicidad exigidas para que esta operación sea oponible a terceros, que deben ser observadas en cada país conforme a su ley material interna. Igualmente, determinados contratos que involucren propiedades especiales (p. ej., contratos de cesión o licencia) se someterán, en cuanto al contenido y régimen jurídico de las obligaciones contractuales que del mismo puedan derivarse, a la ley rectora del contrato (*cf.* «Proprieté industrielle», *loc. cit.*, pp. 667 y ss).

(193) *Cf.* M. Diener, *Contrats internationaux de propriété industrielle, op. cit.*, pp. 262, 265, 307 y 308.

las normas en la materia al hilo de las previsiones sobre Derecho aplicable, aspecto ya tratado en el epígrafe anterior; C) Acoplamiento de las previsiones sobre competencia judicial y legislativa y posibles resultados de correlación *forum-ius*. Estos apartados, aunque diferenciados, presentan una clara interdependencia a la hora de determinar la situación de un litigio sobre propiedad industrial en el ámbito de las relaciones internacionales. Se trata de fijar las condiciones de aplicación de la normativa material sobre propiedad industrial, ya sea convencional o estatal, es decir, quién la aplica, a qué se aplica y bajo qué circunstancias.

La competencia de los tribunales españoles para aplicar la legislación española de propiedad industrial y conocer de los litigios en cuestión, se recoge en el art. 22.1 de la LOPJ, que dispone su competencia exclusiva en materia de inscripciones o validez de patentes y otros derechos sometidos a depósito o registro, siempre que este depósito se hubiera solicitado o efectuado en España. Como señala J. M. Espinar Vicente, es ésta una norma referida a los juicios relacionados con la propiedad industrial o intelectual sobre cuestiones que han quedado depositadas o registradas en España (194), si bien cabe añadir que no es predicable de un modo absoluto para todos los litigios sobre propiedad industrial. Es, por otro lado, una norma atributiva de competencia exclusiva para los tribunales españoles que recoge desde una perspectiva unilateral el enunciado del art. 16.4 de los Convenios de Bruselas de 27 de septiembre de 1968 y Lugano de 16 de septiembre de 1988 (195). La tipificación de esa competencia como exclusiva im-

(194) *Cf.* J. M. Espinar Vicente, *Derecho procesal civil internacional, op. cit.*, p. 34.

(195) El art. 16.4 del Convenio de Bruselas considera exclusivamente competentes, al margen del domicilio, «en materia de inscripciones o validez de patentes, marcas, diseños o dibujos y modelos y demás derechos análogos», a los tribunales del Estado contratante en que se hubiera solicitado, efectuado o tenido por efectuado el depósito o registro en virtud de lo dispuesto en algún Convenio internacional» (redacción de San Sebastián de 26 de mayo de 1989 *(BOE*, 28-I-91). Complementariamente el art. V *quinques* del Protocolo anexo al Convenio establece que «Sin perjuicio de la competencia de la Oficina Europea de Patentes según el Convenio sobre patente europea, firmado en Munich el 5 de octubre de 1973, los tribunales de cada Estado contratante serán los únicos competentes, sin consideración del domicilio, en materia de registro o validez de una patente europea expedida para este Estado y que no fuere una patente comunitaria por aplicación de las disposiciones del art. 86 del Convenio relativo a la patente europea para el mercado común, firmado en Luxemburgo el 15 de diciembre de 1975» (artículo añadido por el art. 29 del Convenio de Adhesión de 1978, *DOCE*, C 189/22 de 28 de julio de 1990). El Convenio de Lugano reproduce en su art. 16.4 la misma redacción de este mismo precepto correspondiente al Convenio de Bruselas. *(DOCE*, L 319/13 de 25 de noviembre de 1988). *Vid.* sobre esta materia A. Borrás Rodríguez,

plica que, siempre que el derecho de propiedad industrial se vea afectado en nuestro país por las circunstancias de depósito o registro mencionadas, solamente las autoridades españolas podrán conocer de los litigios que se generen en torno a su validez o registro. Paralelamente, no se admitirán las decisiones extranjeras que afecten a derechos protegidos en el foro, entendiendo por tal los derechos de propiedad industrial que hayan sido constituidos en dicho foro mediante su depósito o registro.

La competencia exclusiva prevista en el art. 22.1 de la LOPJ no afecta a todos los litigios sobre propiedad industrial, sino que se ciñe a los términos previstos en el precepto, esto es, litigios referidos únicamente a las cuestiones de inscripción y validez. Esta delimitación, mantenida en particular respecto del art. 16.4 del Convenio de Bruselas (196), puede ser extendida al art. 22.1 LOPJ dada la similitud de términos utilizados por uno y otro precepto («inscripción y validez»). A pesar de que en un caso estemos ante una norma convencional distributiva de competencia y en el segundo ante una norma atributiva de competencia, subsiste en ambos supuestos la conveniencia de que el Estado de constitución del derecho conozca de forma exclusiva sobre los litigios referidos a su validez o existencia. Ello puede justificarse tanto en un afán de mantener una vinculación entre la ley aplicable y la jurisdicción competente (197), como en el hecho de que se trate de

«Competencia judicial internacional y ejecución de resoluciones judiciales en materia civil y mercantil: del Convenio de Bruselas de 27 de septiembre de 1968 al Convenio de Lugano de 16 de septiembre de 1988», *Noticias CEE,* núm. 50, 1989, pp. 93 y ss., *íd.,* «Competencia judicial y ejecución de decisiones en la Comunidad Económica Europea», *Iniciación al Estudio del Derecho Comunitario Europeo,* Madrid, CGPJ, 1984, pp. 131 y ss.

(196) *Cf.* G.A.L. Droz, *Compétence judiciaire et effets des jugements dans le Marché Comun,* París, Dalloz, 1972, núm. 161, p. 106. En el mismo sentido, *vid.* la Sent. TJCE de 15 de noviembre de 1983 *(Asunto 288/82: Duijnstee c. Goderbauer, Rec.* 1983, p. 3663) comentada por G. Bonet en *Rev. crit. dr. int. pr.,* 1984, pp. 366-372, donde se pone de manifiesto cómo los procesos en los que no se cuestione a título principal la validez o la inscripción de una patente no pueden ser considerados competencia exclusiva del país de depósito o registro.

(197) En esta línea, Tribunal de Casación francés decidió en Sentencia de 21 de enero de 1936 *(Asunto Socité des Usines de Melle)* sobre un litigio entre una empresa belga y otra francesa en el que se demandaba la nulidad de una patente de invención francesa. La norma convencional vigente entre ambos países otorgaba competencia a los tribunales belgas del domicilio del demandado. Sin embargo, los tribunales franceses vieron en el asunto una cuestión de orden público y obviaron la no domiciliación del demandado en Francia. El Tribunal de Casación justificó la necesidad de la vinculación entre la ley aplicable y la jurisdicción competente y, por ello, la competencia exclusiva de los tribunales franceses. *(Rev. crit. dr. int.* pr., vol. 31, 1936, pp. 510 y ss.).

cuestiones que, por su propia naturaleza, implican el funcionamiento de un servicio público. La jurisprudencia francesa se ha manifestado recientemente sobre la existencia de un principio en D.I.Pr. que prohíbe a los Estados atentar contra la soberanía de otros Estados inmiscuyéndose en el funcionamiento de sus servicios públicos o ejerciendo un control sobre la actividad de éstos (198). En consecuencia, decae la competencia exclusiva cuando el litigio no afecte directamente a las cuestiones de validez o registro; éste sería, por ejemplo, el caso de litigios entre cocontratantes en torno a los derechos y obligaciones respectivos que puedan derivarse del derecho de exclusiva y, en general, todas las acciones por falsificación o competencia desleal, supuestos susceptibles de ser enjuiciados por jurisdicciones con competencia concurrente y distinta a la del país de depósito o registro (199). En definitiva, no todos los litigios en torno a un derecho de propiedad industrial son subsumibles en una competencia exclusiva, dato que debe tenerse muy en cuenta a la hora de plantear las posibles vinculaciones entre jurisdicción competente y Derecho aplicable.

Una vez expuestas las circunstancias que por separado afectan a la competencia judicial y al Derecho aplicable en materia de propiedad industrial, resta por exponer la incardinación que, aunque no necesariamente, puede existir entre ambos planos. Para ello debemos traer de nuevo a colación el ámbito de aplicación material del art. 22.1 de la LOPJ y del propio art. 10.4 del C.c. El primero se refiere estrictamente a las cuestiones de validez o inscripción de un título de propiedad industrial mientras que el segundo abarca todos los aspectos de la protección del derecho en los términos que ya hemos expuesto. Cuando en el litigio vaya a cuestionarse la validez o inscripción de un derecho nacido en España entrará en juego la competencia exclusiva de los tribunales españoles que aplicarán la ley española. Se genera entonces una correlación *forum-ius* que tiene por efecto el convertir el art. 10.4

Con esta misma finalidad, J. P. Niboyet, declaraba, bajo la óptica del *forum legis*, el carácter absolutamente imperativo de las leyes internas sobre patentes, de modo tal que siempre que éstas fueran aplicables debería conocer un juez francés *(cf.* el comentario a la sentencia citada, *ibíd.*, pp. 513 y ss.).

(198) *Cf.* Sent. del Tribunal de Apelación de París de 17 de octubre de 1990 *(Asunto Soc. Martiniquaise c. Soc. G. A. Vinhas do alto Douro)* en la que se determinó la competencia exclusiva del país en el que se había efectuado el depósito de una marca por considerarse como un acto de concesión de un servicio público *(Rev. crit. dr. int. pr.*, núm. 2, 1991, pp. 400 y ss. con nota de P. Y. Gautier).

(199) *Cf.* G. A. L. Droz, *Competénce..., op. cit.*, p. 106, y P. Y. Gautier en el comentario a la Sentencia anteriormente citada *(ibíd.*, p. 405) y la doctrina citada por los autores.

en una norma forzosamente unilateral (200). Ahora bien, no siempre es así, pues la acción puede versar sobre aspectos diversos a la validez e inscripción que, sin embargo, pueden ser considerados como tendentes a la protección del título. Es decir, estaríamos fuera del ámbito del art. 22.1 de la LOPJ, pero dentro del correspondiente al art. 10.4 del C.c. Es aquí donde puede quebrarse la correlación *forum-ius,* ya sea porque conozca un tribunal español aplicando una ley extranjera o porque simplemente pueda conocer un tribunal extranjero, circunstancias de por sí suficientes para que no podamos entender el art. 10.4 C.c. como una norma forzosamente unilateral en toda su extensión.

Los supuestos pueden ser variados, así por ejemplo: A) Competencia exclusiva del juez español para enjuiciar, únicamente en términos de validez o inscripción, un derecho nacido en España (depósito o registro) (201) y aplicando para ello la ley española; B) Inexistencia de una competencia exclusiva, por no afectar el asunto a la validez o registro del derecho o título. Aquí cabe distinguir dos situaciones. En primer lugar, aquélla en la que el derecho esté inscrito en España y el hecho lesivo se haya producido igualmente en España. No tratándose de una competencia exclusiva española podrá conocer un tribunal extranjero que mantenga ciertos índices de vinculación con el caso (p. ej., domicilio de las partes). A los efectos de un eventual control de la ley aplicable con ocasión del reconocimiento de la decisión extranjera, dicho tribunal deberá aplicar la ley española, en coherencia con la teoría territorialista de la ley del país de protección (país donde confluye la existencia del derecho y su lesión). En segundo lugar, el derecho puede estar inscrito en el extranjero produciéndose aquí también los actos lesivos que van a dar lugar a una protección, lo cual no impide que conozcan los tribunales españoles siempre que tengan competencia para ello. En este caso, el juez español aplicará el art. 10.4 desde una perspectiva bilateral, es decir, acudiendo a la ley de protección coincidente con el lugar de la lesión, que no puede ser otra que aquélla donde el derecho exista, en cualquier caso una ley extranjera. Así pues, fuera de los supuestos a los que se refiere el art. 22.1 de la LOPJ un tribunal español puede aplicar leyes de propiedad industrial extranjeras. Y decimos aplicación de disposiciones extranjeras de propiedad industrial y no normativa general en materia de responsabilidad porque el art. 10.4 desplaza en la materia de propiedad industrial

(200) *Cf.* J. C. Fernández Rozas y S. Sánchez Lorenzo, *Curso de Derecho internacional privado, op. cit.,* p. 413.

(201) El art. 16.4 del Convenio de Bruselas de 1968 y de Lugano de 1989 lo amplía también a los países donde se hubiese «solicitado» el depósito.

al art. 10.9 del C.c., ya que el ámbito de aplicación de primero se extiende tanto a los aspectos reales como, en palabras de M. Virgós Soriano, a los resarcitorios derivados de la lesión del derecho (202).

C) Territorialidad comunitaria de la patente comunitaria

Esta situación de territorialidad nacional ha variado substancialmente a partir del nuevo Acuerdo de Luxemburgo sobre patente comunitaria de 15 de diciembre de 1989 (203), que tiene por finalidad otorgar efectos unitarios y autónomos a la patente comunitaria, estableciendo un régimen común de patentes que regirá para aquellas que «hayan sido concedidas para los territorios de los Estados contratantes en virtud de Convenio de Munich de 1973, así como las solicitudes de patente europea en la que estos Estados son designados» (art. 1.2 del Convenio) (204). El nuevo texto ha sido objeto de acuerdo por los doce Estados comunitarios para crear un sistema único de patente comunitaria que sustituya al previsto en el Convenio de Luxemburgo de 1975 (que no llegó a entrar en vigor) y que integre las disposiciones de obligatoria aplicación del Convenio de Munich de 1973 (205). Las

(202) No ocurre así con los aspectos contractuales de la transmisión, que caen bajo la norma rectora de las obligaciones contractuales (*cf.* M. Virgós Soriano, «Cosas y derechos reales...», *op. cit.*, pp. 384 y 385).

(203) *DOCE,* L 401 de 30 de diciembre de 1989. Ha quedado configurado como Convenio relativo a la patente europea para el Mercado Común (patente comunitaria) con una celebración por tiempo ilimitado. Se dispone su entrada en vigor a partir del primer día del tercer mes que siga al depósito del instrumento de ratificación del Estado que sea el último en proceder a esta formalidad necesaria. Existe una obligación de adhesión al convenio por parte de cualquier Estado que en el futuro pase a ser miembro de la Comunidad (art. 1 del Convenio y 7.3 del Acuerdo), pudiendo celebrarse convenios especiales entre los Estados contratantes y el Estado que se adhiera en el futuro para fijar las modificaciones de aplicación del Acuerdo que resulten oportunas. *Vid.* P. Rodríguez Mateos, «Nuevas perspectivas de la patente comunitaria», *La Ley Com. Eur.*, 27 de junio de 1991, pp. 1-3; M. V. Cuartero Rubio, «Un nuevo impulso del Derecho convencional, *loc. cit.*, pp. 1 y ss.

(204) Este régimen unificado se establecía también en el Convenio de Luxemburgo de 15 de diciembre de 1975, sustituyendo, salvo opción del titular, a las legislaciones nacionales, que en el caso del Convenio de Munich eran plenamente operativas. La conjunción de los Convenios de 1973 y 1975 habría conducido a un régimen único de patente tanto desde el punto de vista de la concesión como de los efectos. Sin embargo, la vía para lograr este resultado no ha sido la aplicación conjunta de ambos textos sino la elaboración de un nuevo Convenio, como el presente de 1989, que aglutina los dos aspectos a través de la modificación e integración de determinados aspectos de los dos convenios anteriores.

(205) En esta línea de relación entre el Convenio de 1989 y el de 1973, el Consejo podrá, por unanimidad, invitar a cualquier Estado parte en el Convenio de 1973, y que constituya con la Comunidad una unión aduanera o zona de libre cambio, a entablar ne-

patentes concedidas para los Estados contratantes se denominarán patentes comunitarias y producirán los mismos efectos en el conjunto de los territorios a los que se aplique el nuevo Convenio, al tiempo que sólo podrán ser concedidas, transferidas, anuladas o extinguidas en el conjunto de esos territorios. Se configura no sólo en un régimen único de concesión, que ya existía con el Convenio de 1973, sino también un régimen único de efectos. Se trata de establecer un régimen comunitario de patente que contribuya a la consecución de los objetivos del TCE y, en particular, a la eliminación en el interior de la Comunidad de las distorsiones de la libre competencia que pudieran resultar de la territorialidad de los títulos nacionales de protección. Ello, sin embargo, no anula a los Derechos nacionales, cuya vigencia se apoya en tres circunstancias: los Estados contratantes conservan la capacidad para conceder patentes nacionales (206); el interesado puede optar por someterse al Derecho nacional y, finalmente, el propio Acuerdo realiza remisiones a los Derechos estatales (207).

El Acuerdo de 1989 se completa con un Reglamento de ejecución y cuatro Protocolos anejos, que forman parte integrante del mismo: Protocolo sobre resolución de los litigios en materia de violación y validez de patentes, Protocolo sobre privilegios e inmunidades del Tribunal de Apelación Común y Protocolo sobre el Estatuto del Tribunal de Apelación Común. La propia terminología de alguno de estos Protocolos pone de manifiesto una de las más relevantes particularidades del nuevo Convenio, cual es la creación de los Tribunales especiales con normas propias de competencia. Entre los tribunales mencionados destacan los «tribunales de patentes comunitarias», de carácter nacional el Tribunal de Apelación Común, con un alcance general para todos los Estados contratantes; y la intervención residual del TJCE. El hecho de que para cada uno de estos órganos se tipifiquen determinadas competencias implica una alteración en el régimen de competencia judicial internacional en materia de propiedad industrial en el ámbito comunitario. Hasta la fecha del nuevo Acuerdo cabía distinguir entre países

---

gociaciones con vistas a su participación en el Convenio de 1989 sobre la base de un Convenio especial. Recuérdese que el Convenio de 1973 (patente europea) tiene un ámbito más amplio que el limitado a los países comunitarios, de ahí la previsión de esta posibilidad para ciertos países europeos no comunitarios, que siendo parte en el Convenio de 1973 deseen establecer un régimen identificable al de la patente comunitaria.

(206) Art. 5 del Convenio (*vid.* «Actividades de las Comunidades Europeas», *BICE*, núm. 27, p. 60).

(207) *Vid.* art. 34 del Convenio que remite las violaciones de las patentes comunitarias a las disposiciones de Derecho nacional relativas a las violaciones de la patente nacional, con arreglo a las disposiciones del Protocolo sobre los litigios.

afectados por las normas de competencia del Convenio de Bruselas de 1968 (art. 16.4 en supuestos de competencia exclusiva) y aquellos que, por no ser de aplicación dicho Convenio, recurrían a sus propias normas de competencia, en nuestro caso el art. 22.1 de la LOPJ, u otros preceptos de la misma Ley cuando no se tratase de competencias exclusivas por no afectar a cuestiones de validez o inscripción. Sin embargo, desde el momento que el Acuerdo de 1989 establece normas propias de competencia, se rompe el monopolio del Convenio de Bruselas en el marco de la patente comunitaria, pues ya no tendrá una aplicación directa, sino derivada de las remisiones que al mismo realice el propio Acuerdo (208).

Los criterios de competencia se dividen en dos grandes bloques. En primer lugar, se establecen criterios de competencia para las acciones relativas a la patente comunitaria distintas de las acciones que se rigen por el Protocolo sobre los litigios, así como sobre las resoluciones dictadas a raíz de dichas acciones. En esta materia rige, salvo disposición en contrario, el Convenio de Bruselas de 1968 (209), estableciéndose las siguientes normas: A) Competencia, exclusiva de los tribunales nacionales en determinadas circunstancias a partir del criterio del *forum-legis,* de suerte que tendrán esta competencia, en materia de licencias obligatorias, los tribunales cuya ley nacional sea aplicable y, en materia de conflictos laborales derivados de una patente, los tribunales cuya legislación determine el derecho a la patente europea de acuerdo con el art. 60.1 del Convenio sobre Patente Europea, no siendo válido el sometimiento a otro tribunal más que en la medida que ello esté autorizado por el Derecho nacional que regule el contrato de trabajo; B) Determinación de la competencia territorial interna de los tribunales nacionales conforme a las normas estatales en cuestión; C) Competencia exclusiva en materia de procedimiento de ejecución sobre patente comunitaria respecto de los tribunales correspondientes

(208) Sobre la remisión al Convenio de Bruselas de 1968 y su consideración como una incorporación por referencia, *vid.* M. V. Cuartero Rubio, «Un nuevo impulso del Derecho convencional...», *loc. cit.*, p. 6.

(209) M. Desantes Real estima que la aplicación del Convenio de Bruselas no puede incluir las competencias exclusivas del art. 16.4, puesto que las acciones relativas a la inscripción y a la validez de patentes comunitarias son atribuidas expresamente a las instancias previstas en el Convenio sobre Patente Comunitaria con recurso ante el Tribunal de Apelación Común. Tal aplicación del Convenio de Bruselas vendrá limitada a las acciones relativas a la reivindicación del derecho a la patente o a las relativas a las patentes comunitarias en cuanto objeto de derechos y contratos, es decir, siempre que no se plantee el funcionamiento de un servicio público (*cf.* «Instancias jurisdiccionales y normas sobre competencia judicial internacional en el Acuerdo de 1989 sobre la patente comunitaria», *La Ley, Supl. Com. Eur.*, 31 de julio de 1991, p. 2).

al domicilio, sede social o centro de actividad del solicitante. En su defecto, competencia de los tribunales del Estado contratante donde el primer representante del solicitante inscrito en el Registro europeo de patentes tuviera su domicilio profesional en la fecha de la inscripción (art. 40 en relación con el 38 del Convenio sobre patente comunitaria). Subsidiariamente, serán competentes los Tribunales de la R. F. de Alemania. Son de aplicación las normas procesales de Derecho interno aplicables a las mismas acciones respecto de patentes nacionales. Asimismo, las resoluciones dictadas en aplicación de las reglas de competencia del Convenio de Bruselas o las específicas del Acuerdo serán ejecutadas en los otros Estados miembros a partir de las reglas establecidas en el Convenio de Bruselas, salvo en lo referente a sus arts. 27.4 (control de la competencia, que no es de aplicación) y 27.3 (resolución inconciliable con otra dictada entre las mismas partes en el Estado requerido) (210).

En segundo lugar, el Protocolo sobre los litigios presenta una especial relevancia por contener normas de competencia para los litigios sobre violación de patentes comunitarias derivados de acciones distintas a las anteriores. Este Protocolo distingue entre la competencia de los Tribunales nacionales de patentes comunitarias (de Primera o Segunda Instancia con posibilidad de recurso de casación) y la que corresponde al Tribunal de Apelación Común. Los Tribunales de Primera Instancia tienen competencia para pronunciarse sobre hechos relativos a una patente cometidos en el territorio de cualquier Estado contratante. Concretamente, se arrogan competencia exclusiva para las acciones sobre violación de la patente, o comprobación de inexistencia de tal violación si la ley nacional lo permite; para las acciones relativas a la utilización de invenciones en el período que va desde la publicación de su solicitud hasta la de su concesión, siempre que dicha utilización estuviera prohibida después de ese período en virtud de la patente comunitaria; y también para las demandas de reconvención (no directas) (211) por nulidad de patente comunitaria. Una resolución con fuerza de cosa juzgada de estos Tribunales, por la que se ordene la anulación o modificación de la patente comunitaria, implicará en todos

(210) *Cf.* estas afirmaciones en M. Desantes Real, «Instancias jurisdiccionales...», *loc. cit.*, p. 3. En caso de resoluciones incompatibles se establece el reconocimiento de la resolución del tribunal ante el cual se presentó la demanda en primer lugar, independientemente de la fecha de la resolución.

(211) No se incluyen las reclamaciones directas de nulidad, que son competencia de la División de Anulación de la Oficina Europea de Patentes.

los Estados contratantes la ausencia de efectos de la patente desde sus orígenes. Contra esta resolución cabe recurso ante los Tribunales de Segunda Instancia, de acuerdo con las condiciones fijadas por la ley de la sede del tribunal; las decisiones de este último lo serán en casación. Tanto el Tribunal de Primera Instancia como el de Segunda aplicarán las disposiciones del Acuerdo sobre patente comunitaria y en todas las cuestiones que no entren dentro del mismo aplicarán su Derecho nacional, incluido el Derecho internacional privado. El Tribunal de Segunda Instancia reenviará al Tribunal de Apelación Común los asuntos que susciten alguna cuestión de competencia que lo sea en exclusiva de éste, suspendiendo el procedimiento hasta que el último decida. Igualmente, regirán las disposiciones nacionales sobre recurso de casación para las cuestiones que no sean competencia exclusiva del Tribunal de Apelación Común.

En cuanto a los foros de competencia, el art. 14 del Acuerdo establece la competencia del Estado contratante del domicilio o establecimiento del demandado. En su defecto, la del domicilio o establecimiento del demandante y, en defecto de todos ellos, el procedimiento se incoará allí donde tenga su sede el Tribunal de Apelación Común. No obstante, serán de aplicación los arts. 17 y 18 del Convenio de Bruselas de 1968 (sumisión expresa o comparecencia del demandado), entendiendo que la referencia del Título segundo del Convenio al domicilio del demandado debe hacerse extensiva al no domiciliado en un Estado contratante que, sin embargo, tenga establecimiento en uno de estos Estados (arts. 13 y 14 del Protocolo).

El Tribunal de Apelación Común tiene competencia exclusiva para las cuestiones que sean objeto de recurso ante un Tribunal de Segunda Instancia en relación con prohibiciones derivadas de la patente, limitación de sus efectos, agotamiento, requisitos de traducción, derechos derivados de su solicitud y efectos de la revocación, nulidad y reconvención. Igualmente, tendrá competencia para pronunciarse con carácter prejudicial sobre la interpretación de cuestiones que no sean de su exclusiva competencia y sobre la validez e interpretación de disposiciones adoptadas en ejecución del Acuerdo, mientras no se trate de disposiciones nacionales (art. 30 del Protocolo). Recordar, por último, que el TJCE se pronunciará con carácter prejudicial a petición del Tribunal de Apelación en caso de discordancia entre el Acuerdo y el TCE. También decidirá con esta misma finalidad los recursos en interés de la ley que hayan interpuesto un Estado contratante o la Comisión contra las resoluciones del Tribunal de Apelación. Igualmente, y con carácter prejudicial, puede pronunciarse sobre la interpretación de las disposiciones de competencia aplicables a las acciones de patente comunitaria promovidas ante los tribunales nacionales que figuran en la parte sexta, así como en el Protocolo sobre los litigios, siendo el encargado de recabar este pronunciamiento en España el Tribunal Supremo.

3. *Límites a esta protección derivados de la comercialización*

A) Objeto específico y agotamiento de los derechos de exclusiva

Tradicionalmente se ha distinguido entre «existencia» y «ejercicio» de los derechos de propiedad industrial para definir la influencia de los principios comunitarios, que actuarían como limitadores de tal ejercicio (212). Actualmente, sin embargo, se formulan otros índices que aportan mayor claridad al alcance de los derechos de exclusiva en el entorno comunitario. Estos nuevos índices o fundamentaciones se refieren a la determinación del «objeto específico» de tales derechos y la concreción de la teoría del «agotamiento» de los mismos. En virtud del primero se admiten las restricciones a los intercambios que sean adecuadas al objeto del derecho que se ejercita, en otro caso, es decir, cuando la restricción extralimite el objeto del derecho concedido, predomina el principio de libre circulación de mercancías. Mientras que la teoría del objeto específico se utiliza como coadyuvante de la validez de un derecho de exclusiva, el agotamiento conlleva la denegación de sus efectos. Prescribe un derecho, inicialmente existente y válido, cuando concurran determinadas circunstancias relacionadas con su comercialización. Esta ausencia de efectos no se basa en las inadecuaciones del objeto del derecho ni tan siquiera en su contrariedad con el criterio de libre circulación de mercancías, simplemente el derecho habría decaído.

El objeto específico, configurado por el TJCE como principio delimitador de la vigencia de las legislaciones nacionales que conceden

---

(212) Un claro ejemplo de esta posición lo tenemos en la Sent. TJCE de 29 de febrero de 1968 *(Asunto 24/67: Parke Davis, Rec.*, 1968, pp. 81 y ss.) en la que se trataba de ejercitar, conforme a la ley holandesa, un derecho de patente frente a la introducción en los Países Bajos de un producto farmacéutico procedente de otro país comunitario en el que no estaba protegido por patente. El TJCE, al igual que en los *Asuntos Sirena y Costen-Grundig)*, dejó sentado que la «existencia de la patente no estaba afectada por el Derecho comunitario». Además, su «ejercicio» sólo lo estaría en la medida en que se apreciase una restricción de la competencia a través de un acuerdo de voluntades (art. 85 TCE) o una explotación abusiva de posición dominante (art. 86 TCE).

derechos de exclusiva (213), decide la validez de una medida restrictiva, de ahí la importancia de su determinación respecto de cada uno de los derechos en cuestión. Concretamente referido a la patente, la Sent. TJCE de 31 de octubre de 1974 ha definido su objeto específico como «asegurar al titular, con el fin de compensar el esfuerzo creador del inventor, el derecho exclusivo de utilizar un invento con miras a la fabricación y primera puesta en circulación de los productos industriales, bien directamente o mediante la concesión de licencias a terceros, así como el derecho a oponerse a toda imitación fraudulenta» (214). De aquí se deriva que la libre circulación de mercancías únicamente puede ser restringida a través de un derecho de exclusiva en relación con la fabricación y comercialización inicial del producto; fuera de estos supuestos primarían los principios comunitarios y decaería el derecho de exclusiva.

Otro tanto puede decirse del derecho de marca, cuyo objeto específico ha sido definido por el TJCE en la Sent. de 22 de junio de 1976 «como el derecho exclusivo a utilizar la marca para la primera puesta en circulación de un producto y así protegerlo frente a competidores que pretendan abusar de la posición y reputación de la marca vendiendo productos indebidamente provistos de la misma» (215). El titular puede oponerse a la primera puesta en circulación en el mercado de

---

(213) La Sent. de 8 de junio de 1971 *(Asunto 78/70: Deutsche Gramophon)* afirmó que «las excepciones a la libre circulación de mercancías sólo son válidas si salvaguardan los derechos que constituyen el objeto específico de la propiedad industrial». *(Rec.*, 1971, pp. 481 y ss.).

(214) *Asunto:* 15/74 *Centrafarm Sterling Drug Inc. (Rec.*, 1974, pp. 1147 y ss.). La sociedad estadounidense Sterling era titular de la patente de fabricación del medicamento «Negram», que sus filiales habían introducido regularmente en Reino Unido y en la R. F. de Alemania. La sociedad holandesa Centrafarm, sin consentimiento de la primera, importó a los Países Bajos el producto que previamente había adquirido en aquellos países. Por ello fue demandada ante los Tribunales de Rotterdam por Sterling, quien solicitó la paralización de esta actividad. Tras los oportunos recursos fue planteado recurso prejudicial al TJCE en el sentido de si la libre circulación de mercancías impedía al titular dirigirse contra quien introdujera en el comercio productos protegidos cuando éstos ya habían sido comercializados en otro país. El TJCE concluyó afirmando que el titular de una patente concedida por la legislación de un Estado miembro no podrá prohibir la importación de productos protegidos cuando éstos hubiesen sido comercializados previamente en otro Estado miembro por este titular o con su consentimiento, pues ello sería incompatible con las disposiciones liberalizadoras del TCE.

(215) *Asunto 119/75: Terrapin Terranova, Rec.*, 1976, pp. 1039 y ss. Este concepto parte del ya propuesto por la Sent. TJCE de 31 de octubre de 1974 *(Asunto 16/74: Centrafarm Winthrop, Rec.*, 1974, pp. 1183 y ss. La Sentencia Terrapin declaró que el titular de un derecho protegido por la ley de un Estado miembro no puede apoyarse en esta ley para oponerse a la importación de un producto que ha sido comercializado lícitamente en el mercado por el titular o con su consentimiento.

productos con la misma marca, pero, una vez practicada esta primera comercialización, no puede impedir que los productos circulen libremente. No obstante, hasta fechas relativamente recientes la oposición a la importación era posible cuando las marcas no hubiesen tenido un origen común; en otro caso había que estar a la libre circulación de mercancías por entender que el riesgo de confusión había sido creado deliberadamente por las empresas para dividir internamente el mercado (216). Esta situación ha variado considerablemente a partir del asunto HAG II, que analizaremos más adelante. En cualquier caso, salvo en los supuestos de agotamiento, el titular de la marca puede ejercitar su derecho para impedir las importaciones que constituyan una violación de su exclusividad (217), aunque se trate de importaciones procedentes de otros Estados miembros (218).

El agotamiento de la patente aparece recogido en el art. 53 de la LP y los arts. 28 y 76 del Convenio de Luxemburgo de 1989. El art. 28 del Convenio prevé el agotamiento de la patente comunitaria cuando se hayan detectado actos previos de comercialización del producto protegido en un Estado contratante, realizados por el titular o con su consentimiento expreso, a menos que existan motivos que justifiquen, según las normas jurídicas de la Comunidad, una solución distinta. A su vez, el art. 76 se refiere el agotamiento de la patente nacional, de tal modo que los derechos conferidos por una patente de este tipo no se extenderán a los actos relativos al producto realizados en territorio de este Estado después de que el producto haya sido comercializado en cualquier otro Estado contratante. En términos similares, pero con di-

---

(216) *Cf.* B. Goldman y A. Lyon Caen, *Droit commercial européen, op. cit.*, p. 472. La propia Sent. *Terrapin* avaló esta conclusión al declarar el agotamiento cuando el derecho resulta del fraccionamiento, bien voluntario o bien como resultado de una actuación de Derecho público, de un derecho de marca que originariamente pertenecía al mismo titular. En estos casos la función de la marca queda en entredicho por el fraccionamiento del derecho originario.

(217) Especial configuración adquiere el ejercicio del derecho por el titular de una marca frente a los importadores paralelos de productos amparados por esa marca, cuando el importador ha reenvasado el producto o ha vuelto a poner en ellos la marca originaria. La Sent. TJCE de 23 de mayo de 1978 *(Asunto 102/77: Hoffman la Roche c. Centrafarm, Rec.* 1978, pp. 1139 y ss.) permitió al titular oponerse a que los productos amparados por la marca fuesen envasados sin su autorización y vueltos a lanzar al mercado bajo la misma marca originaria. No obstante, si el reenvasado se hace sin afectar al estado originario del producto, la utilización por el titular en el país de importación de los derechos derivados de la marca puede constituir una infracción de la libre circulación de mercancías, cuando ello contribuya a dividir artificialmente el mercado comunitario.

(218) *Cf.* A. Bercovitz, «Propiedad industrial e intelectual», *Tratado..., op. cit.*, p. 576.

ferente alcance, se expresa el art. 53 LP cuando prevé que los derechos conferidos por la patente no se extienden a los actos realizados en España después de que el producto haya sido puesto en el comercio en España. La diferencia entre este precepto y las previsiones del Convenio de Luxemburgo (tanto las del art. 28 como del art. 76) se centra en el dato de la efectividad espacial del agotamiento, pues la patente obtenida en virtud de la LP se agota por su comercialización en España exclusivamente, mientras que el Convenio de Luxemburgo atribuye este efecto de agotamiento a la patente nacional y a la comunitaria también cuando la primera comercialización hubiese tenido lugar en el extranjero, siempre que se trate de un Estado contratante (219). Con ello pretende ampararse la libre circulación de mercancías y responder coherentemente al objeto de la patente, que no es otro que otorgar al titular el derecho exclusivo a fabricar y comercializar por vez primera el producto, ya sea directamente o mediante licencias a favor de terceros, así como el derecho a defenderse ante las infracciones (220). El titular tiene, durante el plazo de vigencia de la patente, un derecho exclusivo de fabricación y un derecho exclusivo de comercialización, pero este último limitado a la primera introducción en el comercio. El derecho ilimitado de fabricación y el derecho limitado de comercialización recompensarían el esfuerzo creador del titular, por contra las sucesivas comercializaciones, aunque lógicamente posibles, no se hallan amparadas por la patente, sino que acceden al mercado en régimen de concurrencia con las que pueda llevar a cabo un tercero (221). En este caso el derecho de comercialización exclusiva habría desaparecido, independientemente de que la primera comercialización se hubiera producido en el mercado nacional (art. 53 LP) o en otro Estado comunitario (Convenio de Luxemburgo en relación con la jurisprudencia comunitaria).

---

(219) Esta posibilidad ya fue reconocida por el TJCE en el *Asunto Deutsche Grammophon.*

(220) Considerando núm. 9 de la sent. TJCE de 31 de octubre de 1974 *(Asunto 15/74: Centrafarm/Sterling).*

(221) Con anterioridad al agotamiento, otra fundamentación tendente al mismo efecto era la llamada «teoría de la licencia tácita», en virtud de la cual el titular que enajenaba un producto protegido concedía al adquirente una autorización implícita para su venta y uso *(cf.* P. Marchetti, *Sull' asaurimento del brevetto d'invenzione,* Milán, Giuffrè, 1974, pp. 12 y ss.). No obstante, esta licencia podía ser suprimida o restringida mediante una declaración expresa del titular, evitando así la limitación del *ius prohibendi.* Por el contrario, el agotamiento se produce *ipso iure* no pudiendo ser restringido ni eludido por la voluntad del titular *(cf.* J. Massaguer Fuentes, *Los efectos de la patente en el comercio internacional,* Barcelona, Bosch, 1989, pp. 198 y 199.

B) Condiciones para que se produzca el agotamiento

El primer requisito del agotamiento es que se produzca una comercialización lícita, es decir, llevada a cabo por el titular o con su consentimiento. El consentimiento debe ser expreso, lo cual normalmente presupone la existencia de una licencia contractual. Más controvertido es el caso de que la comercialización sea realizada por un tercer beneficiario de una licencia obligatoria, pues en ésta no se produce un concurso de voluntades entre el licenciante, titular de la patente, y el licenciatario que comercializa, sino que surge de una imposición legislativa ante la falta de uso del derecho por parte del titular. El art. 45 del Convenio de Luxemburgo de patente comunitaria excluye el agotamiento en estos supuestos, sin embargo, no parece ser ésta la posición del TJCE, a partir de las Sentencias de 20 de enero de 1981 (222) y, sobre todo, de 14 de julio de 1981 (223), en la que se estimó el agotamiento afirmando el Tribunal que el titular era libre para decidir las condiciones de la comercialización. El acto que origina la concesión de licencia obligatoria, y con ello la primera comercialización, sigue siendo un acto libre, adoptado con conocimiento de que tras la comunicación de un tercero interesado en obtener dicha licencia no resulta posible dar marcha atrás.

Por comercialización debe entenderse cualquier acto que posibilite a un tercero el aprovechamiento económico del producto, de modo que éste quede a su disposición para su transmisión o utilización (224). Además de lícita, la comercialización debe ser llevada a cabo en un Estado comunitario (225). Consecuentemente, la doctrina del agotamiento comunitario no despliega efectos cuando se practique en terceros Estados, aunque sea llevada a cabo por el titular o persona con su consentimiento. Así ocurre incluso cuando el tercer Estado del que proceden las importaciones tuviera un acuerdo de libre comercio con la Comunidad tendente a la liberalización de los intercambios (226).

---

(222) *Asunto 55 y 57/80: Gema, Rec.*, 1981, pp. 649 y ss.

(223) *Asunto 187/80: Merck c. Stephar, Rec.*, 1981, pp. 2063 y ss.

(224) *Cf.* J. Massaguer, *Mercado común y patente nacional (agotamiento comunitario y protección territorial absoluta)*, Barcelona, Bosch, 1989, p. 235.

(225) Sent. TJCE de 15 de junio de 1976 *(Asuntos 51, 86 y 96/75: EMI CBS, Rec.*, 1976, pp. 811, 871 y 913. El Tribunal entendió que el ejercicio del derecho de marca con objeto de impedir la distribución de productos de un tercer Estado con una marca idéntica no perjudicaba la libre circulación de mercancías entre los Estados miembros y, por ello, no caía bajo la prohibición del art. 30 TCE resultaba, pues, lícito ejercitar un derecho de marca para impedir la importación en un Estado miembro de productos protegidos procedentes de un Estado ajeno a la Comunidad (EE.UU.).

(226) *Vid.* esta cuestión en J. Massaguer Fuentes, *Mercado Común y patente nacional..., op. cit.*, p. 245.

En este sentido se pronunció el TJCE en la Sent. de 8 de febrero de 1982 en relación con los productos provenientes de Portugal en una época en que este Estado no era miembro de la Comunidad, admitiendo finalmente la prohibición de importaciones, basándose en la protección de un derecho de propiedad industrial (227).

Este Estado miembro, en el cual ha debido llevarse a cabo la comercialización, no tiene por qué ser un Estado distinto a aquel donde se va a importar el producto. Como bien señala J. Massaguer, el agotamiento sólo tiene lugar después de la comercialización, con lo cual una venta directa sería la primera comercialización; por ello estaría amparada por el derecho de propiedad industrial y fuera del ámbito del agotamiento (228). Un ejemplo de este supuesto se observa en la Sent. TJCE de 9 de julio de 1985 (229), donde se trataba de un producto fabricado en Reino Unido y vendido directamente a los Países Bajos. No existía una primera comercialización en un Estado distinto al de la importación, sino una exportación realizada por el propio fabricante; la primera comercialización tuvo lugar en el mismo Estado miembro de la importación (Países Bajos), que a la vez era el Estado donde existía la patente que se pretendía ejercitar para impedir la importación. Ello da pie al autor para afirmar que lo verdaderamente importante a los efectos del agotamiento es que la primera comercialización se realice allí donde consienta el titular, al margen de que sea un Estado miembro distinto o el propio de la importación (230).

Para que se produzca el agotamiento tampoco es necesaria la existencia de patentes paralelas, es decir, que el producto esté patentado en el país de la primera comercialización y en el país donde se rechaza su

---

(227) *Asunto 270/80: Polydor, Rec.*, 1982, pp. 329 y ss.

(228) *Cf.* J. Massaguer, *Mercado Común y patente nacional..., op. cit.*, p. 269.

(229) *Asunto 19/84: Pharmon c. Hoechst A. G., Rec.*, 1985, pp. 999 y ss. La sociedad alemana Hoechst era titular de una patente de fabricación de un medicamento en la R. F. de Alemania y de patentes paralelas en los Países Bajos y Reino Unido. Una sociedad inglesa obtuvo licencia obligatoria de dicha patente y vendió el producto por ella fabricado a una sociedad holandesa (Pharmon), la cual intentó su comercialización en los Países Bajos. Hoechst se opuso a ello alegando infracción de su patente. El TJCE admitió la prohibición de importación, excluyendo el agotamiento, debido a que el producto había sido fabricado sin consentimiento del titular. Sin embargo, no se pronunció sobre el hecho de que la primera comercialización fuese llevada a cabo en el Estado miembro cuya patente se ejercita y no en un Estado distinto, aspecto irrelevante en este caso. Sobre esta base, J. Massaguer considera que la comercialización en un tercer Estado no es requisito indispensable para que se produzca el agotamiento comunitario, que puede operar igualmente cuando tal comercialización se efectúe en el Estado de la importación. Lo único imprescindible sería el consentimiento del titular de la patente.

(230) *Ibíd.*, pp. 278 y 279.

importación. La respuesta del TJCE ha sido clara a este respecto, entendiendo que «corresponde al titular decidir las condiciones de comercialización del producto, lo que encierra la posibilidad de venderlo en un Estado miembro en el que no es legalmente patentable. Si opta por ello, debe asumir las consecuencias de su elección, ya que la libre circulación de mercancías en el Mercado Común es un principio básico que este titular debe tener en cuenta al determinar la modalidad de ejercicio de su derecho de exclusiva». El agotamiento no se limita, pues, a los supuestos de patentes paralelas, pudiendo producirse también cuando la mercancía únicamente esté patentada en el Estado donde se pretende evitar su importación (231). En cualquier caso, el agotamiento aparece muy frecuentemente relacionado con patentes paralelas, esto es, patentes que, al margen de su contenido, recaen sobre un mismo objeto (232).

La identidad en el objeto es determinante en los supuestos de agotamiento de marcas, de manera que no se produce este efecto cuando la marca pertenezca a un mismo titular en distintos Estados miembros, pero tenga un objeto diferente. Por esta razón de no identidad de objeto, el TJCE en Sent. de 10 de octubre de 1978 permitió al titular de una marca protegida en un Estado miembro oponerse a que un tercero introdujera la mercancía en dicho Estado bajo la misma marca. Y ello aun cuando el producto hubiese sido previa y lícitamente comercializado en otro Estado miembro bajo *otra marca* ostentada en ese Estado por el mismo titular. La única condición para el mantenimiento del derecho de exclusiva, y, por tanto, de la exclusión del agotamiento, es que la utilización de dos marcas distintas no tuviese por objeto compartimentar artificialmente el mercado (233).

---

(231) Sent. TJCE de 14 de julio de 1981 *(Asunto 187/80: Merck c. Stephar)*. Merck, sociedad norteamericana, era titular de patente en todos los Estados miembros excepto en Italia y Luxemburgo. A pesar de que producía el producto en Italia no tenía aquí patente por impedirlo la legislación nacional sobre fármacos. Stephar importó el producto desde Italia a los Países Bajos, donde lo revendió a un precio inferior al practicado por Merck, quien plantea demanda por infracción de la patente holandesa. Elevado recurso prejudicial, el TJCE afirmó que la libre circulación de mercancías impedía al titular, que hubiese comercializado el producto en un Estado en el que no existía protección de patente, hacer uso de su derecho para prohibir la distribución de la mercancía.

(232) Como señala A. Bercovitz, las distintas leyes nacionales pueden contener distintas regulaciones sobre la patente, pero ello no impide que pueda operar el agotamiento. Se trata de determinar las identidades substanciales del objeto protegido por el derecho de propiedad industrial *(cf.* «Propiedad industrial e intelectual», *Tratado..., op. cit.*, pp. 556 y 557).

(233) *Asunto 3/78: Centrafarm American Home, Rec.*, 1978, pp. 1823 y ss.

Esta idea de compartimentación artificial del mercado ha dado pie a una jurisprudencia del TJCE en virtud de la cual no es posible ejercitar el derecho marca en detrimento de la libre circulación de mercancías cuando las marcas hayan tenido en algún momento un mismo origen, aunque posteriormente tengan distintos titulares. El resultado final sería la estimación del agotamiento comunitario debido a un origen común de la marca.

En efecto, el TJCE se ha manifestado sobre la teoría del origen común intentando salvaguardar los principios comunitarios de libre competencia (234) y, sobre todo, de libre circulación de mercancías. Sobre la base de este último criterio la Sent. de 3 de julio de 1974 *(HAG I)* abordó el supuesto en el que la atribución de los derechos paralelos de marca a personas distintas había surgido como consecuencia de un imperativo de los poderes públicos, que provocó la independencia de las sociedades implicadas (235). Fue suficiente apreciar que las marcas habían tenido un origen común, aunque actualmente los titulares de las mismas fuesen independientes (236), para que prevaleciese la libre

---

(234) Es el caso de la Sent. de 18 de febrero de 1971 *(Asunto 40/70: Sirena c. Eda, Rec.,* 1971, pp. 69 y ss.) en la que se abordó un supuesto en el que una empresa alemana —que introducía determinado producto de cosmética en el comercio comunitario— y la empresa Sirena —que se oponía a dicha importación— habían reconocido su derecho de marca («Prep») de una misma sociedad norteamericana. El TJCE no invocó la libre circulación de mercancías sino la libre competencia, dada la existencia de un acuerdo colusorio de transmisión de marcas, susceptible de ser enjuiciado a partir del art. 85.1 TCE. Afirmó que el ejercicio del derecho de marca (no su existencia) podía chocar con las prohibiciones del TCE siempre que se comprobase que era un medio, objeto o consecuencia de un acuerdo colusorio, aplicándose el art. 85.1 TCE cuando «los titulares de las marcas o personas que deriven sus derechos de ellos adopten acuerdos que posibiliten impedir importaciones procedentes de otros Estados. Sobre los supuestos de solicitudes independientes de marcas tendentes a lograr un acuerdo de distribución exclusiva, que vendría sancionado por el art. 85.1 TCE, presumiéndose un origen común. *Vid.* Sent. TJCE de 20 de junio de 1978 *(Asunto 28/77: Tepea BV, Rec.,* 1978, pp. 1391 y ss.).

(235) *Asunto 192/73: Van Zuylen c. Hag, Rec.,* 1974, pp. 731 y ss. Hag, empresa alemana, tenía registrada la marca «Hag» en la R. F. de Alemania, Bélgica y Luxemburgo y posteriormente crea una filial en Bélgica (Hag Bélgica) a la que transmite las marcas belgas y luxemburguesas. Sin embargo, la totalidad del capital de esta filial fue confiscado y enajenado a una tercera empresa con base a una disposición legal belga. Más adelante, Hag Bélgica cedió las marcas belgas y luxemburguesas a otra empresa (Van Zuylen), que distribuyó el producto a través de sus revendedores. En 1972 la sociedad matriz Hag distribuye la mercancía en Luxemburgo y Van Zuylen alega infracción de marca. Existía, pues, un titular originario de la marca, a pesar de que en la fecha de la demanda los titulares fuesen independientes.

(236) El titular actual (Van Zuylen) —que no es el productor— no tenía relación con el titular originario (Hag) ni con el primer sucesor (Hag Bélgica). Por ello, las marcas del titular originario (Hag) en la R. F. de Alemania y del titular en Bélgica y Luxemburgo (Van Zuylen) eran independientes. Hag Bélgica devino independiente de Hag a través de un acto de soberanía belga.

circulación de mercancías sobre el derecho de marca. Si tenemos en cuenta que las mercancías procedían de un fabricante distinto al que era titular de la marca en el Estado de importación (237) y que no existía una primera comercialización lícita por no concurrir ningún tipo de consentimiento en la división del derecho de marca, el hecho de haber apreciado su agotamiento no es otra cosa que «hacer primar el logro de la unificación de las mercancías sobre el mantenimiento de las funciones de identificación de la marca nacional» (238).

Esta posición estricta incrementa el peso de la libre circulación de mercancías en la marca, pues para su ejercicio se establecen restricciones más cualificadas que las que puedan operar en la patente (239). Es suficiente una identidad del objeto y un origen común, sin necesidad de un nexo actual entre los titulares, para impedir este ejercicio. Las opiniones a esta situación pueden ser de distinto signo, basta señalar aquellas que propugnan incluso su extensión a todas las modalidades de propiedad industrial contenidas en el art. 36 TCE (240). Sin embargo, debe destacarse el replanteamiento total que el TJCE ha hecho de esta doctrina a partir de la Sent. de 17 de octubre de 1990 (HAG II) (241) afirmando que «Los arts. 30 y 36 TCE no impiden... al titular de un derecho de marca en un Estado miembro oponerse a la importación procedente de otro Estado miembro de productos similares que ostenten en este último una marca idéntica o susceptible de confusión con la marca protegida, incluso cuando la marca bajo la cual son importados los productos perteneciera inicialmente a una filial de la empresa que se opone a la importación y que ha sido adquirida a través de la exportación de esta filial». El cambio de concepción implica que el origen común de la marca no puede argumentarse como una circunstancia que agote el derecho y que dé paso a la libre circula-

(237) El primer titular cedió una marca a su filial y ésta hizo lo propio a un tercero, Zuylen, el cual no se dedicaba a fabricar el producto sino simplemente a su distribución. El fabricante era Hag Bélgica que a su vez vendía el producto en territorio dominado por Van Zuylen. Si Hag Bélgica fabrica directamente ya no estamos ante un supuesto de primera comercialización por su parte, sino ante una simple infracción del derecho de marca.

(238) *Cf.* J. Massaguer, *Mercado común y patente nacional..., op. cit.*, p. 158.

(239) Esta conclusión no afectaría a los actos primario de explotación, particularmente al reenvasado *cf.* B. Goldman y A. Lyon Caen, *Derecho comercial..., op. cit.*, p. 465. *Vid.* en este sentido, la Sent. TJCE de 23 de mayo de 1978, ya citada *(Asunto 102/77: Hoffman La Roche)*.

(240) *Cf.* «Propiedad industrial e intelectual», *Tratado..., op. cit.*, p. 275.

(241) *Asunto 10/89: CNL-SUCAL c. HAG, Rec.*, 1990, pp. I-3711 y ss.

ción de mercancías. A ello se opone la independencia jurídica y económica que existe entre el titular originario y el adquirente y el hecho de que la división de la marca no haya surgido de la voluntad de las partes (242).

(242) *Vid.* P. Oliver, «De las marcas divididas y del mercado común», *Gaceta Jurídica de la CE y de la Competencia,* D-15, 101, diciembre 1991, pp. 39 y ss. y R. Joliet, «Derecho de marcas y libre circulación de mercancías: el abandono de la jurisprudencia HAG I», *ibíd.,* pp. 9 y ss.

CONCLUSIONES

1. El TCE prohíbe las restricciones cuantitativas a la importación y exportación y las medidas de efecto equivalente. Esta prohibición se refiere a las mercancías, en tanto que bienes apreciables en dinero y susceptibles de transacciones comerciales, que sean originarias de la Comunidad o que procediendo de terceros países se encuentren en libre práctica dentro de la Comunidad. La fijación de este origen es determinante, pues, no sólo para apreciar la prohibición de restricciones cuantitativas, sino también para atribuir a la mercancía la aplicación uniforme del Arancel Aduanero Común y, en su caso, la supresión de los derechos de aduana y exacciones de efecto equivalente. Tanto la prohibición de derechos de aduana como la de restricciones cuantitativas pueden, no obstante, ser derogadas cuando concurran determinadas condiciones, unas previstas en el TCE y otras determinadas mediante la interpretación del TJC. Las derogaciones a la prohibición de los derechos de aduana son competencia exclusiva de la Comisión para los supuestos en que la política comercial provoque dificultades económicas en un Estado miembro (art. 115 TCE). Las excepciones a las restricciones cuantitativas son las contenidas en el art. 36 TCE y también las derivadas de las exigencias imperativas de la protección del consumidor y de la lealtad de las transacciones comerciales. Sin embargo, las situaciones de monopolio no pueden, según mantiene habitualmente el TJC, ampararse en las circunstancias excepcionadoras del art. 36.

2. El hecho de que la lealtad de las transacciones comerciales pueda legitimar una restricción a la libre circulación de mercancías implica un análisis de esta libertad a la luz de la normativa de libre competencia y competencia desleal. Una y otra normativa aparecen

como complementarias. La primera se refiere a la normación del macrosistema económico y a la estructura del mercado, fijando el tipo de competencia que en él se consiente. La segunda determina los parámetros del leal comportamiento de los intervinientes en las relaciones de mercado. Las consecuencias de la normativa de defensa de la competencia se traducen en la prohibición de los actos atentatorios a dicha competencia, así como en la correlativa permisibilidad de aquellos que hayan sido objeto de una autorización individual o por categoría, concedida ésta en exclusiva por las autoridades comunitarias, o por las autoridades nacionales si sólo afectan al mercado nacional.

Estas normas se caracterizan por una aplicación extraterritorial, solventándose la eventual confluencia de la normativa comunitaria y las normativas nacionales a partir de tres criterios: A) La aplicación del ordenamiento sobre cuyo mercado se produzcan las repercusiones anticoncurrenciales, independientemente de la nacionalidad y el establecimiento de los operadores implicados; B) La aplicación directa del Derecho comunitario por los jueces nacionales, siempre que no se haya iniciado procedimiento ante la Comisión y siempre que no afecte a competencias exclusivas de la Comunidad; C) La posibilidad de aplicación del Derecho nacional, incluso cuando exista proceso pendiente ante las autoridades comunitarias, cuando de ello no se derive un perjuicio a la aplicación integral y uniforme del Derecho comunitario. Asimismo, la competencia desleal no observa una regulación material comunitaria, por lo que su incidencia en el marco de la Comunidad debe canalizarse como una actitud relativa a la defensa de la competencia o como una circunstancia excepcionadora de la libre circulación de mercancías. El tribunal competente aplicará la legislación nacional cuando los efectos substanciales del acto desleal incidan sobre el mercado nacional, es decir, la ley del mercado bajo una perspectiva unilateral, tal como se deriva del art. 4 de la Ley española de CD. La eventual aplicación de una ley extranjera debe hacerse valorando la incidencia del acto, tal como lo haría el juez correspondiente al mercado afectado.

3. La competencia desleal incide también en las actitudes proteccionistas de la Comunidad frente a terceros Estados, a través del establecimiento de Derechos compensatorios y medidas antidumping, que son una expresión de la defensa de la política comercial común a la que se refiere el art. 113 TCE. Estos derechos o medidas, cuyo precedente más inmediato se encuentra en la regulación del GATT, se establecen frente a las prácticas de dumping o subvenciones practicadas por terceros países que amenacen perjudicar o perjudiquen realmente a un sector económico establecido en la Comunidad o que retrasen sen-

siblemente el establecimiento del mismo. Se relacionan con distintos elementos del sistema de mercado comunitario; en primer lugar, con la competencia desleal, concretamente con la practicada por Estados no comunitarios a través de la concesión de subvenciones o la fijación de precios a la exportación no considerados normales. También, con las ayudas públicas recibidas por el tercer Estado, pues éstas pueden propiciar la exportación hacia la Comunidad a precio de dumping. Finalmente, complementan la política aduanera de la Comunidad, pues, además de los derechos de aduana y tributos a la importación, el producto puede verse gravado por un derecho compensatorio o medida antidumping cuando deba compensarse la competencia desleal practicada por el Estado de la exportación.

Esta claridad en la apreciación de la competencia desleal practicada por terceros Estados no se detecta cuando la deslealtad se produzca entre Estados comunitarios. Unicamente se admite que el Estado puede aplicar su legislación represora de la competencia desleal para limitar las importaciones, y en último término la libre circulación de mercancías, justificándose esta restricción a través de las ya mencionadas «exigencias imperativas», cuya operatividad requiere que la medida nacional sea aplicada por igual a los productos nacionales y a los importados.

4. Otro elemento a tener en cuenta en las transacciones de que sea objeto la mercancía es la propiedad industrial, excepción a la libre circulación de mercancías textualmente admitida por el art. 36 TCE, que, sin embargo, presenta la limitación de su caducidad en el tiempo y su agotamiento tras la primera comercialización del producto. El ordenamiento protector de estos derechos es aquél que previamente los haya concedido y sobre cuyo territorio hayan sido cuestionados o lesionados, sin perjuicio de que pueda conocer un juez extraño a este ordenamiento. En el sistema español, se produce una competencia exclusiva y una correlación *forum-ius* cuando la cuestión verse sobre la validez e inscripción del derecho en cuestión (art. 21.1 LOPJ en relación con el art. 10.4 C.c.). Sin embargo, en supuestos distintos al mencionado no existe competencia exclusiva de los tribunales españoles ni una necesaria correlación *forum-ius,* pudiendo aplicar el tribunal español la legislación extranjera sobre propiedad industrial coincidente con el lugar donde el derecho ha sido lesionado, legislación que no puede ser otra que aquélla en virtud de la cual dicho derecho existe.

CASOS CITADOS

LIBRE COMPETENCIA

1. Sentencias del TJCE

— Sent. TJCE de 15 de julio de 1964 *(Asunto 6/64: Costa Enel), Rec.*, 1964, pp. 1143 y ss.

— Sent. TJCE de 30 de junio de 1966 *(Asunto 56/65: Tecnique Minière c. MBU), Rec.*, 1966, pp. 337 y ss.

— Sent. TJCE de 13 de julio de 1966 *(Asunto 56-58/64: Grundig Costen), Rec.*, 1966, pp. 496 y ss.

— Sent. TJCE de 13 de julio de 1966 *(Asunto 32/65: Rep. Italiana c. Consejo y Comisión), Rec.*, 1966, pp. 564 y ss.

— Sent. TJCE de 12 de diciembre de 1967 *(Asunto 23/67: Brasseries de Haecht c. Wilkin Janssen), Rec.*, 1967, pp. 426 y ss.

— Sent. TJCE de 13 de febrero de 1969 *(Asunto 14/68: Walt Wilhelm), Rec.*, 1969, pp. 1 y ss., y *Bol. Der. Com. Eur.*, núm. 22, 1989, pp. 147 y ss.

— Sent. TJCE de 9 de julio de 1969 *(Asunto 5/69: Volk Vervaecke), Rec.*, 1969, pp. 295 y ss.

— Sent. TJCE de 25 de noviembre de 1971 *(Asunto 22/71: Beguelin), Rec.*, 1971, pp. 949 y ss.

— Sent. TJCE de 14 de julio de 1972 *(Asunto 48, 49, 51 a 57/69: Materias Colorantes), Rec.*, 1972, pp. 619 y ss. Comentario de B. Goldman, *Jour. dr. int.*, 1973, pp. 925 y ss.

— Sent. TJCE de 21 de febrero de 1973 *(Asunto 6/72: Continental Can), Rec.*, 1973, pp. 215 y ss.

— Sent. TJCE de 6 de marzo de 1974 *(Asunto 6 y 7/73: Zoja/CSC-ICI), Rec.*, 1974, pp. 223 y ss.

— Sent. TJCE de 26 de noviembre de 1975 *(Asunto 73/74: Papeles Pintados de Bélgica c. Comisión), Rec.*, 1975, pp. 1367 y ss.

— Sent. TJCE de 1 de febrero de 1978 *(Asunto 19/77: Miller International), Rec.*, 1978, pp. 131 y ss.

— Sent. TJCE de 14 de febrero de 1978 *(Asunto 27/76: United Brands —Chiquita—), Rec.*, 1978, pp. 207 y ss.

— Sent. TJCE de 13 de febrero de 1979 *(Asunto 85/76: Hoffman la Roche —Vitaminas—), Rec.*, 1979, pp. 461 y ss.

— Sent. TJCE de 8 de noviembre de 1983 *(Asunto 96, 102, 104, 105, 108 y 110/82: NV IAZ International Belgium y otros c. Comisión), Rec.*, 1983, pp. 3369 y ss.

— Sent. TJCE de 28 de marzo de 1984 *(Asunto 29 y 30/83: Compañía Real Asturiana de Minas), Rec.*, 1984, pp. 1679 y ss.

— Sent. TJCE de 30 de enero de 1985 *(Asunto 123/83: BNIC Clair), Rec.*, 1985, pp. 391 y ss., y *La Ley, Com Eur.*, núm. 226, 1987-2, pp. 69 y 70.

— Sent. TJCE de 16 de junio de 1987 *(Asunto 118/85: Comisión c. Italia), Recopilación de la jurisprudencia del Tribunal*, 1987-6, pp. 2599 y ss.; *La Ley, Com. Eur.*, núm. 269, 1988-1, p. 86.

— Sent. TJCE de 1 de octubre de 1987 *(Asunto 311/85: Vereniging van Vlaamse Reisbureaus), La Ley, Com. Eur.*, núm. 327, 1988-2, p. 71; *Rec.*, 1987, pp. 3801 y ss.

— Sent. TJCE de 17 de noviembre de 1987 *(Asunto 142 y 156/84: Philips Morris), Rec.*, 1987, pp. 4487 y ss.; *Bol. Der. Com. Eur.*, núm. 19, 1989, pp. 215 y ss.

— Sent. TJCE de 4 de mayo de 1988 *(Asunto 30/87: Corinne Bodson —Pompas fúnebres—), Rec.*, 1988, pp. 2507 y ss., y *La Ley, Com. Eur.*, 1988-2, p. 79.

— Sent. TJCE de 27 de septiembre de 1988 *(Asuntos 89, 104, 114, 116, 117 y 125 a 129/85: Pasta de Madera), Rec.*, 1988, pp. 5193 y ss.

— Sent. TJCE de 11 de abril de 1989 *(Asunto 66/86: Tarifas aéreas-Ahmed Saeed), Rec.*, 1989, pp. 803 y ss.

— Sent. TJCE de 11 de enero de 1990 *(Asunto 277/87: Sandoz Productos Farmacéuticos), Rec.*, 1990-I, pp. 45 y ss.

— Sent. TJCE de 10 de julio de 1990 *(Asunto 51/89: Tetra Pak Rausing c. Comisión), Rec.*, 1990, pp. II-309 y ss.

2. **Decisiones de la Comisión**

— Decisión de 28 de septiembre de 1964: *(Grundig), DOCE,* L 161/2545/64.

— Decisión de 18 de junio de 1969 *(Asunto 69/195: Christiani/Nielsen), DOCE,* L 165/12/69.

— Decisión de 30 de junio de 1970 *(Asunto 70/332: Kodak), DOCE,* L 147/24/70.

— Decisión de 29 de noviembre de 1974 *(Asunto 74/634: Entente franco-japonesa de rodamientos), DOCE,* L 343/19/74.

— Decisión de 8 de enero de 1975 *(Asunto 75/77: Conservas de Champiñones), DOCE,* L 29/26/75.

— Decisión de 21 de noviembre de 1990: *(Compañía Financiera y de Reaseguros Ag y Nv Amev), C.M.L.R. Antitrust Reports,* noviembre, 1991, pp. 847 y ss.

— Decisión de 10 de diciembre de 1990: *(Arjomari y Wiggins), C.M.L.R. Antitrust Reports.*, noviembre, 1991, pp. 854 y ss.

— Decisión de 30 de abril de 1991: *(Scottish Nuclear), DOCE,* 6 de julio de 1991, y *Noticias CEE,* núm. 83, 1991, pp. 127 y ss.

3. **Otras Sentencias y Resoluciones**

— Sent. TC 80/1983 de 10 de octubre, *BOE,* núm. 266, 7-XI-83, y *Jurisprudencia Constitucional,* 1983-VII, p. 30.

— Sent. Trib. Sup. EE.UU. de 2 de julio de 1985: *Mitsubishi Motors Corp. c. Soler Chrysler Plymounth, CJT Law,* 1985, pp. 655 y ss.

— Sent. Trib. de Bolonia de 18 de julio de 1987 *(Coveme), Riv. dir. int. pr. proc.,* 1988, pp. 740 y ss.

— Resolución TDC de 5 de noviembre de 1988, *La Ley,* 7 de noviembre de 1989.

— Resolución TDC de 25 de junio de 1990, *la Ley,* 30 de noviembre de 1990; *TDC Memoria,* 1990, pp. 15 y 16.

COMPETENCIA DESLEAL

1. **Sentencias del TJCE**

— Sent. TJCE de 25 de noviembre de 1971 *(Asunto 22/71: Beguelín), Rec.,* 1971, pp. 949 y ss.

— Sent. TJCE de 25 de enero de 1977 *(Asunto 46/76: Baudhuis), Rec.,* 1977, pp. 5 y ss.

— Sent. TJCE de 26 de junio de 1980 *(Asunto 788/79: Gilli), Rec.,* 1980, pp. 2071 y ss.

— Sent. TJCE de 22 de enero de 1981 *(Asunto 58/80: Dansk Supermarked c. Imerco), Rec.,* 1981, pp. 181 y ss.

— Sent. TJCE de 17 de junio de 1981 *(Asunto 113/80: Comisión c. Irlanda), Rec.,* 1981, pp. 1625 y ss.

— Sent. TJCE de 2 de marzo de 1982 *(Asunto 6/81: Diensten Groep c. Beele H. BV.), Rec.,* 1982, pp. 707 y ss.

2. **Decisiones de la Comisión CEE**

— Decisión de 15 de mayo de 1974 *(Asunto 74/292: Ifrtra Verres d'Emballage), DOCE,* 160/1/74.

— Decisión de 15 de julio de 1975 *(Asunto 75/497: Ifrtra Aluminiun Brut); DOCE,* L 13/204/62.

3. **Otras Sentencias**

— Sent. Trib. Casación francés de 5 de mayo de 1908, *Rev. crit. dr. int. pr.*, 1909, pp. 523, con nota de Nast.

— Sent. Tribunal de Gran Instancia de París de 21 de junio de 1969 *(Quatrebeuf c. Cristoferi), Journ. dr. int.*, 1970, pp. 723 y ss., con nota de R. Dayán.

— Sent. T.S. (Sala 2.ª) de 28 de abril de 1989, *Aranzadi, R. J.*, núm. 3569, y *La Ley,* de 28 de agosto de 1989.

LIBRE CIRCULACION DE MERCANCIAS (TJCE)

— Sent. TJCE de 10 de diciembre de 1968 *(Asunto 7/68: Comisión c. Italia), Rec.*, 1968, pp. 617 y ss.

— Sent. TJCE de 11 de julio de 1974 *(Asunto 8/74: Dassonville), Rec.*, 1974, pp. 837 y ss.

— Sent. TJCE de 20 de febrero de 1975 *(Asunto 12/74: Comisión c. Alemania-Sekt Weimbrand), Rec.*, 1975, pp. 181 y ss.

— Sent. TJCE de 15 de diciembre de 1976 *(Asunto 41/76: Donckerwolke), Rec.*, 1976, pp. 1921 y ss.

— Sent. TJCE de 25 de enero de 1977 *(Asunto 46/76: Bauhuis), Rec.*, 1977, pp. 5 y ss.

— Sent. TJCE de 26 de enero de 1977 *(Asunto 49/76: Uberseehandel c. Handelskammer Hamburg), Rec.*, 1977, pp. 41 y ss.

— Sent. TJCE de 31 de enero de 1979 *(Asunto 34/78: Yoshida Nederland BV), Rec.*, 1979, pp. 115 y ss.

— Sent. TJCE de 31 de enero de 1979 *(Asunto 114/78: Yoshida G.m.b.H.), Rec.*, 1979, pp. 151 y ss.

— Sent. TJCE de 14 de diciembre de 1979 *(Asunto 34/79: Regina c. Henn y Darby), Rec.*, 1979, pp. 3795 y ss.

— Sent. TJCE de 14 de julio de 1981 *(Asunto 155/80: Oebel), Rec.*, 1981, pp. 1993 y ss.

— Sent. TJCE de 24 de noviembre de 1982 *(Asunto 249/81: Comisión c. Irlanda), Rec.*, 1982, pp. 4005 y ss.

— Sent. TJCE de 23 de febrero de 1984 *(Asunto 93/83: Zentralgenossenschaft des Fleischergewerbes c. Hayptzollamt Bochum), Rec.*, 1984, pp. 1095 y ss.

— Sent. TJCE de 13 de marzo de 1984 *(Asunto 16/83: Procedimiento penal c. K. Prantl), Rec.*, 1984, pp. 1229 y ss.

— Sent. TJCE de 11 de junio de 1985 *(Asunto 288/83: Comisión c. Irlanda), Rec.*, 1985, pp. 1761 y ss.

— Sent. TJCE de 5 de marzo de 1986 *(Asunto 59/84: Tezi Textiel BV c. Comisión), Rec.*, 1986, pp. 887 y ss.

— Sent. TJCE de 5 de marzo de 1986 *(Asunto 242/84: Tezi BV c. Ministerio Asuntos Económicos), Rec.*, 1986, pp. 933 y ss.

— Sent. TJCE de 16 de diciembre de 1986 *(Asunto 124/85: Comisión c. R. Helénica), Rec.*, 1986, pp. 3948 y ss.

— Sent. TJCE de 12 de marzo de 1987 *(Asunto 178/84: Comisión c. Alemania —Cerveza—), Rec.*, 1987, pp. 1227 y ss.

— Sent. TJCE de 22 de marzo de 1990 *(Asunto 83/89: procedimiento penal c. Houben), Rec.*, 1990, pp. 1161 y ss.

— Sent. TJCE de 11 de octubre de 1990 *(Asunto 196/89: Procedimiento penal c. E. Naspoli y G. Crippa), Rec.*, 1990, pp. 3647 y ss.

— Sent. TJCE de 11 de octubre de 1990 *(Asunto 210/89: Comisión c. Italia), Rec.*, 1990, pp. 3697 y ss.

— Sent. TJCE de 27 de noviembre de 1990 *(Asunto 67/88: Comisión c. Italia —aceite de sésamo—), Rec.*, 1990, pp. 4285 y ss.

— Sent. TJCE de 7 de mayo de 1991 *(Asunto 350/89: Sheptonhurst Ltd. c. Newham Boroug Council), C.M.L. Reports*, vol. 62-9, de 29 de octubre de 1991, p. 463.

UNION ADUANERA

— Sent. TJCE de 14 de diciembre de 1962 *(Asuntos 2 y 3/62: Comisión c. Luxemburgo y R. Unido), Rec.*, 1962, pp. 813 y ss.

— Sent. TJCE de 16 de junio de 1966 *(Asunto 52-55/65: Alemania c. Comisión), Rec.*, 1966, pp. 227 y ss.

— Sent. TJCE de 1 de julio de 1979 *(Asunto 2 y 3/69: Sociaal Fonds voor Diamantarbeiders c. Brachteld y Chougol Diamond —Fondos diamantistas—), Rec.*, 1969, pp. 211 y ss.

— Sent. TJCE de 23 de noviembre de 1971 *(Asunto 62/70: Werner Bock c. Comisión), Rec.*, 1971, pp. 917 y ss.

— Sent. TJCE de 14 de diciembre de 1972 *(Asunto 29/72: Marimex), Rec.*, 1972, pp. 1309 y ss.

— Sent. TJCE de 15 de diciembre de 1976 *(Asunto 41/76: Doncherwolcke), Rec.*, 1976, pp. 1921 y ss.

— Sent. TJCE de 10 de octubre de 1978 *(Asunto 148/77: Hansen & Balle/HZA Flensburg), Rec.*, 1978, pp. 1787 y ss.

— Sent. TJCE de 3 de febrero de 1981 *(Asunto 90/79: Comisión c. Francia —fotocopiadoras—), Rec.*, 1981, pp. 283 y ss.

— Sent. TJCE de 9 de noviembre de 1983 *(Asunto 158/82: Comisión c. Dinamarca), Rec.*, 1983, pp. 3573 y ss.

— Sent. TJCE de 4 de marzo de 1986 *(Asunto 106/84: Comisión c. Dinamarca), Rec.*, 1986, pp. 833 y ss.

— Sent. TJCE de 7 de abril de 1987 *(Asunto 196/85: Comisión c. Francia), Rec.*, 1987, pp. 1597 y ss.

— Sent. TJCE de 22 de junio de 1989 *(Asunto 70/80; Fediol c. Comisión), Rec.*, 1989, pp. 1781 y ss.

— Sent. TJCE de 5 de abril de 1990 *(Asunto 132/88: Comisión c. República Helénica), Rec.*, 1990, pp. 1567 y ss.

— Sent. TJCE de 6 de diciembre de 1990 *(Asunto 343/89: Max Witzemann), Rec.*, 1990, pp. 4477 y ss.

MONOPOLIOS

— Sent. TJCE de 16 de diciembre de 1970 *(Asunto 13/70: Cinzano), Rec.*, 1970, pp. 1095 y ss.

— Sent. TJCE de 30 de abril de 1974 *(Asunto 155/73: Sacchi), Rec.*, 1974, pp. 409 y ss.

— Sent. TJCE de 3 de febrero de 1976 *(Asunto 59/75: M. Público c. Manghera), Rec.*, 1976, pp. 91 y ss.

— Sent. TJCE de 17 de febrero de 1976 *(Asunto 91/75: Miritz), Rec.*, 1976, pp. 217 y ss.

— Sent. TJCE de 20 de febrero de 1979 *(Asunto 120/78: Rewe Zentral AG —Cassis de Dijon—), Rec.*, 1979, pp. 694 y ss.

— Sent. TJCE de 13 de marzo de 1979 *(Asunto 91/78: Hansen), Rec.*, 1979, pp. 951 y ss.

— Sent. TJCE de 13 de marzo de 1979 *(Asunto 119/78: Peureux II), Rec.*, 1978, pp. 975 y ss.

— Sent. TJCE de 7 de junio de 1983 *(Asunto 78/82: Comisión c. Italia), Rec.*, 1983, pp. 1955 y ss.

— Sent. TJCE de 28 de junio de 1983 *(Asunto 271/81: Amélioration de l'avage c. Mialocq), Rec.*, 1983, pp. 2057 y ss.

— Sent. TJCE de 28 de junio de 1983 *(Asunto 161/82: Comisión c. Francia), Rec.*, 1983, pp. 2079 y ss.

— Sent. TJCE de 10 de julio de 1984 *(Asunto 72/83: Campus Oil Ltd.), Rec.*, 1984, pp. 2727 y ss.

— Sent. TJCE de 13 de diciembre de 1990 *(Asunto 347/88: Comisión c. R. Helénica), Rec.*, 1990, pp. 4789 y ss.

AYUDAS PUBLICAS

— Sent. TJCE de 23 de febrero de 1961 *(Asunto 30/59: Gezamenlijke Steenkolenmijnen in Limburg c. Comisión), Rec.*, 1961, pp. 7 y ss.

— Sent. TJCE de 15 de julio de 1964 *(Asunto 6/64: Costa Enel), Rec.*, 1964, pp. 1141 y ss.

— Sent. TJCE de 2 de julio de 1974 *(Asunto 173/73: Italia c. Comisión), Rec.*, 1974, pp. 720 y ss.

— Sent. TJCE de 27 de marzo de 1980 *(Asunto 61/79: Dencavit Italiana), Rec.*, 1980, pp. 1128 y ss.

— Sent. TJCE de 30 de enero de 1985 *(Asunto 290/83: Comisión c. Francia), Rec.*, 1985, pp. 439 y ss.

EMPRESA PUBLICA

— Sent. TJCE de 30 de enero de 1985 *(Asunto 123/83: BNI coñac/Clair), Rec.*, 1985, pp. 391 y ss.

— Sent. TJCE de 16 de junio de 1987 *(Asunto 118/85: Comisión c. Italia), La Ley, Com. Eur.*, 1988-1, núm. 269, p. 87.

— Sent. TJCE de 1 de octubre de 1987 *(Asunto 311/85: Verenigning), Rec.*, 1987, pp. 3801 y ss.; *La Ley, Com. Eur.*, núm. 327, 1988-2, p. 71.

DUMPING Y SUBVENCIONES

— Sent. TJCE de 15 de julio de 1963 *(Asunto 35/62: Plaumann), Rec.*, 1963, pp. 197 y ss.

— Sent. TJCE de 6 de octubre de 1982 *(Asunto 307/81: Aluisse Italia), Rec.*, 1982, pp. 3464 y ss.

— Sent. TJCE de 21 de febrero de 1984 *(Asuntos 239 y 275/82: Allied Corp. c. Comisión), Rec.*, 1984, pp. 1005 y ss.

— Sent. TJCE de 17 de julio de 1985 *(Asunto 11/82: Piraiki c. Patriaki), Rec.*, 1985, pp. 240 y ss.

— Decisión de la Comisión CEE de 19 de diciembre de 1990 *(Asunto 33-133-C: Ceniza de Losa-Solvay), DOCE,* L 152 de 15 junio de 1991, y *Noticias CEE,* núm. 82, octubre 1991.

PROPIEDAD INDUSTRIAL

1. **Sentencias del TJCE**

— Sent. TJCE de 13 de julio de 1966 *(Asunto 56-58/64: Grundig-Costen), Rec.*, 1966, pp. 429 y ss.

— Sent. TJCE de 29 de febrero de 1968 *(Asunto 24/67: Parke Davis), Rec.*, 1968, pp. 81 y ss.

— Sent. TJCE de 18 de febrero de 1971 *(Asunto 40/70: Sirena C. Eda), Rec.*, 1971, pp. 69 y ss.

— Sent. TJCE de 8 de junio de 1971 *(Asunto 78/70: Deutsche Grammophon), Rec.*, 1971, pp. 487 y ss.

— Sent. TJCE de 3 de julio de 1974 *(Asunto 192/73: Van Zuylen c. Hag), Rec.*, 1974, pp. 731 y ss.

— Sent. TJCE de 31 de octubre de 1974 *(Asunto 15/74: Centrafarm c. Sterling Drug Inc.), Rec.*, 1974, pp. 1147 y ss.

— Sent. TJCE de 31 de octubre de 1974 *(Asunto 16/74: Centrafarm Winthrop), Rec.*, 1974, pp. 1183 y ss.

— Sent. TJCE de 15 de junio de 1976 *(Asunto 51, 86 y 96/75: EMI-CBS), Rec.*, 1976, pp. 811, 871 y 913.

— Sent. TJCE de 22 de junio de 1976 *(Asunto 119/75: Terrapín Terranova), Rec.*, 1976, pp. 1039 y ss.

— Sent. TJCE de 22 de marzo de 1977 *(Asunto 74/76: Ianelli Volpi), Rec.*, 1977, pp. 557 y ss.

— Sent. TJCE de 23 de mayo de 1978 *(Asunto 102/77: Hoffman La Roche c. Centrafarm), Rec.*, 1978, pp. 1139 y ss.

— Sent. TJCE de 20 de junio de 1978 *(Asunto 28/77: Tepea BV), Rec.*, 1978, 1391 y ss.

— Sent. TJCE de 10 de octubre de 1978 *(Asunto 3/78: Centrafarm American Home), Rec.*, 1978, pp. 1823 y ss.

— Sent. TJCE de 20 de febrero de 1979 *(Asunto 120/78: Rewe Zentral), Rec.*, 1979, pp. 694 y ss.

— Sent. TJCE de 20 de enero de 1981 *(Asunto 55 y 57/80: Musik Vertrieb Membran c. Gema), Rec.*, 1981, pp. 649 y ss.

— Sent. TJCE de 14 de julio de 1981 *(Asunto 187/80: Merck c. Stephar), Rec.*, 1981, pp. 2063 y ss.

— Sent. TJCE de 8 de febrero de 1982 *(Asunto 270/80: Polydor), Rec.*, 1982, pp. 329 y ss.

— Sent. TJCE de 8 de junio de 1982 *(Asunto 258/78: Nungesser c. Comisión/Semillas de Maíz), Rec.*, 1982, pp. 2015 y ss.

— Sent. TJCE de 15 de noviembre de 1983 *(Asunto 288/82: Duijnstee c. Goderbauer), Rec.*, 1983, pp. 3663. Comentario de G. Bonet en *Rev. crit. dr. int. pr.*, 1984, pp. 366-372.

— Sent. TJCE de 9 de julio de 1985 *(Asunto 19/84: Pharmon c. Hoechst A. G.), Rec.*, 1985, pp. 999 y ss.

— Sent. TJCE de 28 de enero de 1986 *(Asunto 10/89: 161/84: Pronuptia), Rec.*, 1986, pp. 353 y ss.).

— Sent. TJCE de 17 de octubre de 1990 *(Asunto 10/89: CNL-SUCAL c. HAG), Rec.*, 1990, pp. I-3711 y ss.

2. **Decisiones de la Comisión CEE**

— Decisión de 20 de diciembre de 1977 *(Asunto 78/163: Destilerías Cñía. Limitada), DOCE*, L 50/16/78.

3. **Otras Sentencias**

— Sent. Tribunal de Casación francés de 21 de enero de 1936 *(Asunto Societé des usines de Melle), Rev. crit. dr. int. pr.*, 1936, pp. 510 y ss., con nota de J. P. Niboyet.

— Sent. T. S. (Sala 1.ª) de 24 de febrero de 1989, *Aranzadi, R. J.*, núm. 1397, 1989.

— Sent. T. S. (Sala 3.ª) de 10 de mayo de 1990, *Aranzadi, R. J.*, núm. 4542, 1990.

— Sent. T. S. (Salas 3.ª) de 31 de enero de 1990, *Aranzadi, R. J.*, núm. 645, 1990.

— Sent. Trib. Apelación de París, 17 octubre 1990 *(Soc. Martiniquaise c. Soc. G. A. Vinhas do Alto Douro), Rev. crit. dr. int. pr.*, 1991, pp. 400 y ss., con nota de P. Y. Gautier.

BIBLIOGRAFIA UTILIZADA

Obras de Derecho internacional privado

AMORES CONRADI, M.: «La nueva estructura del sistema español de competencia judicial internacional en el orden civil: art. 22 de la LOPJ», *R.E.D.I.*, vol. XLI, 1989, pp. 113 y ss.

ARMINJON, P.: *Précis de droit international privé commercial,* París, Dalloz, 1948.

BADIALI, G.: «Le droit international privé des Communautés européennes», *R. des C.*, t. 191 (1985-II), pp. 183 y ss.

BARTIN, E.: *Principes de droit international privé,* t. III, París, Domat-Mostchrestein, 1934.

BEITZKE, G.: «Les obligations délictuelles en droit international privé», *R. des C.*, t. 115 (1965-II), pp. 67 y ss.

BOUREL, P.: *Les conflits de lois en matière d'obligations extracontractuelles,* París, LGDJ, 1961.

BOUREL y otros: *The Influence of the European Communities upon Private International Law of the Member States,* Bruselas, Larcier, 1981.

DROZ, G. A. L.: *Compétence judiciare et effets des jugements dans le Marché Commun,* París, Dalloz, 1972.

DUTOIT, B.: «Memorandum relatif aux actes illicites en droit international privé», *Actes et Documents de la Onzième Session de la Conference de La Haye de droit international privé,* III, La Haya, 1970, pp. 9 y ss.

EHRENZWEIG, A. A.: «Specific Principles of Private Transnational Law», *R. des C.,* t. 124 (1968-II), pp. 167 y ss.

ESPINAR VICENTE, J. M.: «Notas para un estudio de las nuevas perspectivas de la responsabilidad por daños en D.I.Pr.», *A.E.S.J.,* vol. VII, 1977, pp. 67-102.

ESPINAR VICENTE, J. M.: *Derecho procesal civil internacional,* Madrid, La Ley, 1988.

FERNANDEZ ROZAS, J. C.: «Derecho internacional privado y Derecho comunitario», *R.I.E.,* núm. 3, 1990, pp. 785 y ss.

FERNANDEZ ROZAS, J. C., y SANCHEZ LORENZO, S.: *Curso de Derecho internacional privado,* Madrid, Cívitas, 1991.

FERRARI BRAVO, L.: *Responsabilitá civile e diritto internazionale privato,* Nápoles, Joveme, 1973.

FERRARI Y BRAVO, L.: «Les rapports entre les contrats et les obligations délictuelles en droit international privé», *R. des C.,* t. 146 (1975-III), pp. 341 y ss.

FLETCHER, I. F.: *Conflict of Laws and European Community Law* (General Editor: R. H. Graveson), Amsterdam, N. York, Oxford, North-Holland Publ. Company, 1982.

FOYER, J.: «L'Avant-projet de Convention CEE sur la loi applicable aux obligations contractuelles et non contractuelles». *Journ. dr. int.,* 1976, pp. 557 y ss.

GONZALEZ CAMPOS, J. D.: *Curso de Derecho internacional privado,* vol. II, Oviedo, 1983.

GONZALEZ CAMPOS, J. D., y otros: *Derecho internacional privado. Parte especial,* 4.ª ed. rev., Madrid, CESSJ, Ramón Carande, 1991, pp. 143 y ss.

GONZALEZ CAMPOS, J. D.: «Les liens entre compétence judiciare et la compétence lègislative en droit international privé», *R. des C.,* t. 156 (1977-III), pp. 233 y ss.

GONZALEZ CAMPOS, J. D.: «Las relaciones *forum-ius* en Derecho internacional privado. Caracterización y dimensiones del problema», *A.D.I.*, vol. IV, 1977-1978, pp. 89 y ss.

GRAEFRATH, B.: «Responsability and Damages Caused: Relationship between Responsability and Damages», *R. des C.*, t. 185 (1984-II), pp. 9 y ss.

HANOTIAU, B.: *Le droit international privé américain (Du premier au second Restatement of the Law, Conflict of Law)*, París, LGDJ/Bruselas, Bruylant, 1979.

I.D.I.: «Les obligations délictuelles en droit international privé», *IDI Annuaire*, Sesión de Edimburgo, Basilea, 1969.

IMHOFF-SCHEIER, A. C., y PATOCCHI, P. M.: *Torts and Unjust Enrichment in the New Swiss Conflict of laws*, Zurich, Schulthess Polygraphicher Verlag (Publications du Centre d'Etudes Juridiques Européennes), 1990.

KAHN FREUND, O.: «Delictual Liability and the Conflict of Laws», *R. des C.*, t. 124 (1968-II), pp. 1 y ss.

MAGALHAES, B. de: «La doctrine du domicile en droit international privé», *R. des C.*, t. 23 (1928-III), pp. 18 y ss.

PATOCCHI, P. M.: *Règles de rattachement localisatrices et règles de rattachement à caractère substantiel*, Ginebra, Librería Universitaria, 1985.

PEREZ VERA, E. (dirigido por): *Derecho internacional privado*, 3.ª ed., revisada, Madrid, UNED, 1991.

REESE, W.: «Discussion of Major Areas of Choice of Law», *R. des C.*, t. 111 (1964-I), pp. 311 y ss.

RIGUAUX, F.: «Les situations juridiques individuelles dans un système de relativité général», *R. des C.*, t. 213 (1989-I), pp. 13 y ss.

SOLTYSINSKI, S.: «Choice of Law and Choice of Forum in Transnational Transfer of Technology Transactions», *R. des C.*, t. 196 (1986-I), pp. 9 y ss.

WEIS, A.: *Traité théorique et pratique du droit international privé*, vol. 6, 2.ª ed., París, 1907-1913.

WENGLER, W.: «La responsabilitá per fatto illecito nel diritto internationale privato», *Ann. dir. int.*, vol. II, 1969, pp. 11 y ss.

WINTER, L. I. de: «Nationality or Domicily? The Present State of Affairs», *R. des C.*, t. 128 (1969-III), pp. 347 y ss.

Repertorios normativos y jurisprudenciales

ALLENDESALAZAR, R.; PELLICER ZAMORA, R. C., y RUEDA ESCARDO, G. de: *Comentarios a la legislación comunitaria,* t. I: *Derecho de la competencia,* Madrid, Edersa, 1987.

BOULOUIS, J., y CHEVALLIER, R. M.: *Grands arrêts de la Cour de Justice des Communautés Européennes,* t. II, 2.ª ed., París, Dalloz, 1988.

CHENG, C.-J. (edit.): *Basic Documents on International Trade Law,* 2.ª ed. rev., Dordrecht, Boston, Londres, Nijhoff/Graham & Trotman, 1990.

DESANTES REAL, M.: *Comunidades Europeas. Textos Básicos* (bajo la dirección de J. D. González Campos), Madrid, Tecnos, 1987.

ESPLUGUES MOTA, C.: *Código de Derecho internacional privado español,* Madrid, Cívitas, 1989.

FERNANDEZ SUAREZ, A.: *Unión aduanera y libre circulación de mercancías. Jurisprudencia del Tribunal de Justicia de la CE,* M.E.H., 1989.

LOPEZ GARRIDO, D., y MARTINEZ HIGUERAS, A. J.: *Código de la CEE. Tratados y textos básicos. Repertorio de la legislación y jurisprudencia,* Madrid, 1988.

LOPEZ GARRIDO, D.: *Código de la Comunidad Europea,* t. I y II, Madrid, 1992 (con la colaboración de A. J. Martínez Higueras y M. T. Palomo Derecho).

MUÑOZ MACHADO, S.: *Código de Derecho Comunitario Europeo. Tratados. Derecho derivado. Jurisprudencia,* Madrid, Cívitas, 1987.

RASMUSSEN, H.: *La constitución de la Comunidad Económica Europea* (resumen de las sentencias más importantes del TJCE). Trad. de A. Escribano Fernández bajo la supervisión de C. F. Molina del Pozo, Madrid, Trivium, 1990.

TEXTOS LEGALES UNIVERSITARIOS: *Legislación básica de Derecho de la competencia y propiedad industrial,* Barcelona, Ariel, 1988.

Obras de Derecho comercial y/o europeo

BAYLOS CORROZA, E.: *Tratado de Derecho industrial (propiedad industrial, propiedad intelectual, Derecho de la competencia económica, disciplina de la competencia desleal),* Madrid, Cívitas, 1978.

BORRAS RODRIGUEZ, A.: «El nuevo orden económico internacional y el Derecho del comercio internacional». Pensamiento jurídico y sociedad internacional. *Libro homenaje al profesor D. A. Truyol Serra,* vol. I, Universidad Complutense, 1986, pp. 202 y ss.

BOSCO, G.: *Il mercato interno della Comunitá Economica Europea,* Milán, Giuffré, 1990.

CARRAU, D.; FLORY, Th., y JUILLARD, P.: *Droit international économique,* 3.ª ed., París, LGDJ, 1990.

CHAUVIN, J., y TRUBERT, E.: *Le droit communautaire & international devant le jugue du commerce,* París, Edit. de L'Epargne, 1989.

CHILLON MEDINA, J. M., y MERINO MERCHAN, J. F.: *Tratado de arbitraje privado interno e internacional,* 2.ª ed., Madrid, Cívitas, 1991.

DIENA, D.: *Trattato di diritto commerciale internazionale,* t. I: Il diritto privato commerziale, Florencia, F. Camelli, 1990.

FERNANDEZ DE LA GANDARA, A., y CALVO CARAVACA, A. L.: *Libertad de establecimiento y Derecho de sociedades en la Comunidad Económica Europea,* Madrid, Tecnos, 1988.

GOLDMAN, B., y LYON CAEN, A.: *Droit commercial européen,* París, Dalloz, 1983. Versión española: *Derecho comercial europeo,* Fundación Española de Arbitraje, 1984.

JADAUD, B., y PLAISANT, R.: *Droit du commerce international,* 3.ª edición, París, Dalloz, 1987.

LOUIS, J. V.: «La competencia de la Comunidad en materia de política comercial», *R.I.E.,* 1977-I, pp. 7 y ss.

LOUSSOUARN, Y., y BREDIN, J. D.: *Droit du commerce international,* París, Sirey, 1969.

MATTERA, A.: *El Mercado Unico Europeo. Sus reglas. Su funcionamiento* (trad. de C. Zapico Landrove), Madrid, Cívitas, 1991.

MUÑOZ MACHADO, S.: *El Derecho interno y la Comunidad Europea,* Madrid, Cívitas, 1986.

RIPERT, G., y REBLOT, R.: *Traité de droit commercial,* 3 vols., 12.ª edición, París, LGDJ, 1990.

ROBERT, J.: «De la place de l'arbitrage dans le jue des traités instituant les Communautés Européennes», *Rev. arb.,* 1966, pp. 111 y ss.

RUIZ JARABO COLOMER, D.: «La primacía del Derecho comunitario europeo», *R.G.D.,* núms. 526-527, 1988, pp. 4497 y ss.

SEGRERA RULL, J.: *Comercio en la CEE y estrategias empresariales,* Barcelona, Bosch, 1989.

VARIOS: *Tratado de Derecho Comunitario Europeo. Estudio sistemático desde el Derecho español,* dirigido por E. García de Enterría, J. D. González Campos y S. Muñoz Machado, 3 vols., Madrid, Cívitas, 1986.

VILA COSTA, B.: «Los derechos de defensa en el Derecho comunitario», *R.I.E.,* núm. 2, 1990, pp. 499 y ss.

VILA COSTA, B.: «El régimen jurídico de las sanciones por infracciones comunitarias», *R.I.E.,* vol. 18, núm. 3, 1991, pp. 805 y ss.

Libre competencia

ALONSO GARCIA, R.: «La aplicación de los artículos 85 y 86 del Tratado CEE por órganos administrativos y judiciales españoles», *R.I.E.,* núm. 2, 1990, pp. 437 y ss.

ALONSO SOTO, R.: «La aplicación del art. 85 del TCEE a las concentraciones de empresas. Comentario a la Sentencia Philip Morris de 17 de noviembre de 1987», *R.I.E.,* vol. 15-3, 1988, pp. 769 y ss.

BAEL, I., y BELLIS, J. F.: *Competition Law of the EEC,* CCH Edit. Lted., 1987.

BAEL, I., y BELLIS, J. F.: *Droit de la concurrence de la Communauté économique européenne,* Bruselas, Bruylant, 1991.

BAZEX, M.: «Le marché commun on le dépérissement de l'interventionnisme économique national», *Droit et Pratique du Commerce International,* vol. 15-2, 1989, pp. 201 y ss.

BELLAMY, Ch., y CHILD, G.: *Common Market Law of Competition,* 3.ª ed., Londres, Sweet & Maxwell, 1987.

CAPOTORTI, F.: *La concentrazione delle imprese alla luce del diritto interno e internazionale,* Padua, Cedam, 1989.

CASTEL, J. G.: «The Extraterritorial Effects of Antitrust Laws», *R. des C.,* t. 179 (1983-I), pp. 1 y ss.

CETRAIN GONZALEZ, L.: «La política de competencia de la Comunidad Europea: art. 85 del Tratado de Roma», *Rev. Fac. Derecho Univ. Complutense,* núm. 76, 1989-1990, pp. 53 y ss.

COCKBORNE, J. A.: «El control de las concentraciones de empresas en la Comunidad Económica Europea», *Gaceta Jurídica de la CEE,* serie D, 52, 1988, pp. 9 y ss.

CUARTERO RUBIO, M. V.: «Práctica de las Comunidades Europeas respecto de la política de competencia aplicable a las empresas. I: *La Ley,* 31 de agosto de 1989; pp. 6-9; II: *La Ley Com. Eur.,* 31 de enero de 1990, pp. 9-12; III: *ibíd.,* 1 de octubre de 1990, pp. 5-9.

DARANAS PELAEZ, M.: «Examen crítico de la necesidad de un Reglamento comunitario para el control de las concentraciones de empresas y la introducción de este control en la próxima Ley española de Defensa de la Competencia», *Gaceta Jurídica de la CEE,* serie D, núm. 52 (D-9), 1988, pp. 71 y ss.

DECHERY, J. L.: «Le règlament communautaire sur le contrôle des concentrations», *Rev. trim. dr. europ.,* 1990, pp. 307 y ss.

DENOZZA, F.: *Antitrust,* Bolonia, Edit. Il Mulino, 1988.

DOMINGUEZ GARCIA, M. A.: «La eventual aplicación de los arts. 85 y 86 del TCEE a las concentraciones de empresas como cuestión abierta», *R.I.E.,* vol. 14-2, 1987, pp. 369 y ss.

FRANCESCHELLI, R.; PLAISANT, R., y LASSIER, J.: *Droit européen de la concurrence,* París, Delmas, 1978.

GALAN CORONA, E.: «El Derecho protector de la libre competencia en la CEE. Sus repercusiones en el Ordenamiento español», *Derecho español y Derecho comunitario,* Sdo. Publ. Universidad de Zaragoza, 1987, pp. 295 y ss.

GARCIA VICENTE, R.: «El nuevo Proyecto de Reglamento de control de las concentraciones», *Gaceta jurídica de la CEE,* serie D, núm. 52, 1988, pp. 47 y ss.

GOLDMAN, B.: «Les champs d'application territoriales des lois sur la concurrence», *R. des C.,* t. 128 (1969-III), pp. 637 y ss.

GYSELEN, L.: «State Action and the Efectiveness of the EEC Treaty's Competition Provisions», *C.M.L. Rev.,* vol. 26, 1989, pp. 33 y ss.

HECKE, G. VAN: «Le droit antitrust: aspects comparatifs et internationaux», *R. des C.,* t. 106 (1962-II), pp. 253 y ss.

ILLESCAS ORTIZ, R.: «El control de las concentraciones económicas en la Ley 16/1989 de 17 de julio de defensa de la competencia», *Noticias CEE,* núm. 66, 1990, pp. 25 y ss.

JACQUEMIN, A.; BUIGUES, P., e ILZKOVITZ, F.: «Concentration horizontale, fusions et politique de concurrence dans la Communauté européenne», *Economie Européenne* (monográfico), Commission des Communautés Européennes, núm. 40, mayo 1989.

KEPPENNE, J. P.: «Le contrôle des concentrations entre entreprises: Quelle filiation entre l'article 66 du Traité de la Communauté européene du charbon et l'acier et le nouveau règlament de la Communauté économique européenne?, *Cahiers de droit européen,* núms. 1-2, 1991, pp. 42 y ss.

KORAH, R.: *Introducción al Derecho y práctica de la competencia en la CE,* Barcelona, Ariel, 1988.

KOVAR, R.: «Droit communautaire de la concurrence et arbitrage», *Etudes offerts à B. Goldman,* París, Litec, 1982, pp. 109 y ss.

LINDRUP, G. (Edit.): *Butterworths Competition Law Handbook,* 2.ª edición, Londres, Dublín, Edimburgo, Butterworths, 1990.

MARENCO, G.: «Principios de libre competencia en la Comunidad Económica Europea: un resumen», *Bol. Estudios Económicos,* núm. 127, vol. XLI, 1986, pp. 137 y ss.

MASSAGUER, J.: «Aproximación sistemática general al Derecho de la competencia y de los bienes inmateriales», *R.G.D.,* núms. 544 y 545, 1990, pp. 245 y ss.

MENENDEZ REXACH, E.: «La libre competencia y el Derecho comunitario», *Estudios de Derecho Comunitario,* G.G.P.J., 1989, pp. 421 y ss.

NEVOT, M.: «La communication de renseignements économiques à l'étranger. Remarques sur la loi du 16 juillet 1980». *Rev. crit. dr. int. pr.,* 1981, pp. 421 y ss.

PICKARD, S. J.: *Iniciación a la política de competencia en la CEE,* Madrid, Cívitas, 1986.

PICKARD, S. J.: «El control a las concentraciones en el Derecho comunitario europeo», *Noticias CEE,* núm. 62, 1990, pp. 67 y ss.

PICONE, P.: «L'applicazione extraterritoriale delle regole sulla concorrenza e il diritto internazionale» en la obra conjunta *Il fenomeno delle concentrazioni di emprese nel diritto interno e internazionale,* Padua, Cedam, 1989, pp. 81 y ss.

PLIAKOS, A.: *Les droits de la défense et le droit communautaire de la concurrence,* Bruselas, Bruylant, 1987.

REICH, N., y LEAHY, D.: *International Market and Difusse Interests, an Introduction to EC Trade Law* (cap. IV: Distribution Systems, EC Competition Law and Consumer Interests), Lovaina, C.D.C., 1990.

RIVAS DE ANDRES, J.: «El Reglamento comunitario sobre el control de las operaciones de concentración de empresas. Una aproximación», *Noticias CEE,* núm. 70, 1990, pp. 19 y ss.

ROWLEY, J. W., y BAKER, D. I. (General Editors): *International Mergers. The antitrust Process,* Londres, Sweet & Maxwell, 1991.

SAINT STEBEN, R.: «Devéloppements récents des droits français et communautaire de la concurrence». *Droit et Pratique du Commerce International,* vol. 15-1, 1989, pp. 151 y ss.

SCHMIDT, I.L.O. y RITTALER, J. B.: *A Critical evaluation of the Chicago School of Antitrust Analysis* (vol. 9). Dordrecht, Boston, Londres, Kluwer Academic Publ., 1989.

SENA, G., y FRANZOSI, M.: *Antitrust* (raccolti a cura di S. Cazzaniga), Milán, Giuffrè, 1990.

SILVA DE LA PUERTA, R.: «El Derecho de la competencia. Las uniones y asociaciones de empresas. Las prácticas concertadas. Abuso de posesión. Las ayudas estatales. Las empresas públicas y los monopolios estatales», *R.C.D.I.,* vol. LXII, 572, 1986, pp. 93 y ss.

SIRAGUSA, M., y SUBIOTTO, R.: «The EEC Merger Control Regulation: The Commission's Envolving Case Law». *C.M.L. Rev.,* vol. 28, núm. 4, 1991, pp. 741 y ss.

VENIT, J. S.: «The Merger Control Regulation: Europe Comes of Age or Caliban's Dinner?», 27 C.M.L.Rev., 1990, pp. 7 y ss.

VILA COSTA, B.: *El abuso de posición dominante en la CEE,* I.N.A.P., 1979.

VOGEL, L.: «Le règlament européen sur le contrôle des concentrations ou la difficulté de concilier efficacité et compromis», *Journ. dr. int.,* 1991, pp. 887 y ss.

WAELBROECK, M.: «The European Community Approach», en C. J. Olmstead edit., *Extraterritorial Application of Laws and Responses Thereto,* Oxford, ESC Publ. Ltd., pp. 74-76.

WELKER, y SMITH D.: «Restrictive Trade Practice and Monopolies Comparison of British and Common Market Law», *Virginia J.I.L.*, 1962-1963, pp. 1 y ss.

WINCKLER, A., y GERONDEAU, S.: «Etude critique du règlament CEE sur le contrôle des concentrations d'entreprises», *Rev. Marché Commun,* 1990, pp. 541 y ss.

Competencia desleal

BACHARACH DE VALERA, S.: «Acciones derivadas de la competencia desleal (en torno al art. 18 de la Ley 3/1991 de 10 de enero de competencia desleal)», *R.G.D.*, núms. 562 y 563, 1991, pp. 6178 y ss.

BARONA VILAR, S.: «Reflexiones en torno a las normas procesales de la nueva Ley 3/1991 de 10 de enero de competencia desleal», *R.G.D.*, núms. 562 y 563, 1991, pp. 6217 y ss.

BISCHOFF, J. M.: «La concurrence déloyale en droit international privé», *Travaux Com. fr. dr. int. pr.* (1969-1971), París, Dalloz, 1972, pp. 53 y ss.

DERRUPE, J.: «Concurrence déloyale ou illicite», *Encyclopedie Dalloz dr. int.*, vol. I, París, Dalloz, 1968, pp. 459 y ss.

DIEZ DE VELASCO, M.: «Notas para el estudio de la competencia ilícita», *R.D. Merc.*, vol. II, 1964, pp. 453 y ss.

DIEZ DE VELASCO, M.: «Delitos contra la propiedad industrial», *Diccionario de Derecho privado,* Barcelona, Ed. Labor, 1961.

ESLAVA RODRIGUEZ, M.: «El ejercicio de acciones basadas en disposiciones nacionales sobre competencia desleal y libre circulación de mercancías», *Noticias CEE,* núm. 84, 1992, pp. 99 y ss.

DYER, A.: «Unfair Competition in Private International Law», *R. des C.*, t. 211 (1988-IV), pp. 381 y ss.

FERNANDEZ LOPEZ, J. M.: «Propiedad industrial y competencia desleal», en *Derecho industrial, patentes y marcas,* vol. 6, Madrid, Ministerio de Justicia, 1991, pp. 185 y ss.

FONT GALAN, J. I.: *Constitución económica y Derecho de la competencia,* Madrid, 1987, pp. 216 y ss.

I.D.I.: «The Conflict of Laws Rules on Unfair Competition», Twenty-Second Comission, Sesión de Cambridge, *IDI Annuaire,* vol. 60-I, 1983, pp. 107 y ss., y vol. 60-II, 1984, pp. 292 y ss., París, Pedone.

MENENDEZ, A.: *La competencia desleal,* Madrid, Monografías Cívitas, 1988.

OTERO LASTRES, J. M.: «La nueva Ley sobre competencia desleal», *La Ley,* 17 de octubre de 1991, pp. 1-6.

PICHOT, O.: V.º «Delit de concurrence déloyale», *Rep. Lapradelle,* volumen 5, París, Sirey, 1929, pp. 444 y ss.

SCHWIND, F.: «La concurrence déloyale en droit international privé», *Festchrift für I. Zajtay,* Tubinga, J.C.B. Mohr (Paul Siebeck), 1982, pp. 473-477.

TROLLER, A.: «Unfair Competition», *Int. Ency. Comp. Law,* vol. III: Private International Law, cap. 34, Tubinga, 1980, pp. 3 y ss.

WENGLER, W.: «Laws Concerning Unfair Competition and the Conflict of Laws», *A.J.C.L.,* t. IV, 1955, pp. 167 y ss.

Libertad de intercambios

BARAUD, C.: «L'aménagement des monopoles nationaux prévu à l'article 37 du traité CEE à la lumière des récents développements jurisprudentiels», *Rev. trim. dr. européen,* 1979, pp. 573 y ss.

BEIER, F. F.: «Propiedad industrial y libre circulación de mercancías en el mercado interior y en el comercio con terceros Estados», *R.G.D.,* núm. 549, 1990, pp. 4507 y ss.

BOUTARD-LABARDE, M. Ch.: «Les contentieux communautaires» en la obra dirigida por J. Chauvin y E. Traubert, *Le droit communautaire & international devant le juge du commerce,* París, Edit. de Lépargne, 1989, pp. 179 y ss.

DESANTES, M.; PICKARD, S., y WILLIAMS, L.: *España y Portugal en las Comunidades Europeas. El Tratado de Adhesión y los intercambios comerciales,* 2.ª ed., rev., 1987.

GALERA RODRIGO, S.: *La Empresa Europea en el Mercado Unico: normas comunes de comercio,* Madrid, Trivium, 1990.

KENT, P.: *European Community Law,* Londres, Pitman Publishing, 1992.

LONG, O.: *Law and its Limitations in the GATT Multilateral Trade System,* Dordrecht, Boston, Lancaster, 1985.

MARENCO, G.. «Pour une interprétation traditionnelle de la notion d'effect équivalent à une restriction quantitative», *Cahiers de droit européen,* 1984, pp. 291 y ss.

MARTINEZ MURILLO, J. J.: «Medidas nacionales de política comercial *versus* libre circulación de mercancías en libre práctica», *Gaceta Jurídica CEE,* núm. 88, 1990, pp. 3 y ss.

MUÑOZ ROYAN, J. A.: *El origen de las mercancías,* M.E.H., 1990.

OLIVER, P.: *La libre circulación de mercancías en la CEE,* Madrid, BEX Publicaciones (Serie CEE), 1990.

PAPACONSTANTINOU, H.: *Free Trade and Competition in the ECC. Law, Policy and Practice,* Londres/N. York, Routledge, 1988.

RAYBOULD, D. M., y FIRTH, A.: Comparative Law of Monopolies, Graham & Trotman, 1991.

REMITS, P.: 1992: *L'Europe et la libre circulation des marchandises,* París, Ed. Performa, 1988.

ROLDAN BARBERO, J.: *La Comunidad Económica Europea y los Convenios de Lomé: el Stabex,* Universidad de Granada, Junta de Andalucía, 1990.

SIMMONDS, K.: «The Third Lomé Convention», *C.M.L. Rev.,* vol. 22, núm. 3, 1985, pp. 389 y ss.

VALLEJO LOBETE, E.: «Las restricciones a la libre circulación de mercancías por razones de moralidad pública», *Gaceta Jurídica CEE,* núm. 84, 1990, pp. 10 y ss.

VENTURINI, G.: «Sulla diretta applicabilitá delle norme del GATT», *Riv. dir. int.,* 1983, pp. 784 y ss.

WAELBROECK, M.: «Commentary on Articles 30 to 36», *Le droit de la Communauté Economique Européenne,* vol. I, Bruselas, 1970.

Subvenciones estatales y medidas antigumping

BELLIS, J. F.: «Le règlament tournevis et son application», *Droit et Pratique du Commerce International,* núm. 1, vol. 17, 1991, pp. 59 y ss.

BRITTAN, L.: «La política en materia de ayudas públicas y las empresas públicas: ¿El campo de actuación estatal tiene límites?» (trad. L. I. Silva de Lapuerta). *Noticias CEE,* núm. 70, 1990, pp. 11 y ss.

BROUWER, O. W., y CARLIN, F.: «Qualité pour agir dans les procédures anti-dumping après l'árret Extremet», *D.P.C.I.,* núm. 2, vol. 17, 1991, pp. 143 y ss.

CASTELL BORRAS, B.: «La nueva Ley de Defensa de la Competencia y el control de las ayudas estatales», *R.G.D.* núm. 558, 1991, pp. 1437 y ss.

CHIARA, V. de: *L'antidumping nella politica commerciale della CEE,* Padua, Cedam, 1987.

DAILLIER, P.: «La règlamentation communautaire antidumping. Aspects materiéls», *D.P.C.I.,* núm. 1, vol. 17, 1991, pp. 17 y ss.

DIAZ MORENO, F.: «La regulación de las ayudas de Estado en la Ley de Defensa de la Competencia»; *Noticias CEE,* núm. 66, 1990, p. 23.

FERNANDEZ FARRERES, G.: «El Derecho comunitario y el régimen de las ayudas financieras nacionales a la actividad económica», *Derecho español y Derecho comunitario,* Secretariado de Publicaciones de la Universidad de Zaragoza, 1987, pp. 377 y ss.

FLORY, Th.: «La réglamentation communautaire "tournevis", le problème de l'anticontournement en le droit du GATT», *D.P.C.I.,* núm. 2, vol. 17, 1991, pp. 198 y ss.

FLORY, Th.: «Le code anti-dumping du GATT», *D.P.C.I.,* núm. 1, vol. 17, 1991, pp. 6 y ss.

FLORY, Th.: «Les accords du Tokio Round du GATT et la réforme des procédures de règlament des différends dans le système commercial intéretatique», *Rev. gen. dr. int.,* 1982, pp. 235 y ss.

KOSTECKI, M. M.: «Le système anti-dumping et l'Uruguay Round», *D.P.C.I.,* núm. 2, vol. 17, 1991, pp. 206 y ss.

MARENCO, G.: «Measures étatiques et liberté de concurrence», *Rev. trim. dr. eur.,* 1984, pp. 527-536.

RODRIGUEZ-ARANA MUÑOZ, J., y SARMIENTO ACOSTA, M. J.: «Las subvenciones de los Estados a las empresas en el marco comunitario», *Noticias CEE,* núm. 71, 1990, p. 69.

SANTA MARIA, A.: «La disciplina del dumping e delle sovvenzioni nel cuadro della politica commerciale delle Comunitá», *Diritto del Comercio Internazionale,* núm. 1, 1987, pp. 59 y ss.

SCHROEDER, D.: «Anti-trust Law Implications of EEC Anti-dumping Proceedings», *Rabels Z.,* núm. 3, 1991, pp. 540 y ss.

SILVA DE LAPUERTA, R.: «Procedimiento en materia de ayudas públicas», *Noticias CEE,* núm. 66, 1990, pp. 51 y ss.

VERMULST, E. A.; WAER, P. A., y CETRAIN, L.: «Introducción al Derecho comunitario en materia de dumping», *Gaceta Jurídica CEE* (D-14), núm. 96, 1991, pp. 435 y ss.

Propiedad industrial y transferencia de tecnología

BARTIN, E.: «La localisation territoriale des monopoles intellectuelles (proprieté litteraire et artistique, proprieté industrielle)», *Journ. dr. int.,* vol. 61, 1934, pp. 781 y ss.

BERCOVITZ, A.: «Algunas nociones preliminares para el estudio del Derecho de patentes», *Rev. D. Merc.,* núms. 105 y 106, 1967, pp. 79 y ss.

BERCOVITZ, A.: «La transmisión de tecnología y su problemática jurídica actual», *Seminario sobre adquisición de tecnología extranjera,* F.C.E.E., Bilbao, 1975.

BERCOVITZ, A.: «Problemática de la protección de las invenciones biotecnológicas desde una perspectiva europea», *R.I.E.*, vol. 17, núm. 1, 1990, pp. 35 y ss.

BESSIS, Ph.: *Le contrat de franchisage,* París, LGDJ (Droit des Affaires), 1990.

CASADO CERVIÑO, A.: «Incidencia en el Derecho español de los Tratados y normas internacionales sobre propiedad industrial», *La Ley,* 16 de abril de 1991, pp. 1 y ss.

COCKBORNE, J. E. de: «La franquicia y las normas de la CEE sobre competencia: decisiones recientes y el nuevo reglamento de exención por categoría», *Noticias CEE,* núm. 62, 1990, pp. 43 y ss.

CORNISH, W. R.: *Intellectual Property: Patents, Copyright, Trade Marks and Allied Rights,* 2.ª ed., Londres, Sweet & Maxwell, 1989.

CUARTERO RUBIO, M. V.: «Un nuevo impulso del Derecho convencional de la Comunidad Económica Europea: el Acuerdo sobre patente comunitaria», *La Ley com. eur.*, 30 de mayo de 1991, pp. 1 y ss.

DERRUPE, J.: «Droits de proprieté industrielle», *Derecho comunitario privado,* VIII Cursos de Verano en San Sebastián/I Cursos Europeos, Servicio Editorial Universidad del País Vasco, 1990, pp. 108 y ss.

DERRUPPE, J.: «Proprieté industrielle», *Encyclopedie Dalloz dr. int.,* t. II, 1969, pp. 667 y ss.

DESANTES REAL, M.: «Instancias jurisdiccionales y normas sobre competencia judicial internacional en el Acuerdo de 1989 sobre patente comunitaria», *La Ley, Com. Eur.* de 31 de julio de 1991, pp. 1 y ss.

DIENER, M.: *Contrats internationaux de proprieté industrielle,* París, Litec, 1986.

EMPEL, M.: *The Granting of European Patents,* Leyden, A. W. Sijthoff, 1975.

FERNANDEZ NOVOA, C. F.: *La protección internacional de las denominaciones geográficas de los productos,* Madrid, Tecnos, 1970.

FRIGNANI, A.: «Les contrats de licences en Italie à la lumière de la reforma de la Loi sur les brevets», *La Proprieté Industrielle,* 1981, pp. 294 y ss.

GONZALEZ CAMPOS, J. D., y GUZMAN ZAPATER, M.: «Libro IV: Ambito de aplicación de la Ley», *Comentarios a la Ley de Propiedad Intelectual* (coordinados por R. Bercovitz), Madrid, Tecnos, pp. 1849 y ss.

GUYENOT, J.: «La franchise commerciale. Etude comparée des systèmes de distribution interentreprises constitutifs de groupements de concessionaires», *Rev. trim. dr. comm.,* núm. 28, 1973, pp. 172 y ss.

JOLIET, R.: «Derecho de marcas y libre circulación de mercancías. El abandono de la jurisprudencia Hag I», *Gaceta Jurídica de la CE y de la Competencia,* D-15, 101, diciembre 1991, pp. 13 y ss.

LEHMANN, M.: «La teoría de "Property Rights" y la protección de la propiedad intelectual e industrial», *R.G.D.,* núms. 544-545, 1990, pp. 266 y ss.

MARCHETTI, P.: *Sull'asaurimento del brevetto d'invenzione,* Milán, Giuffrè, 1974.

MARTINEZ LAGE, S.: «Las patentes de invención en la CEE y en España», en *Derecho industrial, patentes y marcas,* vol. 6, Madrid, Ministerio de Justicia, 1991, pp. 81 y ss.

MASSAGUER FUENTES, J.: «La aplicación del Derecho de la CEE al contrato de comunicación de know-how», *La Ley, Com. Eur.,* núm. 3, 1986, pp. 54 y ss.

MASSAGUER FUENTES, J.: *Los efectos de la patente en el comercio internacional,* Barcelona, Bosch, 1989.

MASSAGUER FUENTES, J.: *Mercado Común y patente nacional (agotamiento comunitario y protección territorial absoluta),* Barcelona, Bosch, 1989.

NORDEMANN, W., y otros: *International Copyright and Neighboring Rights Law,* Weinheim, VCH Verlagsgesellschaft/N. York, VCH Publishers, 1990.

OLIVER, P.: «De las marcas divididas y del Mercado Común», *Gaceta Jurídica de la CE y de la Competencia,* D-15, 101, diciembre 1991, pp. 43 y ss.

PANEL, F.: *La protection des inventions en droit européen des brevets,* París, Lib. Techniques, 1977.

PILLET, A., y CHEBAUD: *Le régimen international de la proprieté industrielle,* París, 1911.

PIVOLTTI, L., y POZZANA, R. (coordinación): *I contratti di franchising. Organizzazione e controllo di rete,* Milán, EGEA/Giuffrè, 1990.

REMIRO BROTONS, A.: «Art. 10.4 C.c.», *Comentarios al Código civil y compilaciones forales,* t. I, Jaén, Edersa, 1978, pp. 253 y ss.

RODRIGUEZ MATEOS, P.: «Nuevas perspectivas de la patente comunitaria», *La Ley, Com. Eur.* de 27 de junio de 1991, pp. 1 y ss.

SAVIGNON, F.: «La Convention de Luxembourg: traités fondamentaux», *Droit et Pratique du Commerce International,* 1977, pp. 35 y ss.

SCHAPIRA, J.: «Les contrats internationaux de transfert technologique», *Journ. dr. int.,* 1978, pp. 5 y ss.

SCHWAB, B.: «La Convention de Luxembourg: clauses économiques», *Droit et Pratique du Commerce International,* 1977, pp. 45 y ss.

VIRGOS SORIANO, M.: «Art. 10.4», *Comentario del Código Civil* (dirigido por C. Paz-Ares Rodríguez, R. Bercovitz, L. Díez Picazo y P. Salvador Coderch), t. I, Ministerio de Justicia, 1991, pp. 113 y ss.

YASUF, A. A.: «Le transfert de technologie», Cap. XXXII de la obra, *Droit international. Bilan et perspectives* (M. Bedjaoui rédacteur général), París, Pedone, 1991, pp. 739-754.